Das Leben

Deutsch als Fremdsprache
Kurs- und Übungsbuch

A1.2

Hermann Funk
Christina Kuhn
Laura Nielsen
Rita von Eggeling

Alle **Zusatzmaterialien** online verfügbar unter
www.cornelsen.de/webcodes.   **Code: howoyu**

Dieses Buch als E-Book nutzen:
Use this book as an e-book:
mein.cornelsen.de
56mn-tb-zpm4

Cornelsen

IMPRESSUM

Deutsch als Fremdsprache
Kurs- und Übungsbuch A1.2

Herausgegeben von Hermann Funk und Christina Kuhn
Im Auftrag des Verlages erarbeitet von Hermann Funk, Christina Kuhn, Laura Nielsen, Rita von Eggeling

Übungen: Verena Korinth, Helena Stock, Tanja Schwarzmeier, Miriam Tornero Pérez
Phonetik: Robert Skoczek
Aufgaben zum Plateau „Nicos Weg": Rita von Eggeling, Christina Kuhn sowie Dorothea Spaniel-Weise und Antonia Daza
Aufgaben zum Plateau Literatur: Tanja Schwarzmeier

Beratende Mitwirkung: Alvaro Camú, Santiago de Chile; Gerardo Carvalho und das Team des Werther-Instituts, Brasilien; Chan Wei Meng, Singapur; Karin Ende, Warschau; Nicole Hawner, Nancy; Bernd Schneider, Belgrad; Elena Schneider, Freiburg; Ralf Weißer, Prag

In Zusammenarbeit mit der Redaktion: Dagmar Garve, Albert Biel, Karin Wagenblatt, Meike Wilken, Bettina Wolvers
Redaktionsleitung: Gertrud Deutz

Umschlaggestaltung: Rosendahl Berlin, Agentur für Markendesign

Umschlagfoto: Daniel Meyer, Hamburg

Layoutkonzept: Rosendahl Berlin, Agentur für Markendesign
Technische Umsetzung:
  Umschlag, Seiten 1, 3–9, 124–125, 136–137, 148–149, 160–161, 178–179, 190–191, 202–203, 214–215:
  Rosendahl Berlin, Agentur für Markendesign
Illustrationen: Christoph Grundmann
Audios: Clarity Studio, Berlin
Lieder: Samuel Reißen
Videos: I LIKE VISUALS, Berlin

Soweit in diesem Lehrwerk Personen fotografisch abgebildet sind und ihnen von der Redaktion fiktive Namen, Berufe, Dialoge und Ähnliches zugeordnet oder diese Personen in bestimmte Kontexte gesetzt werden, dienen diese Zuordnungen und Darstellungen ausschließlich der Veranschaulichung und dem besseren Verständnis des Inhalts.

www.cornelsen.de

Die Webseiten Dritter, deren Internetadressen in diesem Lehrwerk angegeben sind, wurden teilweise von Cornelsen mit fiktiven Inhalten zur Veranschaulichung und/oder Illustration von Aufgabenstellungen und Inhalten erstellt. Alle anderen Webseiten wurden vor Drucklegung sorgfältig geprüft. Der Verlag übernimmt keine Gewähr für die Aktualität und den Inhalt dieser Seiten oder solcher, die mit ihnen verlinkt sind.

1. Auflage, 2. Druck 2022

© 2020 Cornelsen Verlag GmbH, Berlin

Das Werk und seine Teile sind urheberrechtlich geschützt. Jede Nutzung in anderen als den gesetzlich zugelassenen Fällen bedarf der vorherigen schriftlichen Einwilligung des Verlages.
Hinweis zu §§ 60 a, 60 b UrhG: Weder das Werk noch seine Teile dürfen ohne eine solche Einwilligung an Schulen oder in Unterrichts- und Lehrmedien (§ 60 b Abs. 3 UrhG) vervielfältigt, insbesondere kopiert oder eingescannt, verbreitet oder in ein Netzwerk eingestellt oder sonst öffentlich zugänglich gemacht oder wiedergegeben werden. Dies gilt auch für Intranets von Schulen.

Druck und Bindung: Livonia Print, Riga

ISBN: 978-3-06-121967-3 (Kurs- und Übungsbuch)
ISBN: 978-3-06-121973-4 (E-Book)

PEFC zertifiziert
Dieses Produkt stammt aus nachhaltig bewirtschafteten Wäldern und kontrollierten Quellen.
www.pefc.de
PEFC/12-31-006

VORWORT

Das Leben

Die selbstverständliche Art, Deutsch zu lernen

Liebe Deutschlernende, liebe Deutschlehrende,

das Lehrwerk **Das Leben** richtet sich an Erwachsene, die im In- und Ausland ohne Vorkenntnisse Deutsch lernen. Es führt in drei Gesamtbänden bzw. sechs Teilbänden zur Niveaustufe B1 und setzt die Anforderungen des erweiterten Gemeinsamen europäischen Referenzrahmens um.

Das Leben verbindet das Kurs- und Übungsbuch mit dem multimedialen Lehr- und Lernangebot in der PagePlayer-App. Alle Audios und Videos sowie die zusätzlichen Texte, erweiterten Aufgaben und interaktiven Übungen lassen sich auf dem Smartphone oder Tablet direkt abrufen.

Das Kurs- und Übungsbuch enthält 16 Einheiten und vier Plateaus. Jede Einheit besteht aus sechs Seiten für gemeinsames Lernen im Kurs und sechs Seiten Übungen zum Wiederholen und Festigen – im Kurs oder zuhause. Zusätzliche interaktive Übungen über die PagePlayer App ermöglichen eine weitere Vertiefung des Gelernten.

Auf jede vierte Einheit folgt ein Plateau, das optional bearbeitet werden kann. Die erfolgreiche Video-Novela „Nicos Weg" der Deutschen Welle begleitet hier die Lernenden mit abwechslungsreichen Aufgaben und Übungen. Daran schließt sich eine spielerische Wiederholung und Erweiterung des Gelernten an. Eine dritte Doppelseite führt die Lernenden behutsam an Literatur heran.

Der Wortschatz von **Das Leben** bezieht die Frequenzliste des DUDEN-Korpus mit ein und trainiert gezielt die häufigsten Wörter der deutschen Sprache.

Mit seinem großen Aufgaben- und Übungsangebot bereitet **Das Leben** optimal auf alle A1-Prüfungen vor.

Wir wünschen Ihnen viel Spaß und Erfolg beim Lernen und Lehren mit **Das Leben**!

Ihr Autorenteam

Blick ins Buch

Die Magazinseite

Im Kursbuch beginnt jede Einheit mit einer Magazinseite. Das Layout der Magazinseiten orientiert sich an den alltäglichen Sehgewohnheiten. Wiederkehrende Elemente ermöglichen einen klaren Überblick. Texte und Abbildungen geben einen authentischen Einblick in die Themen der Einheiten, motivieren zum entdeckenden Lernen und führen in Wortschatz und Strukturen ein. Audios 🔊, Videos ▶ und weitere Inhalte der PagePlayer-App ➔ sind mit Symbolen gekennzeichnet (s. Übersicht unten). Die Inhalte können im Kursraum projiziert und/oder von Lernenden auf Smartphones oder Tablets jederzeit abgerufen werden.

Titel der Einheit
Nummer der Einheit
Lernziele
Aufgaben und Übungen

Das Kursbuch

In den Einheiten des Kursbuchs sind alle Aufgaben und Übungen in Sequenzen angeordnet. Sie bereiten die Lernenden Schritt für Schritt auf die Zielaufgaben ⚑ vor. Übungen zur Automatisierung 🏋 und Phonetik trainieren sprachliche Flüssigkeit und Aussprache. Neu sind Aufgaben, die mit Hilfe der PagePlayer-App ➔ erweitert werden. Sie unterstützen die Kursrauminteraktion oder ermöglichen Partnerarbeit. Die **ODER**-Aufgaben dienen der Differenzierung und bieten den Lernenden individuelle Wahlmöglichkeiten. Die Videoclips ▶ bieten einen authentischen Einblick in alltägliche Situationen. Die landeskundlichen Informationen, die Übungen zur Sprachmittlung und Mehrsprachigkeit regen zum Sprach- und Kulturvergleich an und aktivieren sinnvoll die Kenntnisse der Lernenden in allen vorgelernten Sprachen.

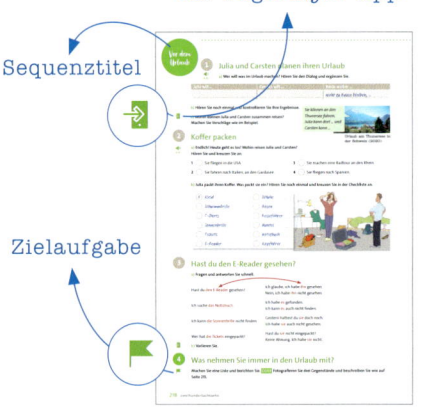

Aufgabenerweiterung mit der PagePlayer-App
Sequenztitel
Zielaufgabe

Das Übungsbuch

Der Übungsteil folgt in Inhalt und Aufbau den Sequenzen aus dem Kursbuch. Das Übungsangebot dient der selbstständigen Wiederholung und Vertiefung von Wortschatz und Strukturen. Hier steht den Lernenden analog und digital über die PagePlayer-App ein reichhaltiges Übungsangebot zur Verfügung. Neben Übungen zum Leseverstehen, zum angeleiteten Schreiben, zur Aussprache und zum Hörverstehen 🔊 trainieren die Lernenden im Videokaraoke ▶ das flüssige Sprechen als Teilnehmende an echten Dialogsituationen.

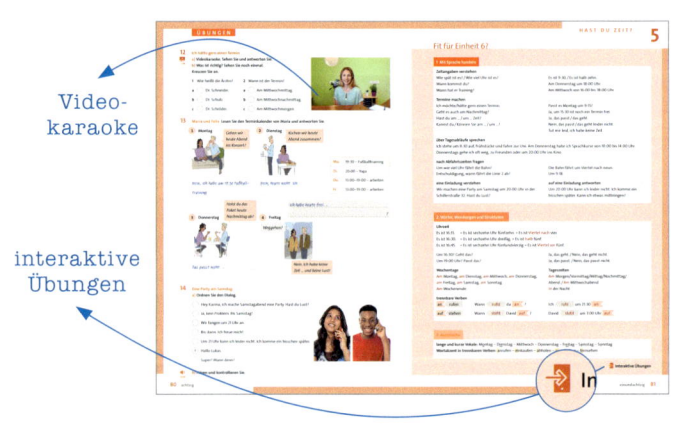

Videokaraoke
interaktive Übungen

Wiederkehrende Symbole

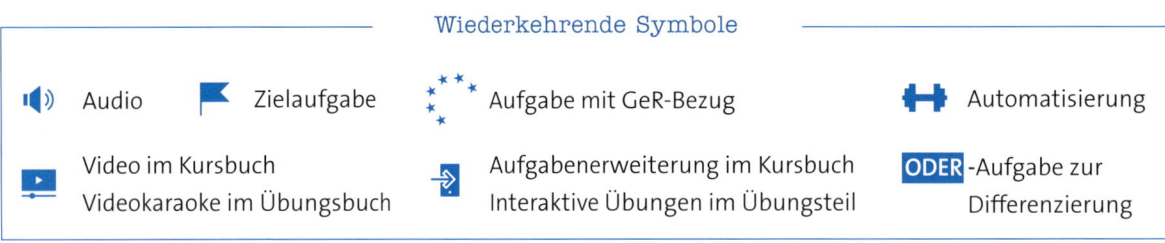

🔊 Audio
⚑ Zielaufgabe
✦ Aufgabe mit GeR-Bezug
🏋 Automatisierung
▶ Video im Kursbuch / Videokaraoke im Übungsbuch
➔ Aufgabenerweiterung im Kursbuch / Interaktive Übungen im Übungsteil
ODER-Aufgabe zur Differenzierung

Die Plateaus

Video-Novela „Nicos Weg"

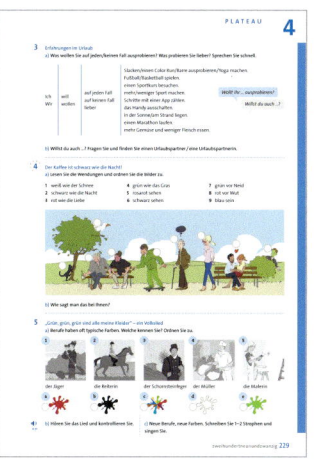
Wörter-Spiele-Training

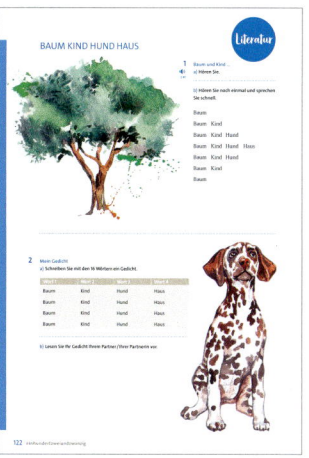
Literatur

Die vier Plateaus halten ein abwechslungsreiches Lernangebot bereit. Auf jeweils einer Doppelseite laden Aufgaben und Übungen zu „Nicos Weg", der Video-Novela zum Deutschlernen der Deutschen Welle, vertiefende Übungen und Spiele sowie literarische Texte zum Ausprobieren der deutschen Sprache, zum Wiederholen und Weiterlernen ein.

Das Videokonzept

Videoclip im Kursbuch

Videokaraoke im Übungsbuch

Video-Novela „Nicos Weg"

Videoclips im Kursbuch und Videokaraoke in allen Übungsbucheinheiten motivieren mit lebensnahen Situationen und visueller Unterstützung zum Deutschlernen. Die Begegnung mit Nico und seinen Freunden in der Video-Novela „Nicos Weg" der Deutschen Welle weckt die Neugier der Lernenden. Die Aufgaben und Übungen der Video-Doppelseite laden zum Mitmachen ein.

 Mit der PagePlayer-App, die Sie kostenlos in Ihrem App-Store herunterladen können, haben Sie die Möglichkeit, alle Audios, Videos und weitere Zusatzmaterialien auf Ihr Smartphone oder Tablet zu laden. So sind alle Inhalte überall und jederzeit offline griffbereit.

Alternativ finden Sie diese als Stream und/oder Download im Webcodeportal unter **www.cornelsen.de/codes**

die PagePlayer-App

fünf 5

Inhalt

Teilband A1.1

Willkommen! S. 10

Sprachhandlungen: sich begrüßen und vorstellen; Deutsch und andere Sprachen vergleichen; Namen buchstabieren; Sprache im Kurs

Themen und Texte: Postkarten aus D-A-CH; das Alphabet; Deutsch sehen und hören; erste Kontakte

Wortfelder: internationale Wörter; Begrüßung; Vorstellung; Gegenstände im Kursraum

Grammatik: W-Fragen

Aussprache: Wortakzent in Städtenamen

Start

Sommerkurs in Leipzig S. 16

Sprachhandlungen: sich und andere vorstellen; sagen, woher man kommt; sagen, welche Sprachen man spricht

Themen und Texte: ein Deutschkurs in Leipzig; Nachbarländer von Deutschland; Anmeldung; Sprachen in der Schweiz

Wortfelder: Vorstellung; Orte; Länder und Sprachen

Grammatik: Verben im Präsens; W-Fragen und Satzfragen

Aussprache: Wortakzent; Satzakzent

1

Möller oder Müller? S. 28

Sprachhandlungen: Adressen lesen und nennen; Telefonnummern nennen; nach dem Namen fragen; nachfragen; Zahlen und zählen

Themen und Texte: Comic; Zahlen verstehen und zählen; Adressen und Telefonnummern; Magazinartikel; Familiennamen deutsch und international

Wortfelder: Post; Zahlen von 1–1000; Zahlen international

Grammatik: Artikel und Nomen im Singular und Plural; W-Fragen

Aussprache: Umlaute; Satzakzent in W-Fragen

2

Arbeiten im Café S. 40

Sprachhandlungen: im Café bestellen und bezahlen; Nachrichten verstehen und schreiben; sich verabreden

Themen und Texte: Arbeitsplatz Café; Getränke; Rechnungen; Kurznachrichten

Wortfelder: Café; bestellen und bezahlen

Grammatik: bestimmter und unbestimmter Artikel; das Verb *sein*

Aussprache: das *e*

3

4 Lecker essen! S. 52

Sprachhandlungen: über Essen sprechen; sagen, was man mag oder nicht mag; sagen, wie etwas schmeckt
Themen und Texte: Kurznachrichten; Speisekarte; Spezialitäten aus D-A-CH; Essen international; Food-Blog
Wortfelder: Essen; Speisekarte
Grammatik: bestimmter und unbestimmter Artikel im Akkusativ; *nicht* und *kein*
Aussprache: langer und kurzer Vokal; Wortakzent

Plateau 1 S. 64

5 Hast du Zeit? S. 70

Sprachhandlungen: Zeitangaben verstehen; Termine machen; über Tagesabläufe sprechen; nach Abfahrtszeiten fragen; auf eine Einladung antworten
Themen und Texte: Zeitungsartikel; Quiz; Fahrpläne; Uhrzeiten; Terminkalender; Tagesabläufe; Einladung
Wortfelder: Zeitangaben; Wochentage; Tageszeiten
Grammatik: trennbare Verben; Wort- und Satzfragen
Aussprache: Wortakzent in trennbaren Verben; langer und kurzer Vokal

6 Meine Stadt S. 82

Sprachhandlungen: über Sehenswürdigkeiten sprechen; Fahrplaninformationen verstehen; Verkehrsmittel nennen; Wege beschreiben; über meine Sachen sprechen
Themen und Texte: Reisejournal; Flyer; Fahrplaninformationen in einer App; unterwegs in Berlin; Navigation
Wortfelder: Verkehrsmittel; Orientierung in der Stadt; Wegbeschreibung
Grammatik: Possessiva im Nominativ; Präteritum von *sein*
Aussprache: das *ts*, *tz* und *z*

7 Der neue Job S. 94

Sprachhandlungen: über eine Firma sprechen; Orientierung im Gebäude; Räume und Gegenstände im Büro benennen; Begrüßungen im Beruf
Themen und Texte: Interview; Podcast; Aufgaben im Beruf; Begrüßungen formell und informell
Wortfelder: Gebäude; Büro; Aufgaben im Beruf
Grammatik: Ordnungszahlen; Präpositionen *im*, *am*, *auf*, *neben*
Aussprache: Satzakzent

8 Freizeit und Hobbys S. 106

Sprachhandlungen: sagen, was man mag und kann; über Hobbys und Sport sprechen; über den Studienort sprechen; sagen, wo man war
Themen und Texte: Magazinartikel; Freizeit und Hobbys; Studium; Interview; Vlog; Speeddating; Autogrammjagd
Wortfelder: Hobbys; Studium
Grammatik: Präteritum von *sein* und *haben*; Modalverb *können*
Aussprache: das *-er*

Plateau 2 S. 118

Zuhause S. 124

Sprachhandlungen: über Wohnungen sprechen; eine Wohnung beschreiben und kommentieren; über Möbel sprechen; sagen, wie man etwas findet

Themen und Texte: Porträts; im Möbelhaus; Kurznachrichten; Tiny Houses; meine Traumwohnung

Wortfelder: Wohnformen, Zimmer und Möbel

Grammatik: Komposita; Präpositionen *im, unter, auf, zwischen, an, neben, hinter*; Graduierung mit *zu*

Aussprache: Wortakzent in Komposita

Familie Schumann S. 136

Sprachhandlungen: (m)eine Familie beschreiben; über einen Familienbetrieb sprechen; nach Familienmitgliedern fragen

Themen und Texte: Familienbaum; Zeitungsartikel; Kaffeeklatsch; Familie international

Wortfelder: Familienwörter; Generationen; (Berufs-)Biografien

Grammatik: Perfekt mit *haben*; Possessiva im Akkusativ

Aussprache: *-en* am Wortende

Viel Arbeit S. 148

Sprachhandlungen: über Berufe und Ausbildung sprechen; über Tätigkeiten und Arbeitsorte sprechen; sagen, was man beruflich gemacht hat; Berufsbezeichnungen

Themen und Texte: Berufsprofile; Leserbriefe; Tätigkeiten und Arbeitsorte; siezen und duzen am Arbeitsplatz

Wortfelder: Berufe und Tätigkeiten

Grammatik: feminine Berufsbezeichnungen; Perfekt der trennbaren Verben; Perfekt der Verben mit *-ieren*

Aussprache: lange und kurze Vokale in Partizipien; das *r* in *-er*

Essen und Trinken S. 160

Sprachhandlungen: Lebensmittel einkaufen; sagen, was man gerne/lieber/am liebsten mag/isst/kauft; über Rezepte und Zutaten sprechen

Themen und Texte: Webseite; Zeitungsartikel; Lebensmittel online und auf dem Markt einkaufen; Rezept; Lieblingsessen

Wortfelder: Lebensmittel; Maße und Gewichte

Grammatik: Fragewort *welch-*; *zuerst, dann, danach*; Modalverb *müssen*

Aussprache: das *ch*

Plateau 3 S. 172

Fit und gesund S. 178

Sprachhandlungen: über Sportarten sprechen; Körperteile nennen; über Gesundheit und Krankheit sprechen; Anweisungen und Tipps geben

Themen und Texte: Zeitungsartikel; Magazinartikel; beim Arzt; Gesundheitstipps

Wortfelder: Sportarten, Körperteile, Krankheiten

Grammatik: Perfekt mit *sein*; Modalverb *sollen*; Imperativ

Aussprache: das *s* in *st* und *sp*

INHALT

14

Voll im Trend   S. 190

Sprachhandlungen: über Kleidung, Farben und Größen sprechen; über Kleidung im Beruf sprechen; Gefallen und Missfallen ausdrücken; Kleidung kaufen

Themen und Texte: Magazinartikel; Modefragen; im Modegeschäft

Wortfelder: Kleidung; Farben

Grammatik: Adjektive vor Nomen mit unbestimmtem Artikel; *dies-*

Aussprache: Satzakzent

15

Jahreszeiten und Feste   S. 202

Sprachhandlungen: ein Fest beschreiben und planen; einen Wetterbericht verstehen; über das Wetter sprechen; etwas vergleichen; Smalltalk

Themen und Texte: Sommerfeste in Deutschland; Interviews; Wetterbericht; Jahreszeiten; Smalltalkthemen

Wortfelder: Temperaturen; Jahreszeiten; Monate

Grammatik: Komparativ

Aussprache: die Endung *-er; -ig, -ch* und *-sch* Wortende

16

Ab in den Urlaub!   S. 214

Sprachhandlungen: über Urlaubsaktivitäten sprechen; über Reiseziele sprechen; einen Urlaub planen; eine Postkarte schreiben

Themen und Texte: Magazinartikel; Reisejournal; Smalltalk; Postkarte

Wortfelder: Urlaub und Aktivitäten

Grammatik: Modalverb *wollen*; Präpositionen mit Akkusativ; Personalpronomen im Akkusativ

Aussprache: *a, e, i, o, u*

Plateau 4   S. 226

Anhang

Modelltest	S. 232–237
Grammatik	S. 238–249
Phonetik	S. 250–251
Unregelmäßige Verben	S. 252–253
Hörtexte	S. 254–260
Videotexte	S. 261–266
Alphabetische Wortliste	S. 267–281
Bild- und Textquellen	S. 282–283

neun **9**

ZUHAUSE

HIER LERNEN SIE:
- über Wohnungen sprechen
- eine Wohnung beschreiben und kommentieren
- über Möbel sprechen
- sagen, wie man etwas findet

CARLA, 37

Carla, Michael und Tochter Yuna wohnen seit zwei Jahren in Münster. Ihr Haus ist groß und hat einen Garten.

»Wir hatten eine Wohnung in Münster. Aber die Wohnung war zu klein. Jetzt haben wir einen Garten und viele Zimmer. In der Küche essen wir, im Arbeitszimmer arbeite ich, und Yuna hat ein Kinderzimmer. Sie liebt den Garten und ist fast immer draußen. Das Wohnzimmer ist groß, gemütlich und hell. Es gibt ein Sofa, einen Tisch und einen Teppich. Hier sind wir oft, sehen fern, lesen oder reden. Yuna spielt gern auf dem Teppich.«

JANNIS, 28

Jannis und Anna wohnen seit vier Wochen in Bonn. Sie haben zwei Zimmer, eine Küche, ein Badezimmer und einen Balkon. Jannis arbeitet oft zu Hause im Homeoffice.

»Jetzt wohnen wir endlich zusammen, das ist schön. Die Wohnung ist klein, aber gemütlich. Und die Nachbarn sind sehr nett. Ich arbeite oft auf dem Balkon. Im Wohnzimmer arbeiten, entspannen oder lesen wir. Es ist hell und neu renoviert. Dort stehen ein Schreibtisch, ein Sofa und ein Fernseher.«

9

So wohnen wir

HANNAH, 21

Hannah, Pia, Tim und Jakob sind Studenten und leben zusammen in Chemnitz. Sie sind eine Wohngemeinschaft (WG) und teilen das Badezimmer und die Küche. Die Wohnung ist groß und hat fünf Zimmer. Jeder hat ein Zimmer, und sie haben zusammen ein Wohnzimmer.

»Ich mag die WG. Wir machen viel zusammen. Im Wohnzimmer liegen wir oft auf dem Sofa. Hier stehen der Fernseher, zwei Sessel, ein Tisch und viele Stühle. Wir sehen Filme, essen und machen Partys.«

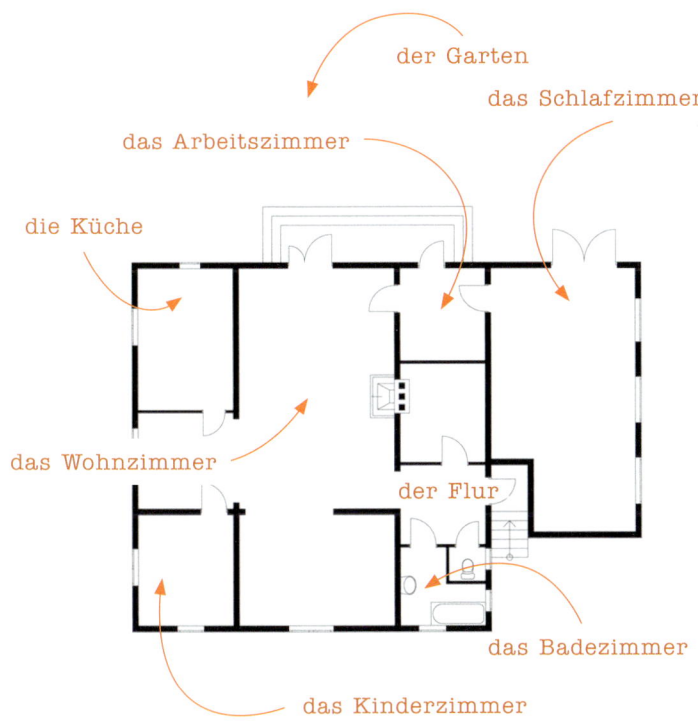

der Garten
das Schlafzimmer
das Arbeitszimmer
die Küche
das Wohnzimmer
der Flur
das Badezimmer
das Kinderzimmer

1 **Hypothesen vor dem Lesen.** Wer wohnt hier? Sehen Sie den Plan und die Fotos an.

2 **Hypothesen prüfen.** Lesen Sie die Porträts.

3 **Im Wohnzimmer, auf dem Balkon …**
a) Was machen die Personen und wo?
b) Und Sie? Vergleichen Sie.
💬 Ich mache Hausaufgaben im Wohnzimmer.
💬 Bei uns schläft man im …

4 **Die Möbel im Wohnzimmer.** Wählen Sie ein Foto und markieren Sie die Möbel im Text. Vergleichen Sie.

5 **Möbel.** Sehen und lernen Sie die Wörter.

einhundertfünfundzwanzig

Zimmer und Möbel

1 In der Wohnung

a) Wie heißen die Gegenstände? Ordnen Sie zu.

1 der Schreibtisch
2 das Bücherregal
3 das Bild
4 die Lampe
5 der Tisch
6 der Teppich
7 das Sofa
8 der Fernseher
9 der Schrank
10 die Kommode

11 der Stuhl
12 der Herd
13 das Regal
14 der Kühlschrank
15 die Spüle

b) Hören Sie die Wörter aus a) und sprechen Sie nach.

2 Unsere Wohnung

a) Welche Zimmer gibt es in der Wohnung? Sehen Sie das Video. Kreuzen Sie an und berichten Sie.

 das Arbeitszimmer
 das Wohnzimmer
 die Küche

Anna und Jannis haben …

Sie haben kein …

 das Badezimmer
 das Kinderzimmer
 das Schlafzimmer

b) Sehen Sie das Video noch einmal. Wählen Sie ein Zimmer und notieren Sie die Möbel. Vergleichen Sie.

3 Der Schreibtisch, das Arbeitszimmer, …

a) Komposita erkennen. Lesen und vergleichen Sie die Beispiele.

der Schreibtisch → schreiben + **der** Tisch

das Arbeitszimmer → arbeiten + **das** Zimmer

die Küchenuhr → die Küche + **die** Uhr

b) Sammeln Sie die Komposita auf den Seiten 124–126.

c) Ergänzen Sie die Regel.

Regel: Ein Schreibtisch ist ein Tisch. „Tisch" ist das Grundwort. Das Grundwort bestimmt den _____.

d) Hören Sie und markieren Sie den Wortakzent in den Kompositia.

der Schr**ei**btisch – das Arbeitszimmer – die Küchenuhr – das Wohnzimmer – das Badezimmer – das Kinderzimmer – das Schlafzimmer – das Bücherregal

ZUHAUSE

9

4 Wörter lernen mit System

a) Zimmer und Möbel. Machen Sie ein Wörternetz.

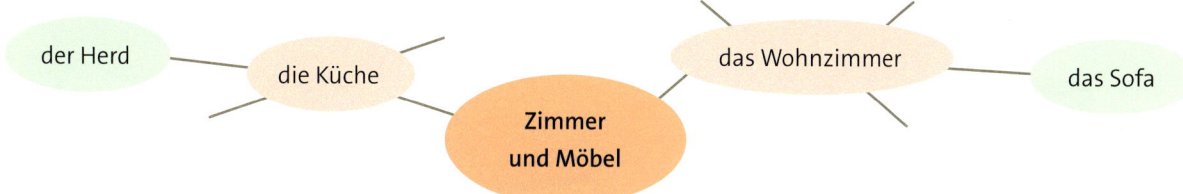

b) Wörter in Paaren lernen. Schreiben Sie Wortpaare wie im Beispiel.
Sprechen Sie die Paare dann laut und nehmen Sie sich mit dem Handy auf.

c) Welche Wörterpaare hat Ihr Partner / Ihre Partnerin? Hören und vergleichen Sie.

der Tisch und der Stuhl
der Herd und ...

d) *Der Tisch und der Stuhl.* Wörterpaare in anderen Sprachen. Sammeln Sie. *Table and chair.*

5 Die Kommode steht an der Wand

13.3

a) Welches Bild passt? Sehen Sie die Bilder an und ordnen Sie zu.

Die Katze sitzt auf dem Stuhl.

a hinter dem Sofa • b neben der Lampe • c an der Wand • d auf dem Teppich •
e unter dem Tisch • f ~~auf dem Stuhl~~ • g zwischen dem Bild und dem Fenster •
h im Bücherregal

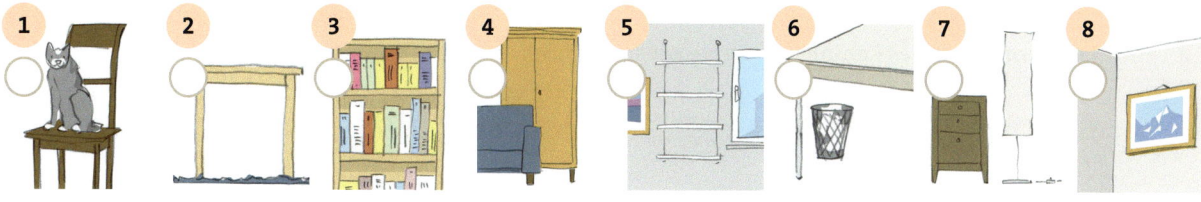

b) Lesen Sie und sprechen Sie schnell.

| Die Zeitung / Der Schlüssel | liegt | im Regal. / unter dem Tisch. / auf der Kommode. | Die Kommode / Der Schrank / Das Bücherregal | steht | zwischen der Tür und dem Fenster. / an der Wand. / neben dem Sessel. |

Minimemo
im = in dem
am = an dem

c) Beschreiben Sie ein Bild, die anderen raten.

Es gibt einen Tisch.
Bild 1!
Nein. Der Tisch steht auf dem Teppich.
Bild 3, das Wohnzimmer.

6 Zimmer beschreiben

Fotografieren Sie ein Zimmer oder recherchieren Sie ein Foto von einem Zimmer.
Schreiben Sie eine Zimmer-Beschreibung. **ODER** Tauschen Sie und beschreiben Sie die Fotos.

einhundertsiebenundzwanzig **127**

Im Möbelhaus

1 Wir brauchen ein Sofa

a) Was brauchen Anna und Jannis? Hören Sie den Dialog. Notieren Sie.

b) *Klein und groß. Hell und …* Finden Sie die Paare und ordnen Sie zu.

hell   leicht   groß   günstig   alt

teuer   dunkel   schwer   modern   klein

c) Wer sagt was? Hören Sie noch einmal. Anna (A) oder Jannis (J)? Ergänzen Sie.

1 ◯ Das Bild ist schön.
2 ◯ Das Bild ist schön, aber dunkel.
3 ◯ Das Bild ist modern, aber dunkel.
4 ◯ Die Kommode ist zu teuer.
5 ◯ Die Kommode ist teuer, aber schön.
6 ◯ Die Kommode ist hell, modern und günstig.

d) *Modern, aber teuer.* Kommentieren Sie wie im Beispiel.

Die Kommode ist dunkel.   *Dunkel, aber modern.*   *Das Bett ist groß und modern.*   *Groß und modern, aber teuer.*

2 Wie findest du …?

Das ist groß, aber zu dunkel. • Das ist groß, aber zu schwer. •
Das ist schön, aber zu teuer. • Das ist günstig, aber zu klein.

a) Was passt? Ergänzen Sie die Sätze.

1 *Wie findest du das Bücherregal?*

2 *Und das?*

3 *Und das hier?*

4 *Und das Bücherregal?*

5 *Das ist groß … … und sehr modern!*

b) Spielen Sie die Dialoge. Übertreiben Sie.

ZUHAUSE

9 Die Traumwohnung

1 Ein *Tiny House* beschreiben

a) Fotos kommentieren. Sind die Kommentare positiv (+) oder negativ (–)?
Lesen Sie und vergleichen Sie.

Tiny House: Kleine Häuser ganz groß …

Mein Haus: Klein, aber oho! Mein Haus hat nur ein Zimmer, aber es ist schön und gemütlich. Und das Haus ist mobil. Ich finde das toll. Wie findet ihr mein Tiny House?

peer.hebar Wow, das sieht schön aus. Klein, aber sehr modern.

vicci_gracz Es ist nicht zu klein. Sehr hell und gemütlich.

claire_4 Ich finde das nicht schön. Es ist zu dunkel.

michell_rose Ich mag das Haus. Es ist sehr elegant.

eluxft Nur ein Zimmer? Das ist zu klein. Ich mag Tiny Houses nicht.

kathijaeck Sehr modern und neu. Die Möbel sind toll.

Gefällt 1.398 Mal

b) Wie finden Sie das *Tiny House*? Kommentieren Sie.

Ich finde das Haus …   *Ich mag …*

c) Wählen Sie ein Foto und schreiben Sie Kommentare wie im Beispiel.
ODER Welche Trends gibt es in Ihrem Land? Berichten Sie.

Bei uns …   *In Russland gibt es einen Trend: …*

2 Meine Traumwohnung

Wie sieht Ihre Traumwohnung aus? Beschreiben Sie und kommentieren Sie die Wohnung.

Redemittel

Eine Wohnung beschreiben	
Die Wohnung hat Ich habe Wir haben	1/2/… Zimmer. (k)einen Balkon. (k)einen Garten. (k)ein Arbeitszimmer/Kinderzimmer.

Eine Wohnung kommentieren	
Das Wohnzimmer ist Der Balkon ist Das Schlafzimmer ist	(sehr) groß / klein / hell / dunkel / modern / (zu) alt. groß, aber laut. schön, aber (zu) klein.
Ich finde das Wohnzimmer …	

einhundertneunundzwanzig 129

ÜBUNGEN

1 **Wie wohnen Carla, Jannis und Hannah?** Lesen Sie die Texte auf S. 124 und 125 noch einmal. Kreuzen Sie passende Aussagen an. Manchmal sind mehrere Antworten richtig.

		C	J	H
1	Sie haben jetzt einen Garten.	X	○	○
2	Das Wohnzimmer ist hell und neu renoviert.	○	○	○
3	Sie haben vier Zimmer und ein Wohnzimmer.	○	○	○
4	Sie sind oft im Wohnzimmer.	○	○	○
5	Im Wohnzimmer gibt es ein Sofa.	○	○	○
6	Sie haben einen Balkon.	○	○	○
7	Sie benutzen das Wohnzimmer, die Küche und das Bad zusammen.	○	○	○

2 **Man braucht nicht viel Geld**

a) Pia schreibt einen Blog. Über welches Thema schreibt sie heute? Lesen Sie den Blogeintrag schnell und kreuzen Sie an.

1 ○ Studieren in Chemnitz   2 ○ Einkaufen in Chemnitz   3 ○ Wohnen in Chemnitz

Du studierst auch in Chemnitz, hast nicht viel Geld und möchtest im Zentrum leben? Das Problem kenne ich, das hatte ich auch! Im ersten Semester hatte ich eine Ein-Zimmer-Wohnung. Die Wohnung war neu und ruhig, aber auch klein, dunkel und teuer. Und sie war nicht im Zentrum. Zum Glück hatte ich ein Studententicket. So war der Bus nicht teuer.
5   Heute lebe ich mit Hannah, Tim und Jakob in einer Wohngemeinschaft am Bahnhof. Wir teilen das Geld für die Wohnung und das Internet und nutzen das Wohnzimmer, die Küche und das Bad zusammen. Das ist sehr praktisch. Mein Zimmer ist sehr groß, aber am Abend bin ich auch oft im Wohnzimmer. Dort treffe ich die anderen. Wir sehen einen Film oder hören Musik. Manchmal kochen wir auch zusammen oder gehen ins Kino. Das finde ich gut.
10   Ein WG-Zimmer findest du zum Beispiel hier.

b) Lesen Sie die Aussagen und dann den Blogeintrag in a) noch einmal. Wo finden Sie die Aussagen? Schreiben Sie die Zeilennummer wie im Beispiel.

		Zeile(n)
1	Pia studiert in Chemnitz.	*1*
2	Im Internet gibt es Angebote für WG-Zimmer.	
3	Pia fährt mit dem Bus ins Zentrum.	
4	Pia bezahlt in der WG nicht so viel Geld für die Wohnung.	
5	Die erste Wohnung von Pia in Chemnitz war nicht günstig.	
6	In der WG ist Pia gerne im Wohnzimmer.	
7	Pia, Jakob, Tim und Hannah bezahlen die Wohnung zusammen.	
8	In der Freizeit machen Pia und die anderen viel zusammen.	

ZUHAUSE

9

c) Adjektive in Paaren lernen. Markieren Sie die Adjektive im Blogeintrag und ergänzen Sie wie im Beispiel.

1 wenig – *viel*
2 alt –
3 laut –
4 groß –

5 hell –
6 günstig –
7 unpraktisch –
8 schlecht –

3 Gegenstände in der Wohnung

🔊 3.05

a) Lang (_) oder kurz(.)? Hören Sie, lesen Sie und markieren Sie.

1 ○ der Schr**ei**btisch
2 ○ das Bücherregal
3 ○ das Bild
4 ○ die Lampe
5 ○ der Tisch

6 ○ der Teppich
7 ○ das Sofa
8 ○ der Fernseher
9 ○ der Schrank
10 ○ die Kommode

11 ○ der Stuhl
12 ○ der Herd
13 ○ das Regal
14 ○ der Kühlschrank
15 ○ die Spüle

b) Hören Sie noch einmal und lesen Sie laut mit.

c) Wohnzimmer, Arbeitszimmer, Schlafzimmer oder Küche. Wählen Sie zwei Zimmer aus. Welche Gegenstände gibt es dort? Kreuzen Sie in a) an und beschreiben Sie.

In der Küche gibt es eine Spüle, einen Tisch, ...

4 Das Zimmer von Pia

a) Ergänzen Sie die Wörter wie im Beispiel.

das Bücherregal

b) Wie viele Schränke, Stühle, ... hat Pia? Zählen Sie und ergänzen Sie die Pluralformen.

1 das Bett –
2 der Teppich –
3 der Schrank –
4 die Kommode – *zwei Kommoden*

5 das Bücherregal –
6 der Sessel –
7 das Bild –
8 der Schreibtisch –

9 die Uhr –
10 der Stuhl –

einhunderteinunddreißig **131**

ÜBUNGEN

5 Tische, Lampen, Sofas, ...

a) Lesen Sie die Komposita und ordnen Sie den Bildern passende Komposita zu.

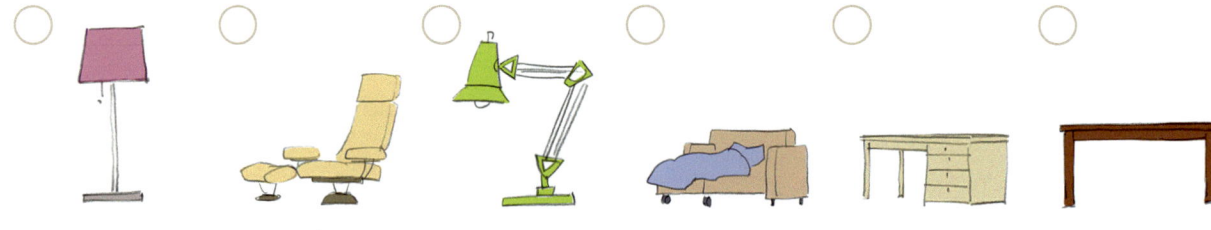

1 *die* Leselampe   3 _____ Schreibtisch   5 _____ Stehlampe

2 _____ Schlafsofa   4 _____ Esstisch   6 _____ Fernsehsessel

b) Ergänzen Sie die Artikel in a).

c) Notieren Sie die Verben wie im Beispiel.

die Leselampe – lesen, ...

6 Die Wohnung von Anna und Jannis

a) Videokaraoke. Sehen Sie und antworten Sie.

b) Was zeigt Anna? Sehen Sie das Video noch einmal und machen Sie Notizen.

1. die Küche, 2. ...

7 Eine Wohnung beschreiben

a) Welche Wohnung ist das? Hören Sie und kreuzen Sie an.

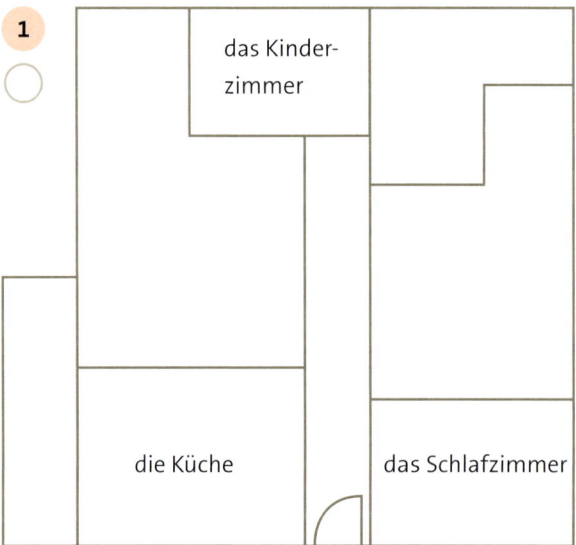 

b) Hören Sie die Beschreibung noch einmal und ergänzen Sie die Zimmer in der Wohnung in a).

c) *Die Wohnung hat ein ...* Beschreiben Sie die Wohnung 1 aus a).

Die Wohnung hat eine Küche, ein Wohnzimmer ...

ZUHAUSE 9

8 Zwei Wohnzimmer

a) Welches Wohnzimmer ist das? Sehen Sie die Bilder an und lesen Sie die Beschreibung. Ordnen Sie zu.

In dem Wohnzimmer hängen drei Bilder an der Wand hinter dem Sofa. Der Teppich liegt vor dem Sofa. Neben dem Sofa steht das Regal. Auf dem Regal steht eine Pflanze. Im Regal stehen und liegen Bücher. Es gibt auch einen Tisch. Er steht zwischen dem Sofa und ...

b) *Der Sessel, die Uhr, die Lampe, der Fernseher, ...* Schreiben Sie den Text aus a) weiter.

... dem Sessel. Der Sessel ...

9 Flüssig sprechen. Hören Sie und sprechen Sie nach.

3.07

1 der Balkon – ein Balkon – Die Wohnung hat einen Balkon.

2 der Garten – ein Garten – Die Wohnung hat einen Garten.

3 das Kinderzimmer – ein Kinderzimmer – Die Wohnung hat ein Kinderzimmer.

4 die Küche – eine Küche – Die Wohnung hat eine Küche.

10 Gegenstände im Wohnzimmer

3.08

a) Was ist wo? Hören Sie und ergänzen Sie wie im Beispiel.

b) *Hängen, liegen* oder *stehen*? Sehen Sie das Bild an und ergänzen Sie passende Gegenstände aus a).

hängen: _____

liegen: *die Zeitung, ...*

stehen: _____

c) Hören Sie noch einmal. Vergleichen und korrigieren Sie Ihre Angaben in b).

einhundertdreiunddreißig 133

ÜBUNGEN

11 **Jannis und Anna kaufen Möbel.** Hören und ergänzen Sie.

1 Jannis meint, das Bücherregal ist groß und günstig. *Anna findet das Regal zu dunkel.*

2 Anna sieht eine Lampe. Die Lampe ist schön und groß. *Jannis* _____

3 Anna findet den Tisch praktisch. _____

12 *Zu alt, zu teuer.* Beschreiben Sie die Möbel.

1 Das Sofa ist zu …

13 Einen Stuhl kommentieren

a) Lesen Sie die Kommentare und markieren Sie die Adjektive.

Preis: **179,99 €**

Dimitri
★★★☆☆ **Super Stuhl!**
Wow! Der Stuhl sieht sehr schön aus. Er ist sehr elegant. Aber ich finde 179,99 Euro sehr teuer.

Luisa
★☆☆☆☆ **179,99 Euro?**
Der Stuhl ist gemütlich, aber er ist viel zu teuer! Und ich finde ihn auch zu dunkel. Sehr schade!

Karsten
★★★★☆ **Leider zurück**
Dunkel und teuer? Das finde ich nicht. 179,99 Euro ist günstig. Der Stuhl ist super modern. Einfach toll! Für mein Zimmer ist er leider viel zu groß.

b) Was ist positiv und was ist negativ? Ergänzen Sie.

positiv	negativ
schön	

c) Wie finden Sie den Stuhl? Kommentieren Sie.

Fit für Einheit 10?

1 Mit Sprache handeln

über Wohnungen sprechen

Hat die Wohnung einen Balkon?	Ja, die Wohnung hat einen Balkon.
Hat die Wohnung ein Arbeitszimmer?	Nein, die Wohnung hat kein Arbeitszimmer.

Die Wohnung hat eine Küche, ein Bad, ein Wohnzimmer und ein Schlafzimmer.

sagen, wie man etwas findet

Wie findest du das Sofa?	Ich finde das Sofa schön, aber zu teuer.
Magst du das Bild?	Nein, ich mag das Bild nicht.
Wie findet ihr mein Tiny House?	Wow, das sieht schön aus!

eine Wohnung beschreiben und kommentieren

Die Wohnung hat ein Arbeitszimmer, einen Balkon und ein Kinderzimmer.
Das Schlafzimmer ist hell und groß. Das Bett steht zwischen dem Sessel und der Kommode. Das Bild hängt an der Wand.
Ich mag das Haus. Es ist sehr modern.
Ich finde das Haus zu klein.

2 Wörter, Wendungen und Strukturen

Zimmer und Möbel

das Arbeitszimmer: der Schreibtisch, das Bücherregal, die Lampe
die Küche: der Kühlschrank, der Herd, die Spüle
Wörterpaare: der Tisch und der Stuhl, der Herd und die Spüle

Adjektive

groß – klein, hell – dunkel, alt – modern, laut – ruhig, leicht – schwer, teuer – günstig

beschreiben, wo etwas ist

hinter dem Sofa	Das Bücherregal steht hinter dem Sofa.
neben der Lampe	Der Schrank steht neben der Lampe.
an der Wand	Das Bild hängt an der Wand.
auf dem Teppich	Das Sofa steht auf dem Teppich.
unter dem Tisch	Der Teppich liegt unter dem Tisch.
im Bücherregal	Der Schlüssel liegt im Bücherregal.
vor dem Fenster	Der Sessel steht vor dem Fenster.
zwischen dem Bild und dem Fenster	Die Kommode steht zwischen dem Bild und dem Fenster.

Komposita

der Schreibtisch ← schreiben + der Tisch
das Arbeitszimmer ← arbeiten + das Zimmer
die Küchenuhr ← die Küche + die Uhr

3 Aussprache

Wortakzent in Komposita: der Schr**ei**btisch – das **A**rbeitszimmer – die K**ü**chenuhr – das B**ü**cherregal – der K**ü**hlschrank
lange und kurze Vokale: der St**uh**l, das S**o**fa, die W**oh**nung – der S**e**ssel, das Z**i**mmer, die L**a**mpe

→ Interaktive Übungen

FAMILIE SCHUMANN

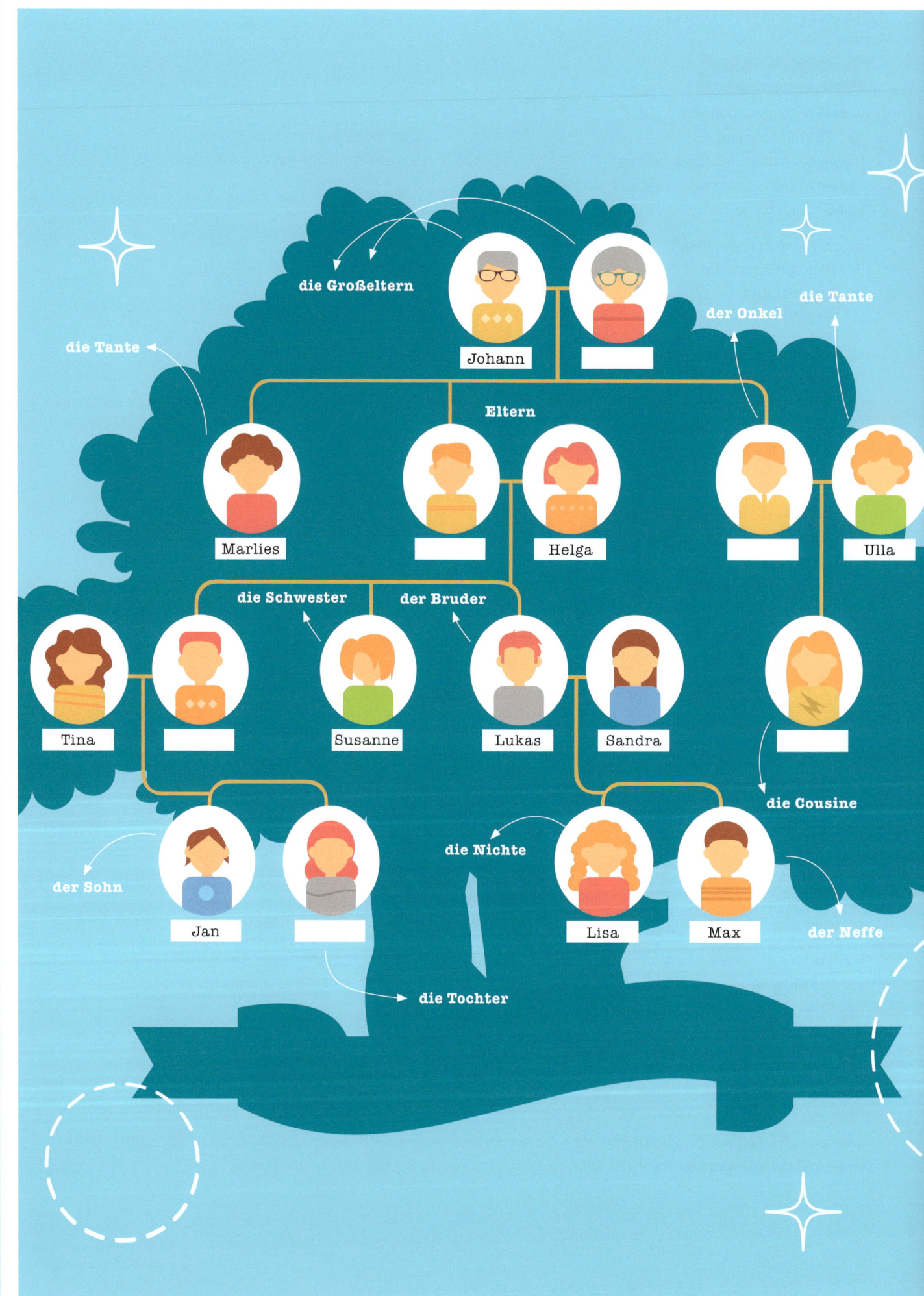

10 Wir sind die Schumanns

HIER LERNEN SIE:
- (m)eine Familie beschreiben
- über einen Familienbetrieb sprechen
- nach Familienmitgliedern fragen

Name: Lea Schumann
Alter: 5 Jahre
Geschwister: einen Bruder

Das ist meine Tochter.

Das ist mein Onkel.

Name: Klaus Schumann
Alter: 56 Jahre
Geschwister: einen Bruder und eine Schwester
Familienstand: geschieden
Kinder: eine Tochter

Das bin ich.

Name: Sebastian Schumann
Alter: 35 Jahre
Geschwister: eine ==Schwester== und einen ==Bruder==
Familienstand: verheiratet
Kinder: eine Tochter und einen Sohn

Name: Hans Schumann
Alter: 62 Jahre
Geschwister: eine Schwester und einen Bruder
Familienstand: verheiratet
Kinder: zwei Söhne und eine Tochter
Enkelkinder: zwei Enkelinnen und zwei Enkel

Das ist mein Vater.

Name: Claudia Schumann
Alter: 24 Jahre
Geschwister: keine
Familienstand: ledig
Kinder: keine

Das ist meine Cousine.

Name: Käthe Schumann
Alter: 84 Jahre
Geschwister: drei Brüder und zwei Schwestern
Familienstand: verheiratet
Kinder: eine Tochter und zwei Söhne
Enkelkinder: zwei Enkelinnen, zwei Enkel und vier Urenkel

Das ist meine Großmutter.

1. **Der Bruder, die Schwester**
   Lesen Sie die Familienwörter und markieren Sie wie im Beispiel.

2. **Wer ist wer?** Ergänzen Sie die Namen im Familienbaum.

3. **Wer spricht da?** Hören Sie und berichten Sie.

   3.10

4. **Der Cousin – die Cousine**
   Sammeln Sie Wortpaare.

5. **Mein Familienbaum.** Zeichnen Sie und berichten Sie.

6. **Familienwörter lernen**
   Finden Sie Paare.

1 Die Bäckerei Schumann

a) Drei Generationen – eine Bäckerei. Ergänzen Sie die Namen. Der Familienbaum auf S. 136 hilft.

1 die erste Generation: _____

2 die zweite Generation: *Hans und* _____

3 die dritte Generation: _____

b) Lesen Sie das Interview und markieren Sie die Jahreszahlen.

Das Interview: Familienbetriebe in unserer Region
Drei Generationen – eine Bäckerei

Oldenburger Landeszeitung: Herr Schumann, warum haben Sie den Beruf Bäcker gewählt?
5 **Sebastian Schumann:** Ganz einfach! Mein Großvater und mein Vater sind auch Bäcker.
OLZ: Kommt Ihr Großvater aus Oldenburg?
Sebastian Schumann: Ja, aber meine Großmutter Käthe ist aus Hannover. Mein Großvater Johann hat
10 dort von 1954 bis 1956 Bäcker gelernt, und sie haben 1957 geheiratet.
OLZ: Hatten Ihre Großeltern 1957 schon eine Bäckerei?
Sebastian Schumann: Nein, sie haben hier in Oldenburg in einer Großbäckerei gearbeitet. Die Bäckerei in
15 der Marktstraße haben sie 1963 gekauft. Die Familie hat dort in der ersten Etage gewohnt.
OLZ: Haben Sie auch noch in der Marktstraße gewohnt?
Sebastian Schumann: Nein, die Wohnung war zu klein. Meine Eltern haben 1984 ein Haus gebaut.
20 **OLZ:** Und wann hat Ihr Vater den Betrieb geleitet?
Sebastian Schumann: Von 1998 bis 2017. Im Jahr 2009 hat er die Backshops gegründet.
OLZ: Und jetzt leiten Sie den Betrieb?
Sebastian Schumann: Genau, seit 2017. Das mache ich
25 mit Tina zusammen. Wir haben heute die Bäckerei, sieben Backshops und 28 Angestellte.
OLZ: Haben Sie ein Erfolgsrezept?
Sebastian Schumann: Die Familie ist privat und im Betrieb wichtig. Wir leben, arbeiten, essen und lachen
30 viel zusammen.

Der erste Schumann-Backshop im Bahnhof

c) Jahreszahlen. Lesen Sie das Interview. Ergänzen Sie und lesen Sie laut.

a von *1954* bis _____ : Johann lernt Bäcker.

b _____ : Hans und Helga bauen ein Haus.

c _____ : Johann und Käthe kaufen die Bäckerei in der Marktstraße.

d _____ : Johann und Käthe heiraten.

e _____ : Hans gründet die Backshops.

f von _____ bis _____ : Hans leitet den Betrieb.

Minimemo

1972: 19 (hundert) 72
2015: 2 (tausend) 15

FAMILIE SCHUMANN

10

2 Sebastian hat Bäcker gelernt

a) Sammeln Sie die Partizip-II-Formen im Interview in 1a) und machen Sie eine Tabelle.

Infinitiv	Partizip II ge...(e)t
wählen	gewählt
heiraten	geheiratet

Minimemo
Verbstamm endet mit **-t**:
heirat-en: ge-heirat-*e*-t
arbeit-en: ge-arbeit-*e*-t

b) Lesen Sie die Sätze und ergänzen Sie die Regel.

Johann [hat] Bäcker [gelernt].

Partizip II

Johann und Käthe [haben] 1957 [geheiratet].

Lerntipp
Regelmäßige Verben im Partizip II:
vorne *ge-*, hinten *-(e)t*

Regel: Im Perfektsatz mit *haben* steht _____ auf Position 2.

Das _____ steht am Satzende.

c) *Wann ...?* Fragen und antworten Sie wie im Beispiel. Die Informationen in 1b) helfen.

Wann hat Johann Bäcker gelernt?

Johann hat von 1954 bis 1956 Bäcker gelernt.

3 Tina Schumann

a) Was hat Tina wann gemacht? Sehen Sie das Video und ergänzen Sie die Jahreszahlen wie im Beispiel.

_____ : Wohnung in Hamburg gemietet

_____ : Sebastian geheiratet

_____ – _____ : Bankkauffrau gelernt

2013 – _____ : in Oldenburg gearbeitet

Tina Schumann, Bloggerin

b) Berichten Sie.   *Tina hat von 2007 bis 2010 Bankkauffrau gelernt.*

c) Wechselspiel. Fragen und antworten Sie.

4 Meine Geschichte

a) *Gelernt, gearbeitet, geheiratet, gekauft, gelebt, gewohnt, ...* Schreiben Sie Ihre Geschichte.

Meine Eltern haben ... Ich habe 2015 ... gelernt. Von 2019 bis ... habe ich ...

b) Tauschen Sie die Texte und lesen Sie vor. Wer ist das?

Familie und Freunde

1 Kaffeeklatsch

a) Ich besuche meine Freundin ... Sprechen Sie schnell.

	besuche	meinen Vater/Sohn/Bruder/Freund/...	jeden Tag.
Ich	sehe	meine Mutter/Tochter/Schwester/Freundin/...	jede Woche.
	treffe	meine Eltern/Kinder/Geschwister/Freunde/...	einmal im Monat.
			oft.
			manchmal.

Ich besuche meinen Vater jeden Tag.

b) Gerda Clausen besucht ihre Freundin Helga Schumann. Es gibt Kaffee und Kuchen. Über welche Themen sprechen die Freundinnen? Notieren Sie Ideen.

- über die Kinder
- über den Job

Kaffeeklatsch bei Helga Schumann

c) Hören Sie und vergleichen Sie mit b).

d) *Meinen Mann*, *seine Freunde*, ... Lesen Sie und markieren Sie die Possessivartikel und Nomen im Akkusativ.

○ Sag mal, Helga, was macht denn Hans?

● Ach, Hans geht's gut. Er liest viel und macht jeden Tag Sport.

○ Mmmh! Also, Helga, deinen Kuchen finde ich echt lecker!

● Danke! Ich backe doch so gerne.

○ Stimmt! Und was machst du noch so?

● Das kennst du ja. Ich habe meine Enkelkinder und meinen Haushalt. Siehst du deinen Enkel oft?

○ Nein. Er ist jetzt zwölf und findet seine Oma nicht mehr so cool.

● Ach, das ist heute so. Komm, wir gehen in unseren Garten.

Lerntipp

Artikel *der*: im Akkusativ Singular immer *-en*: *den* Sport, *einen* Sohn, *keinen* Kaffee, *meinen* Mann.

e) Andere Personen, andere Themen. Variieren Sie den Dialog. **ODER** Erstellen Sie eine Dialoggrafik und spielen Sie.

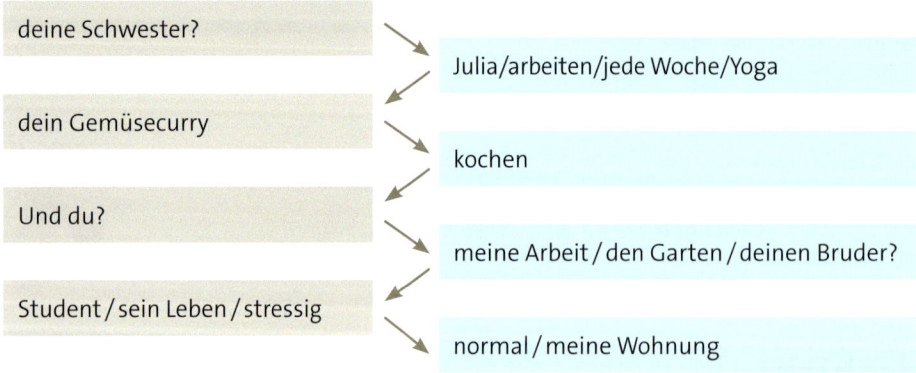

2 *-en* am Wortende

Hören Sie und sprechen Sie nach.

leben – besuchen – kommen – Garten – backen – waren – unseren – arbeiten – bauen – lernen

140 einhundertvierzig

FAMILIE SCHUMANN

10

1 Opa, Mami oder Vati?

a) Wie nennt ihr eure Eltern und Großeltern? Wir haben Kinder gefragt. Hören Sie und ordnen Sie die Familienwörter zu. Die Wortwolke hilft.

Oma Mutti Vati
  Mama
  Omi Papa Opi
Mami Opa Papi

Mutter: _____

Großmutter: _____

Vater: *Vati,* _____

Großvater: _____

b) Wie ist das in Ihrer Sprache? Vergleichen Sie.

Ich komme aus Korea und nenne meine Mutter Omma.

Bei uns in Madras nennt man den Onkel Mama.

2 Meine Familie

a) Ordnen Sie jedem Text ein passendes Familienfoto zu.

A Ich heiße Joana, und das ist meine Familie. Ich bin verheiratet und lebe in der Schweiz. Wir haben eine Tochter und einen Sohn. Meine Eltern sehe ich nicht oft. Sie leben in Salvador da Bahia und haben dort ein Haus gebaut. Mein Bruder hat in Rio ein Startup gegründet und arbeitet dort. Er ist nicht auf dem Foto.

b) Wer ist das? Notieren Sie Informationen zu Joana, Marisol und Ivanka. Fragen und antworten Sie.

Sie hat vier Geschwister.

Das ist Ivanka. Sie hat eine Schwester und drei Brüder.

Ihr Bruder lebt in Rio.

Das ist ...

3 Nach der Familie fragen

a) Ordnen Sie Fragen und Antworten zu.

b) Fragen Sie im Kurs.

Hast du Geschwister?

Ja, ich habe einen Bruder. Und du?

4 Meine Familie

Schreiben Sie einen Ich-Text.

Meine Familie lebt in ... Ich habe drei Geschwister, einen Bruder und zwei Schwestern. Meine Eltern ...

einhunderteinundvierzig 141

ÜBUNGEN

1 Familienwörter

a) Ergänzen Sie.

1 _____	+ der Vater	= die Eltern (Pl.)
2 die Tochter	+ _____	= _____ (Pl.)
3 _____	+ der Bruder	= die Geschwister (Pl.)

b) Hören und kontrollieren Sie.
3.14

2 Familie Schumann. Schreiben Sie Sätze wie im Beispiel. Die Grafik auf S. 136 hilft.

1 Susanne – die Schwester — *Susanne ist die Schwester von Sebastian und Lukas.*
2 Jan – der Cousin
3 Hans und Helga – die Großeltern
4 Lisa – die Nichte
5 Hans und Klaus – die Brüder
6 Helga – die Tante
7 Klaus und Ulla – die Eltern

3 Wie gut kennen Sie die Familie Schumann?

a) Richtig oder falsch? Vergleichen Sie mit den Profilen auf S. 137 und kreuzen Sie an.

	richtig	falsch
1 Klaus Schumann ist mit Ulla verheiratet.	○	○
2 Die Cousine von Sebastian ist ledig.	○	○
3 Der Bruder von Marlies und Klaus ist ledig.	○	○
4 Die Eltern von Sebastian sind geschieden.	○	○
5 Die Schwester von Sebastian und Lukas ist ledig.	○	○
6 Marlies ist verheiratet.	○	○

b) Korrigieren Sie die falschen Aussagen.

c) *Ledig*, *verheiratet* oder *geschieden*? Ergänzen Sie.

1 Unsere Eltern sind schon 25 Jahre *verheiratet*_____. Das finden wir toll!
2 Meine Tante hat nie geheiratet. Sie ist _____.
3 Mein Großvater und meine Großmutter leben nicht zusammen. Sie sind _____.
Meine Großmutter hat 2012 noch einmal geheiratet. Ihr Mann heißt Theo.
4 Mein Bruder ist 26 und schon drei Jahre mit Eva _____. Sie haben zwei Kinder.
5 2003 habe ich Max geheiratet. Aber seit 2012 sind wir _____.
Wir passen einfach nicht zusammen, aber wir sind immer noch Freunde.
6 Meine Geschwister haben schon eine Familie, aber ich bin noch _____. Ich möchte auch gern
heiraten und Kinder haben und suche eine Partnerin.

FAMILIE SCHUMANN

4 Drei Generationen, ein Haus. Lesen Sie den Magazinartikel und ergänzen Sie den Familienbaum.

Gemeinsam leben

Das ist die Familie Häusler. Großeltern, Eltern und drei Kinder wohnen in Hamburg. Drei Generationen, ein Haus. Wie geht das?

Rita und Matze Häusler haben das Haus 2008 gekauft. Heute haben sie drei Kinder: Elias, Theresa und Felix. Das Haus ist groß und hat zwei Etagen. Die Eltern von Rita wohnen im Erdgeschoss. Rita, Matze und die Kinder leben in der ersten Etage. Rita sagt: „Unsere Familie lebt zusammen. Das ist toll! Meine Eltern sehen ihre Enkelkinder jeden Tag." Auch die Kinder finden das super: „Ich koche und backe gerne mit Oma", sagt Felix und „Opa und ich spielen Fußball im Garten", erzählt Elias. Und was denkt Matze, der Mann von Rita? Er ist Journalist und arbeitet zu Hause. Am Morgen bringt er die Kinder zur Schule und dann trinkt er einen Kaffee mit Walter. „Das ist schön!", sagt Matze.

Familie Häusler

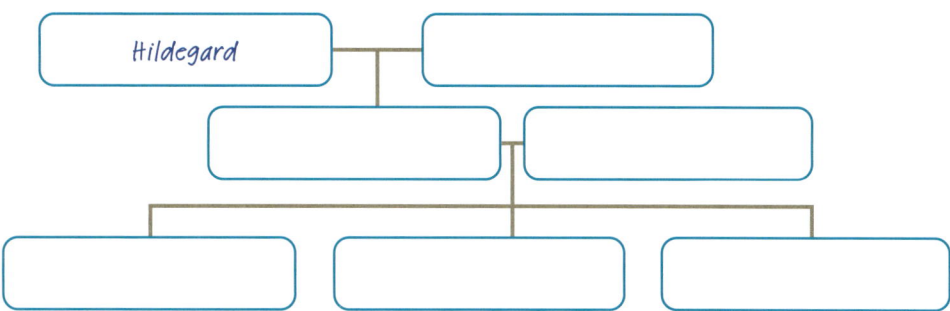
Hildegard

5 Laura Monti hat Friseurin gelernt

a) Lesen Sie den Text und markieren Sie die Partizip-II-Formen.

Ich heiße Laura Monti und bin 35 Jahre alt. Ich wohne jetzt in Berlin, aber ich komme aus Italien. Dort habe ich 20 Jahre gelebt. Mein Bruder Vittorio und meine Eltern leben noch in Rom. Vittorio hat Fotograf gelernt, wie mein Vater, und leitet seit fünf Jahren den Familienbetrieb. Ich habe einen anderen Beruf gewählt und habe Friseurin gelernt. Mein Mann Gregor ist Programmierer. 2015 haben wir zusammen in einer WG gewohnt. Zwei Jahre später haben wir geheiratet und eine Wohnung gemietet. Und 2018 haben wir unseren Hund gekauft. Er heißt Otto. Wir haben noch keine Kinder.

b) Wer …? Wie …? Wo …? Was …? Wann …? Lesen Sie den Text in a) noch einmal und schreiben Sie Fragen.

Wie lange hat Laura in Italien gelebt?
Wo wohnt …

ÜBUNGEN

6 Lange (_) und kurze (.) Vokale

a) Hören und markieren Sie.

1 woh<u>n</u>en — gew<u>o</u>hnt
2 _____ — gelernt
3 _____ — gewählt
4 _____ — geheiratet
5 _____ — gemietet
6 _____ — gekauft

b) Ergänzen Sie die Infinitive wie im Beispiel.

7 Nomen und Verben

a) Was passt nicht? Streichen Sie durch.

1 einen Betrieb – eine Firma – ~~ein Auto~~ — gründen
2 eine Stadt – eine Wohnung – ein Fahrrad — mieten
3 eine Frau – ein Kind – einen Mann — heiraten
4 ein Haus – ein Handy – einen Beruf — kaufen
5 eine Firma – einen Kurs – einen Friseur — leiten
6 Italienisch – Freunde – Bäcker — lernen

b) Mauro Monti war Fotograf. Hören Sie und ergänzen Sie die Partizip-II-Formen.

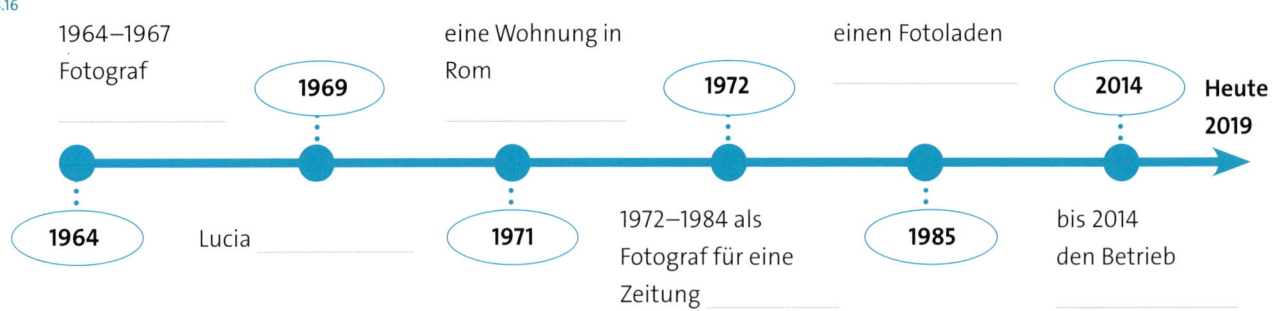

1964–1967 Fotograf
1964 Lucia _____
1969
1971
eine Wohnung in Rom
1972
1972–1984 als Fotograf für eine Zeitung _____
1985
einen Fotoladen
2014
bis 2014 den Betrieb _____
Heute 2019

c) Das Leben von Mauro Monti. Schreiben Sie mit den Informationen aus b) einen Text.

Mauro Monti ist verheiratet und hat zwei Kinder, Laura und Vittorio. Er ist Fotograf. Den Beruf hat er von 1964 bis ...

Mauro Monti, Fotograf, 1987

FAMILIE SCHUMANN

10

8 Seine Familie ist auch ihre Familie

a) Lesen Sie die Profile und vergleichen Sie mit S. 137. Welche Informationen sind neu? Notieren Sie.

Klaus Schumann wohnt seit 30 Jahren in Berlin. Er findet sein Leben dort interessant. Er hat eine Schwester und einen Bruder. Seine Geschwister und seine Mutter wohnen in Oldenburg. Er besucht seine Familie zweimal im Jahr. Sein Bruder Hans kommt auch manchmal nach Berlin. Er mag seinen Bruder sehr. Klaus ist geschieden. Er hat eine Tochter. Seine Tochter hat Design gelernt und einen Betrieb für Möbeldesign in Potsdam gegründet. Sie trifft ihre Cousinen oft in Berlin oder Oldenburg.

Käthe Schumann ist die Mutter von Klaus. Ihr Mann Johann lebt seit zwei Jahren nicht mehr. Sie hat zwei Söhne und eine Tochter. Ihre Tochter Marlies hat nie geheiratet. Ihre Enkel Lukas und Sebastian sind verheiratet und haben auch schon Kinder. Ihre Enkelinnen Susanne und Claudia sind ledig. Ihre Urenkelin Lisa kommt jede Woche. Manchmal gehen sie dann in den Zoo. Am Sonntag besucht sie oft ihre Tochter Marlies oder ihren Sohn Hans. Dann gibt es Kaffee und Kuchen.

Klaus Schumann wohnt seit 30 Jahren in Berlin.

b) Markieren Sie die Artikelwörter mit den Nomen im Nominativ und Akkusativ in a) und ergänzen Sie die Tabelle.

		der	das	die	die (Plural)
er	Nom.				*seine Geschwister*
	Akk.	*eine Schwester, ...*			
sie	Nom.				
	Akk.				

9 Familienfotos

a) Helga Schumann zeigt Gerda Clausen Familienfotos. Ergänzen Sie Possessivartikel und Nomen wie im Beispiel.

euren Hund • ihre Tochter • ~~deine Enkelkinder~~ • seine Mutter • euer Auto • unseren Hund • ihren Freund • eure Backshops • seinen Beruf

💬 Hier siehst du Jan und Lea, und das sind Lisa und Max.

💬 Das Foto ist sehr schön! Siehst du *deine Enkelkinder* ¹ oft?

💬 Ja. Und das ist Hans in der Bäckerei. Ich glaube, das war 2012.

💬 Toll! Da hattet ihr schon _____² , oder? Und wer ist das neben Hans?

💬 Kennst du _____³ nicht? Sie ist schon 84 und sieht immer noch gut aus. Und das sind Klaus und Ulla. _____⁴ Claudia kennst du auch.

💬 Ja, und ich kenne _____⁵ Martin. Ich finde _____⁶ interessant. Er ist Grafikdesigner!

💬 Aha. Hier habe ich noch ein Foto von Bo. Wie findest du _____⁷? Süß, oder? Aber er mag keine Zusteller!

💬 Ich weiß. Ich mag _____⁸. Und was ist das? Ist das _____⁹?

💬 Nein, das gehört Sebastian. Er ist viel unterwegs.

ÜBUNGEN

b) Ergänzen Sie Artikel und Nomen wie im Beispiel. Die Angaben in a) helfen.

1 *der* Enkel/ich: Das ist *mein Enkel*____. Ich sehe *meinen Enkel*____ oft.
2 ____ Fahrrad/du: Das ist ____, oder? Ich finde ____ schön.
3 ____ Tochter/wir: Das ist *unsere* ____. Wir besuchen ____ in Hamburg.
4 ____ Kind/ihr: Ich kenne ____ nicht. Ist das ____?
5 ____ Söhne/sie: Das sind Hans und Helga. Sebastian und Lukas sind ____.
Triffst du ____ manchmal?

10 Siehst du deine Geschwister oft?

🔊 3.17

a) Diktat. Hören Sie und schreiben Sie mit.

1 *Ich besuche meine Eltern einmal im Monat.*
2 ____
3 ____
4 ____
5 ____

b) Lesen Sie die Sätze in a) noch einmal und ordnen Sie die Fotos zu.

a b c

d e

11 Familienbesuch

▶ 2.04

a) Videokaraoke. Sehen Sie und antworten Sie.

b) Was ist richtig? Sehen Sie das Video noch einmal und kreuzen Sie an.

1 Wann besuchen die Eltern Sabine? a ○ jede Woche b ○ einmal im Monat c ○ am Samstag und Sonntag
2 Wie alt ist Bruno? a ○ fünf Jahre b ○ vier Jahre c ○ drei Jahre
3 Wie oft sieht Sabine ihre Schwester? a ○ oft b ○ manchmal c ○ nie
4 Wann hat der Bruder von Sabine geheiratet? a ○ 2003 b ○ 2013 c ○ 2019

FAMILIE SCHUMANN

Fit für Einheit 11?

1 Mit Sprache handeln

(m)eine Familie beschreiben
Das ist mein Onkel. Er ist geschieden.
Wir haben eine Tochter / einen Sohn / zwei Kinder / keine Kinder.
Meine Familie wohnt in Oldenburg.

über einen Familienbetrieb sprechen
Warum haben Sie den Beruf Bäcker gewählt? — Mein Großvater und mein Vater sind auch Bäcker.
Wann hat Ihr Vater den Betrieb geleitet? — Von 1998 bis 2017.

nach Familienmitgliedern fragen
Wie oft triffst du deine Geschwister? — Ich treffe meine Geschwister nicht so oft.
Besucht ihr eure Großeltern oft? — Ja, wir besuchen unsere Großeltern jede Woche.
Was macht dein Bruder? — Er hat Fotograf gelernt und arbeitet in Rom.

2 Wörter, Wendungen und Strukturen

Familie und Verwandtschaft

die Großeltern = der Großvater, die Großmutter	erste Generation
die Eltern = der Vater, die Mutter	zweite Generation
die Kinder = der Sohn, die Tochter	dritte Generation

Ich bin Sandra. Mein Bruder heißt Sebastian und meine Schwester heißt Susanne.
Das ist der Onkel von Sebastian. Seine Tante heißt Ulla und seine Cousine heißt Claudia.
Johann und Käthe haben vier Enkel.
Lisa ist die Nichte und Max der Neffe von Sebastian und Tina.

Possessivartikel im Nominativ und Akkusativ
Das ist Claudia. Klaus ist ihr Vater. Sie sieht ihren Vater oft.
Das ist Klaus. Johann ist sein Vater. Er sieht seinen Vater nur einmal im Monat.
Das ist unser Kind. Wir sehen unser Kind jeden Tag.
Das ist meine Oma. Ich besuche meine Oma jede Woche.
Das sind meine Eltern. Ich besuche meine Eltern einmal im Monat.

Perfekt mit *haben*

Infinitiv	Partizip II: *ge...(e)t*	
kaufen	gekauft	2018 haben wir ein Auto gekauft.
lernen	gelernt	Ich habe Friseurin gelernt.
arbeiten	gearbeitet	Käthe hat lange mit Johann in der Bäckerei gearbeitet.

3 Aussprache

-en am Wortende: leben – besuchen – kommen – Garten

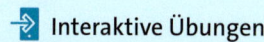 Interaktive Übungen

VIEL ARBEIT

Autos reparieren oder Autos verkaufen?
Mach den Check!

der Automobilkaufmann

die Mechatronikerin

In der Werkstatt oder im Büro?

Mechatronikerinnen und Mechatroniker reparieren Autos in der Werkstatt, Automobilkaufleute verkaufen Autos und arbeiten im Büro. Welcher Beruf ist o.k. für dich? Mach den Check!

» Ein Tag im Leben von Max Cordes, 22, Informatikkaufmann

Ich habe Informatikkaufmann gelernt. Die Ausbildung hat drei Jahre gedauert. Jetzt arbeite ich bei der Firma STC Software-Systeme in Münster. «

Leserbriefe

Kann man beim ersten Treffen schon nach dem Beruf fragen?!

Vanessa Licht, Bad Orb

Die BERUFE-Redaktion antwortet:

Wir meinen ja! Fragen wie „Was machen Sie beruflich?", „Ich bin Programmiererin, und was bist du von Beruf?" oder „Ich arbeite als Journalist. Und du?" sind total o. k., und Sie zeigen Interesse. Sie können über Ihre Aufgaben, die Arbeitsorte und Kolleginnen und Kollegen sprechen. Sie haben ein Thema und lernen die Person gut kennen.

1. **Welche Berufe kennen Sie?** Sammeln Sie.
2. **Berufsprofil Altenpfleger/in.** Was machen Altenpflegerinnen und Altenpfleger? Wo arbeiten sie, und wie lange dauert die Berufsausbildung? Lesen Sie und berichten Sie.
3. **Nach dem Beruf fragen.** Lesen Sie den Leserbrief und sammeln Sie Redemittel.
4. **Im Büro oder in der Werkstatt.** Wo arbeiten Sie lieber? Machen Sie den Check und vergleichen Sie.
5. **Max Cordes, Informatikkaufmann.** Was macht er wann? Lesen Sie und sprechen Sie über seinen Tagesablauf.

HIER LERNEN SIE:
- über Berufe und Ausbildung sprechen
- über Tätigkeiten und Arbeitsorte sprechen
- sagen, was man beruflich gemacht hat
- Berufsbezeichnungen

11

BERUFE

Komm, mach mit!

Was macht eigentlich ein/eine ...?

Altenpfleger/in
lernt: 3 Jahre in der Berufsfachschule
arbeitet: im Seniorenheim, zuhause bei den Seniorinnen und Senioren
Aufgaben:
Altenpflegerinnen und Altenpfleger helfen Seniorinnen und Senioren im Alltag: Am Morgen duschen, anziehen, Frühstück machen und am Abend ausziehen, waschen und ins Bett bringen. Die Altenpflegerinnen und Altenpfleger arbeiten mit Ärztinnen und Ärzten zusammen und geben Medikamente. Sie sprechen auch mit den Seniorinnen und Senioren über früher, über Familie und Freunde, über Arbeit und Hobbys.

Was machen Sie beruflich?

1 Über Erfahrungen sprechen

Fragen und antworten Sie.

Haben Sie schon mal / Hast du schon mal
- einen Computer / ein Auto / eine Lampe repariert?
- Ihre/deine Eltern/Freunde am Arbeitsplatz besucht?
- im Büro / in der Werkstatt gearbeitet?
- eine App installiert?
- ein Computerspiel ausprobiert?
- einen Beruf / eine Sprache gelernt?
- an einer Universität studiert?
- einen Berufs-Check gemacht?

Ja, na klar!
Ja, das habe ich schon gemacht.
Nein, noch nie.
Und du?

2 Zwei Berufsporträts

a) Maurerin ODER Altenpfleger? Wählen Sie ein Berufsporträt. Lesen Sie und sammeln Sie Informationen in der Tabelle. Ergänzen Sie für den Beruf Altenpfleger/in Informationen von S. 149.

Lena (26), Maurerin

Maurerin – (K)ein Beruf für Frauen?

Lena hat schon eine Ausbildung als Kosmetikerin gemacht. Sie hat zwei Jahre im Kosmetiksalon gearbeitet: „Aber dann habe ich Maurer auf einer Baustelle beobachtet. Sie haben ein Haus gebaut. Ich habe überlegt: Maurerin – warum nicht? Ich habe ein Praktikum gemacht, also den Beruf ausprobiert. Danach habe ich Bewerbungen verschickt – mit Erfolg.", sagt Lena.
Die Ausbildung hat drei Jahre gedauert. Lena hat in der Firma gearbeitet und die Berufsschule besucht. Sie arbeitet jetzt bei der Firma SO-Bau in Kassel: „Der Beruf ist nie langweilig, und ich finde meine Kolleginnen und Kollegen super. Ich kann mit Steinen, Beton und Eisen arbeiten. Und ich arbeite auf der Baustelle oder in der Werkstatt – das ist toll!"

Wladimir (34), Altenpfleger

Altenpfleger – Hilfe für Senioren

Wladimir hat 2019 seine Ausbildung als Altenpfleger beendet. „Meine Ausbildung war super. Ich habe alle Aufgaben in der Altenpflege kennengelernt. Ich habe viel mit den Seniorinnen und Senioren geredet, über ihre Familien und ihre Arbeit früher. Wir haben oft Fotos angeschaut, und ich habe viel gelernt. Das war klasse." Heute arbeitet Wladimir in einem Seniorenheim in Nürnberg. Er hat Schichtdienst. Er arbeitet eine Woche in der Frühschicht von 6:00–14:00 Uhr und eine Woche in der Spätschicht von 14:00–22:00 Uhr. Manchmal hat er auch Nachtschicht von 22:00–6:00 Uhr. „Klar, die Nachtschicht ist nicht so toll. Aber ich kann Menschen helfen – das ist genau mein Ding!"

	Ausbildung als ...	Aufgaben / arbeitet mit ...	Arbeitsorte/Arbeitszeiten
Lena			
Wladimir			

b) Berichten Sie über Lena oder Wladimir.

Lena hat als Kosmetikerin gearbeitet. Sie ist jetzt ...

Wladimir hat eine Ausbildung als ... gemacht.

VIEL ARBEIT

3 Berufe, Tätigkeiten, Arbeitsorte

a) Sammeln Sie Berufe auf den S. 148–150 und ergänzen Sie. Vergleichen Sie mit Ihren Sprachen.

♂	♀
der	die Journalistin
der Programmierer	die ....
der	die Informatikkauffrau

Minimemo
der Arzt – die Ärztin

Auf Spanisch heißt Ärztin médica.

Feminine Berufsbezeichnungen haben oft die Endung .... , im Plural ....

b) Wer macht was wo? Ordnen Sie zu und berichten Sie.

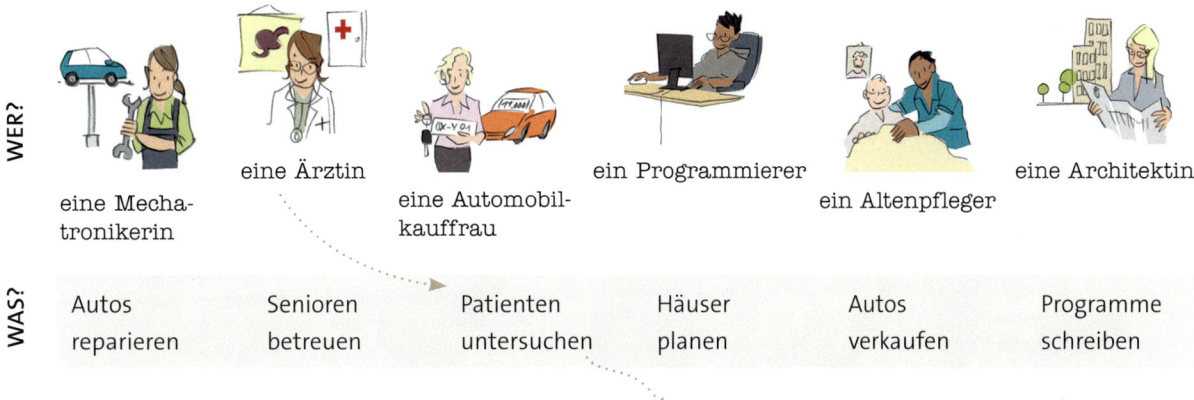

WER? eine Mechatronikerin • eine Ärztin • eine Automobilkauffrau • ein Programmierer • ein Altenpfleger • eine Architektin

WAS? Autos reparieren • Senioren betreuen • Patienten untersuchen • Häuser planen • Autos verkaufen • Programme schreiben

WO? im Homeoffice • im Autohaus • im Seniorenheim • im Krankenhaus • in der Werkstatt • im Planungsbüro

4 Was bin ich?

a) Berufe, Tätigkeiten und Arbeitsorte. Sammeln Sie im Kurs.

b) Schreiben Sie einen Beruf auf einen Zettel. Kleben Sie den Zettel Ihrem Partner / Ihrer Partnerin auf die Stirn. Er/Sie rät den Beruf. Sie antworten mit *Ja* oder *Nein*.

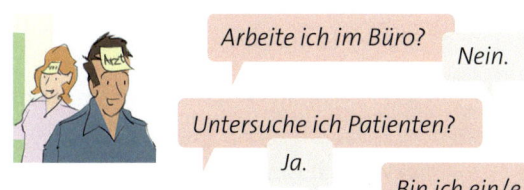

Arbeite ich im Büro? — *Nein.*
Untersuche ich Patienten? — *Ja.*
Bin ich ein/e …?

5 Ich habe ein Praktikum gemacht

Sammeln Sie die Partizip-II-Formen in den Berufsporträts in 2 a) und ergänzen Sie die Tabelle.

ge … (e)t	… ge …(e)t	… (e)t
gemacht	angeschaut	repariert
		verschickt

Minimemo
Verben mit *-ieren* (telefonieren, ausprobieren):
Bei Verben mit *-ieren* kann nichts passieren.
Vorne kein *ge-*, hinten ein *-t*.

6 Berufsprofile

Formulieren Sie vier Fragen zu Beruf, Ausbildung, Studium, Praktikum, zu Arbeitsorten und Tätigkeiten. Machen Sie Partnerinterviews. Stellen Sie die Person vor. **ODER** Lesen Sie ein Berufsprofil. Stellen Sie den Beruf vor. **ODER** Was macht Ihr Opa / Ihre Freundin / Ihr Nachbar / … beruflich? Wählen Sie eine Person, und stellen Sie den Beruf vor.

Ein Tag im Job

1 Ein Vormittag mit Ismail Ertug, Physiotherapeut

a) Hypothesen vor dem Hören. Welche Tätigkeiten passen zu Ismail? Die Fotos helfen.

Physiotherapeuten zeigen …

Patientinnen und Patienten informieren • einen Gymnastik-Kurs leiten • früh aufstehen • Übungen zeigen • viel am Computer arbeiten • Programme schreiben • telefonieren • Patientinnen und Patienten massieren • Übungen aufschreiben • Kundinnen und Kunden beraten • mit Schülerinnen und Schülern arbeiten

b) Hören Sie das Interview. Bringen Sie die Bilder in die richtige Reihenfolge und überprüfen Sie Ihre Hypothesen in a).

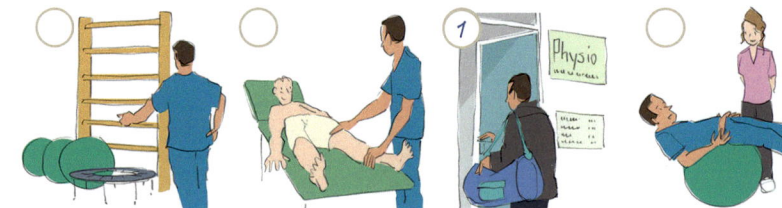  

c) Was sagt Ismail? Kreuzen Sie die richtigen Aussagen an und korrigieren Sie die falschen.

1. ○ Die Frühschicht ist nicht sein Ding.
2. ○ Er schreibt das Sportprogramm an die Tafel.
3. ○ Er massiert oft die Patienten.
4. ○ Um 10:00 Uhr hat er immer einen Yoga-Kurs.
5. ○ Er erklärt alle Übungen ganz genau.
6. ○ Er zeigt den Patienten Übungen für das Büro.
7. ○ Er schreibt die Übungen auf.
8. ○ Um 12:00 Uhr macht er Mittagspause.

d) Was hat Ismail heute Vormittag gemacht? Berichten Sie.

Er war um 7:00 Uhr in der Praxis. *Er hat das Sportprogramm gepostet.*

e) Notieren Sie die Tätigkeiten aus b) wie im Beispiel.

1. das Sportprogramm gepostet ....

2 Langer oder kurzer Vokal?

a) Hören Sie und markieren Sie.

gem**a**cht • ge**a**rbeitet • besucht • informiert • gezeigt • geschrieben • gelernt • repariert • geplant • telefoniert • verkauft • angeschaut • gesehen • studiert • gehabt

b) Hören Sie noch einmal und sprechen Sie nach.

VIEL ARBEIT 11

3 Vor fünf Jahren und heute

Was haben die Personen vor fünf Jahren gemacht? Was machen sie heute? Und wo?
Fragen Sie und notieren Sie die Informationen.

Vor fünf Jahren hat Ismail …   *Heute …*

4 Vom *Sie* zum *Du* im Job

a) Wie ist es in der Bank, wie im Game-Design-Büro? Was meinen Sie?

	Bank	Game-Design-Büro
Zu Chefinnen und Chefs: *Du*	○	○
Zu Chefinnen und Chefs: *Sie*	○	○
Zu Kolleginnen und Kollegen: *Du* am 1. Arbeitstag	○	○
Zu Kolleginnen und Kollegen: *Du* in der 2. Woche	○	○

b) Sehen Sie die Videos. Verbinden Sie die Informationen über Rebecca oder Ben.
Vergleichen Sie mit Ihren Hypothesen in a).

Rebecca / Ben — sagt zur Chefin / zum Chef — *du.*
sagt zu Kolleginnen/Kollegen — *Sie.*
sagt zu Kundinnen/Kunden

c) Lesen Sie den Satz und kreuzen Sie an.

Eine Präsentation / Ein Gespräch mit Kundinnen/Kunden ist ○ formell / ○ informell.

d) Sehen Sie das Video noch einmal. Wie bieten Rebecca und Ben das *Du* an?
Markieren Sie im Redemittelkasten.

Redemittel

das *Du* anbieten	und annehmen
Wir sagen alle *Du*, ist das o. k. für dich?	Na klar, gerne. Ich bin …
Ich bin …, und du?	Hallo …, ich bin …
Sagen wir *Du*? Ich bin …	Sehr gerne. Ich bin …
Können wir *Du* sagen?	Ja, gerne. Also, ich heiße …

5 Kursspaziergang

a) Laufen Sie durch den Kursraum und bieten Sie das *Du* an. Der Redemittelkasten in 4 d) hilft.

b) *Du* oder *Sie* in Ihrem Land, in Ihrem Beruf. Berichten Sie.

In Schweden sagt man immer Du.

Bei Kollegen? Erst Sie, dann Du – das ist normal.

Und wie ist es in China?

einhundertdreiundfünfzig 153

ÜBUNGEN

1 6 Personen, 6 Berufe

a) Welcher Beruf ist das? Ordnen Sie zu.

der Maurer • die Automobilkauffrau • die Bäckerin • der Zusteller • der Mechatroniker • ~~die Architektin~~

1 *die Architektin*　　2 _____　　3 _____

4 _____　　5 _____　　6 _____

b) Welche Berufe kennen Sie noch? Sammeln Sie.　　*der Altenpfleger / die Altenpflegerin, …*

2 Nomen und Verben. Was passt? Ordnen Sie zu.

bringen • planen • machen • schreiben • untersuchen • betreuen • ~~arbeiten~~ • reparieren • leiten

1 als Architekt *arbeiten*　　4 eine Ausbildung _____　　7 ein Haus _____

2 eine Rechnung _____　　5 Senioren _____　　8 Patienten _____

3 ein Auto _____　　6 einen Kurs _____　　9 ins Bett _____

3 Der Bäcker – die Bäckerin

 3.21　a) Hören Sie die Berufe. Wie klingt die Endung *-er*? Kreuzen Sie an.

	der Bäcker	der Kellner	der Lehrer	der Altenpfleger	der Maurer
1 wie ein *a*	○	○	○	○	○
2 wie ein *er*	○	○	○	○	○

3.22　b) Hören Sie und sprechen Sie nach. Markieren Sie wie im Beispiel.

1 der Bäcker – die Bäck**er**in　　4 der Altenpfleger – die Altenpflegerin

2 der Kellner – die Kellnerin　　5 der Maurer – die Maurerin

3 der Lehrer – die Lehrerin

VIEL ARBEIT 11

4 Berufsprofil Altenpfleger/in

a) Was ist richtig? Lesen Sie das Berufsprofil Altenpfleger/in auf S. 149 noch einmal und kreuzen Sie an.

1. ◯ Altenpflegerinnen und Altenpfleger studieren drei Jahre an der Universität.
2. ◯ Sie arbeiten zu Hause bei den Seniorinnen und Senioren oder im Seniorenheim.
3. ◯ Sie helfen Seniorinnen und Senioren auch am Wochenende.
4. ◯ Ihre Aufgaben sind aufräumen, Termine machen und telefonieren.
5. ◯ Altenpflegerinnen und Altenpfleger arbeiten oft mit Ärztinnen und Ärzten zusammen.
6. ◯ Sie sprechen mit den Seniorinnen und Senioren.

b) Korrigieren Sie die falschen Sätze.

5 Was bedeutet *die Baustelle*?

a) Was passt zusammen? Lesen Sie und ordnen Sie zu.

1. in der Altenpflege arbeiten
2. ein Praktikum machen
3. im Schichtdienst arbeiten
4. das Seniorenheim
5. eine Ausbildung machen
6. die Baustelle

a einen Beruf lernen
b alte Menschen betreuen
c einen Beruf ausprobieren
d ein Arbeitsort für Maurerinnen und Maurer
e in Frühschicht, Spätschicht oder Nachtschicht arbeiten
f ein Wohnort für alte Menschen

b) Lena (L), Wladimir (W) oder keiner (–)? Lesen Sie die Porträts auf S. 150 noch einmal und ergänzen Sie.

- ⓦ hilft Seniorinnen und Senioren.
- ◯ hat zwei Ausbildungen gemacht.
- ◯ arbeitet im Schichtdienst.
- ◯ hat im Kosmetiksalon gearbeitet.
- ◯ besucht jetzt eine Berufsschule.
- ◯ baut Häuser.

6 Männliche und weibliche Berufsbezeichnungen

a) Ordnen Sie zu.

~~der Arzt~~ • die Informatikkauffrau • der Bäcker • der Automobilkaufmann • die Maurer • die Kosmetikerinnen

Singular		Plural	
♂	♀	♂	♀
der Arzt		die Ärzte	

b) Ergänzen Sie die fehlenden Berufsbezeichnungen im Singular und Plural in der Tabelle in a).

7 Mein Traumjob. Schreiben Sie einen Ich-Text.

Ich möchte als ... arbeiten. / ...   Ich arbeite gern in der Werkstatt / im Büro.
Ich repariere/telefoniere gern ...   Ich mag ... / Ich finde ... interessant.

ÜBUNGEN

8 Berufe und Tätigkeiten

a) Welcher Beruf ist das? Ergänzen Sie.

1 *Der Architekt / die Architektin* plant Häuser und arbeitet im Planungsbüro.
2 _____ untersucht im Krankenhaus Patientinnen und Patienten.
3 _____ schreibt Programme und installiert Software.
4 _____ hilft Seniorinnen und Senioren.
5 _____ recherchiert und schreibt Texte.

b) Beantworten Sie die Fragen.

1 Verkauft ein Mechatroniker Autos? — *Nein, ein Mechatroniker repariert Autos.*
2 Untersucht eine Ärztin Patienten? — *Ja, eine Ärztin ...*
3 Verkauft ein Architekt Häuser?
4 Schreibt ein Programmierer Programme?
5 Arbeitet eine Automobilkauffrau in der Werkstatt?
6 Arbeitet ein Altenpfleger im Homeoffice?
7 Arbeitet eine Kosmetikerin im Salon?

c) Hören Sie und notieren Sie die drei Berufe. (3.23)

1 _____ 2 _____ 3 _____

9 Arbeitsorte und Tätigkeiten

a) Sehen Sie die Fotos an und notieren Sie die Arbeitsorte.

die Praxis, f, ...

b) Welche Tätigkeiten passen zu den Arbeitsorten in a)? Ordnen Sie zu.

a mit Stein, Beton und Eisen arbeiten
b Autos reparieren
c Frühstück machen
d Medikamente geben
e einen Motor reparieren
f Übungen zeigen
g Software programmieren
h ein Sportprogramm posten
i einen Gymnastik-Kurs leiten
j Software installieren
k Kunden beraten
l Autos verkaufen
m Häuser planen
n Häuser bauen
o Senioren betreuen

VIEL ARBEIT 11

10 Ich habe ... gelernt

a) Lesen Sie die Sätze. Markieren Sie die Partizip-II-Formen und ergänzen Sie die Infinitive.

1 Mein Opa hat 1970 eine Firma gegründet und sie 20 Jahre geleitet.   *gründen, leiten*

2 Meine Eltern haben vor 25 Jahren geheiratet und ein Haus gebaut.

3 Hast du schon das Video von Max angeschaut?

4 Der Mechatroniker hat das Auto repariert.

5 Der Arzt hat gestern viele Patienten untersucht.

6 Hast du schon deine Bewerbung verschickt?

b) *Arbeiten, lernen* oder *machen*? Ergänzen Sie die Partizip-II-Formen.

1 Er hat eine Ausbildung   *gemacht* .

2 Wir haben einen Beruf _____ .

3 Sie hat in der Werkstatt _____ .

4 Er hat ein Praktikum _____ .

5 Sie hat als Kosmetikerin _____ .

c) Ordnen Sie die Verben aus a) und b) zu.

ge ... (e)t	... ge ...(e)t	... (e)t
gemacht		

11 Flüssig sprechen. Hören Sie und sprechen Sie nach.

🔊 3.24

1 gemacht – eine Ausbildung gemacht – Ich habe eine Ausbildung gemacht.

2 gelernt – Informatikkaufmann gelernt – Ich habe Informatikkaufmann gelernt.

3 gedauert – drei Jahre gedauert – Die Ausbildung hat drei Jahre gedauert.

4 gearbeitet – im Kosmetiksalon gearbeitet – Sie hat im Kosmetiksalon gearbeitet.

12 Beruf Physiotherapeut

🔊 3.25

a) Was macht Ismail Ertug? Hören Sie das Interview noch einmal und kreuzen Sie an.

1 ◯ Ein Physiotherapeut arbeitet in einer Praxis mit Patientinnen und Patienten.

2 ◯ Er gibt Medikamente aus und untersucht die Patientinnen und Patienten.

3 ◯ Ismail arbeitet auch am Computer und dokumentiert die Übungen.

4 ◯ Er hat wenig Zeit.

5 ◯ Er postet das Sportprogramm.

6 ◯ Viele Menschen brauchen eine Massage. Ismail massiert die Patientinnen und Patienten.

b) Was macht ein Physiotherapeut / eine Physiotherapeutin noch? Sammeln Sie die Informationen auf S. 152.

einhundertsiebenundfünfzig **157**

ÜBUNGEN

13 Interview mit Natalya Petrowa, Informatikkauffrau

a) Hören Sie das Interview und ordnen Sie die Aufgaben.

- ○ Projekte planen
- ○ Software testen
- ○ telefonieren
- ○ Kunden beraten
- ○ Software programmieren
- (1) E-Mails lesen und schreiben

b) Was hat Natalya heute gemacht? Schreiben Sie.

Natalya hat heute E-Mails gelesen und …

14 Rebecca hat Bankkauffrau gelernt

a) Videokaraoke. Sehen Sie und antworten Sie.

b) Sehen Sie das Video noch einmal. Was sagt Rebecca? Kreuzen Sie an.

1 Die Ausbildung hat
 a ○ zwei Jahre gedauert.
 b ○ drei Jahre gedauert.

2 In der Ausbildung
 a ○ hat Rebecca die Berufsschule besucht.
 b ○ hat Rebecca in der Bank gearbeitet.

3 In der Bank hat Rebecca
 a ○ Kundinnen und Kunden beraten.
 b ○ viel am Computer gearbeitet.

4 Rebecca sagt,
 a ○ ihre Kolleginnen und Kollegen sind sehr nett.
 b ○ ihre Chefin ist sehr nett.

15 Ben, Game-Designer. Sehen Sie das Video von S. 153 noch einmal und kreuzen Sie an.

1 Ben redet mit seinem Chef:
 a ○ Guten Tag, Herr Kramer. Wie geht es Ihnen?
 b ○ Hallo Iwan. Wie geht es dir?

2 Ben begrüßt einen neuen Kollegen:
 a ○ Willkommen! Ich bin Ben. Und du?
 b ○ Freut mich Sie kennenzulernen.

3 Ben macht eine Präsentation:
 a ○ Hallo, ich bin Ben. Ich bin Game-Designer.
 b ○ Guten Tag, mein Name ist Ben Sommer.

16 Vom *Sie* zum *Du*. Ergänzen Sie die Antworten. Es gibt verschiedene Möglichkeiten. Die Redemittel auf S. 153 helfen.

1 Wir sagen alle Du, ist das o. k. für dich? *Na klar, gern. Ich …*

2 Sagen wir Du? Ich bin Natalya.

3 Ich bin Rebecca, und du?

4 Können wir Du sagen?

Fit für Einheit 12?

VIEL ARBEIT 11

1 Mit Sprache handeln

nach dem Beruf fragen und antworten

Was machen Sie beruflich?	Ich bin Maurerin.
Als was arbeiten Sie?	Ich arbeite als Arzt.
Was ist Ihr Beruf?	Mein Beruf ist Altenpfleger.

über Berufe und Ausbildung sprechen

Ich bin Programmierer. Ich habe drei Jahre an der Universität studiert. Jetzt arbeite ich in einem Büro. Ich schreibe Programme und installiere Software. Meine Arbeit macht Spaß.

Ich arbeite als Automobilkauffrau. Ich habe drei Jahre lang eine Ausbildung gemacht. Jetzt verkaufe ich Autos.

2 Wörter, Wendungen und Strukturen

Berufe

♂	♀
der Maurer	die Maurerin
der Bäcker	die Bäckerin
der Lehrer	die Lehrerin
der Zusteller	die Zustellerin
der Architekt	die Architektin
der Arzt	die Ärztin
der Bankkaufmann	die Bankkauffrau

Arbeitsorte

in der Werkstatt	Ich bin Mechatroniker. Ich repariere Autos in der Werkstatt.
im Büro	Ich bin Architekt. Ich plane Häuser im Büro.
auf der Baustelle	Ich bin Maurerin und arbeite auf der Baustelle.

Partizip II

ge...(e)t	...ge...(e)t	...(e)t
gearbeitet	angeschaut	repariert
gelernt	kennengelernt	verschickt

3 Aussprache

das *r* in *-er*: der Kellner – die Kellnerin, der Schüler – die Schülerin, der Kosmetiker – die Kosmetikerin

langer und kurzer Vokal: gemacht – besucht, gehabt – repariert

→ Interaktive Übungen

ESSEN UND TRINKEN

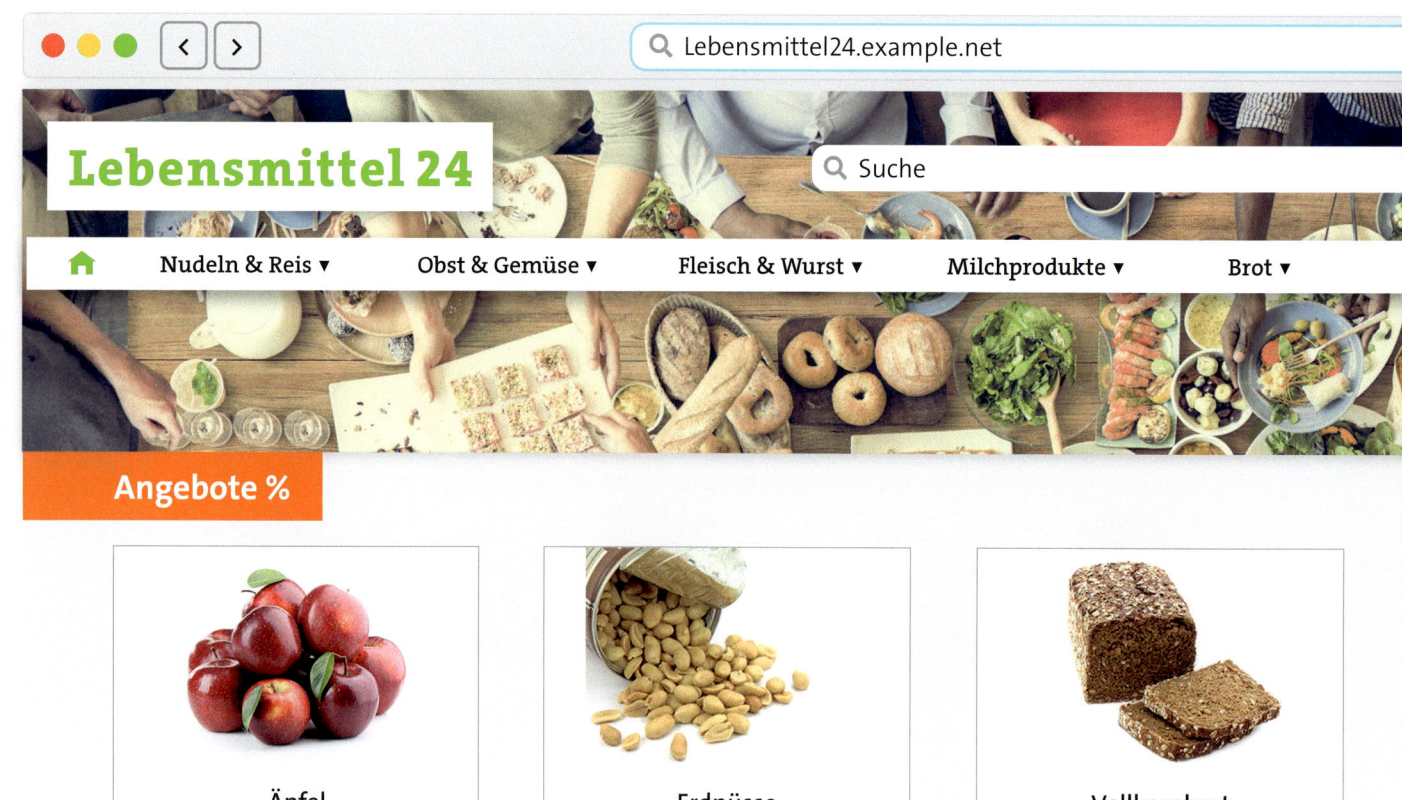

Shoppen ohne Schleppen

Lebensmittel online kaufen

Lebensmittel mit dem Handy nach Hause bestellen – das ist für viele Menschen in Deutschland, Österreich und in der Schweiz schon normal. Über drei Millionen Menschen in Deutschland „shoppen" Lebensmittel im Internet. Der Vorteil ist: Der Online-Supermarkt ist 24 Stunden geöffnet. Du musst nichts suchen, du musst nichts schleppen. Die Lebensmittel kommen nach Hause.

Foodbox – Einfach! Lecker! Frisch!

Der neue Trend ist die „Foodbox". Das geht so: Man wählt ein Rezept aus, z. B. Thai-Hähnchencurry, gibt die Personenzahl an und alle Zutaten kommen in der „Foodbox" nach Hause. Man lernt viele Gerichte kennen, und die Rezepte sind einfach. Alles frisch und sehr lecker!

12

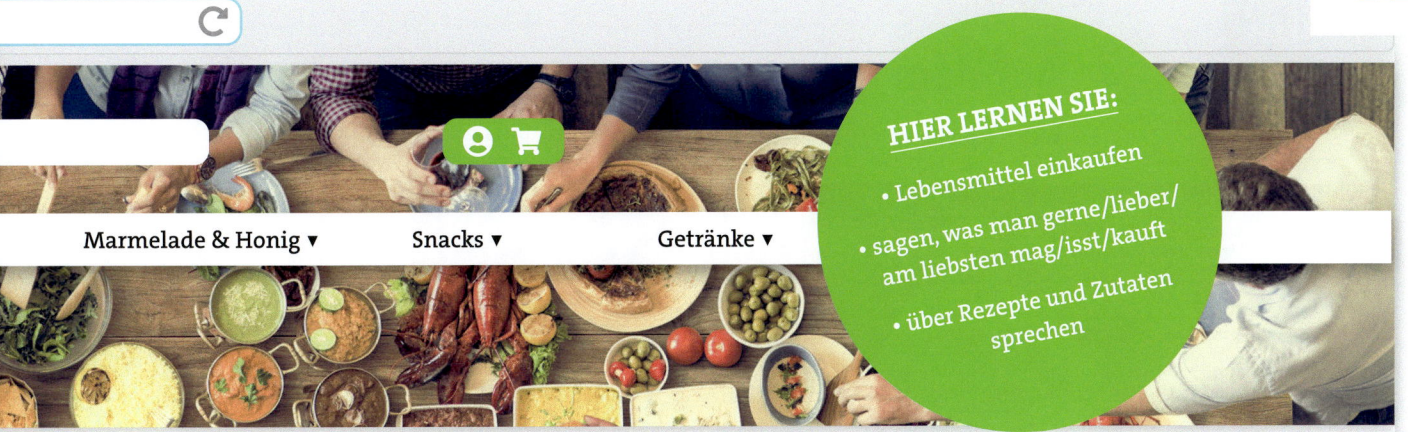

Marmelade & Honig ▼   Snacks ▼   Getränke ▼

HIER LERNEN SIE:
• Lebensmittel einkaufen
• sagen, was man gerne/lieber/ am liebsten mag/isst/kauft
• über Rezepte und Zutaten sprechen

Spaghetti
500 g Packung
0,79 €

Paprika
1 kg
1,89 €

Bergkäse
100 g
2,99 €

Weißwurst
100 g
1,90 €

Mineralwasser naturell
1,5 l Flasche
1,69 €

Erdbeermarmelade
250 g Glas
1,99 €

1 **Lebensmittel**
   a) Nudeln & Reis, Obst & Gemüse, ordnen Sie die Lebensmittel zu.
   b) Ergänzen Sie weitere Lebensmittel aus den Einheiten 3 und 4.

2 **Paprika mag ich (nicht).** Kommentieren Sie.

3 **Eine Einkaufsliste schreiben.** Was brauchen Sie?
   💬 *500 g Spaghetti, ...*

4 **Wechselspiel.** Im Supermarkt. Fragen und antworten Sie.
   💬 *Hast du schon ...?*

5 *Shoppen ohne Schleppen* und *Foodbox*
   Was sind die Vorteile? Lesen Sie und erklären Sie.

g = Gramm   kg = Kilogramm   l = Liter

einhunderteinundsechzig 161

Einkaufen

1 Auf dem Markt

Welche Lebensmittel mögen Sie? Was kosten sie? Notieren Sie.

Der Marktstand

Minimemo

1000 Gramm sind ein Kilo.
(1000 g = 1 kg)
ein Liter (1 l)
ein halber Liter (0,5 l)
ein viertel Liter (0,25 l)

2 Ein Wort, viele Sprachen

Kennen Sie die Sprachen? Vergleichen Sie.

tomat   tomates   tomaat   tomāts   ntomàta   Paradeiser   paradicsom   tomaati   pomidor

3 Lina kauft auf dem Markt ein

a) Was kauft Lina? Sehen Sie das Video. Welche Einkaufsliste passt? Kreuzen Sie an.

- Guten Tag. Was darf es denn sein?
- Ich hätte gern zwei Gurken und ein Kilo Tomaten.
- Welche Tomaten? Die Tomaten aus Deutschland oder die Tomaten aus Italien?
- Lieber die Tomaten aus Deutschland. Und was kostet der Salat?
- Welchen Salat meinen Sie?
- Diesen Salat hier.
- Der kostet eins fünfzig. Haben Sie noch einen Wunsch?
- Nein, danke.
- So, zwei Gurken, ein Kilo Tomaten und der Salat.
- Was macht das?
- Das macht zusammen 7,10 Euro.

1 Einkaufen
2 Gurken
1 kg Tomaten
2 Salate

2 Einkaufen
2 Gurken
1 kg Tomaten
1 Salat

b) Lesen Sie den Dialog. Variieren Sie Lebensmittel und Preise.

4 Einkaufen

a) Üben Sie Einkaufsdialoge. Die Dialoggrafik hilft.

1 Was kostet / Was kosten
   - ein Salat?
   - 500 Gramm Tomaten?
   - zwei Kilo Kartoffeln?
   - vier Gurken?
   - …

2 Der/Das/Die kostet …
   Die kosten …
   - eins fünfzig.
   - zwei achtzig.
   - …

3 Darf es noch etwas sein?
   Haben Sie noch einen Wunsch?

4 Ja, bitte. 250 Gramm …
   Nein, danke.

ESSEN UND TRINKEN

12

b) Fragen, Wünsche und Antworten. Wer sagt was? Kreuzen Sie an.

	Verkäufer/in	Kunde/Kundin
Guten Tag, Sie wünschen?	○	○
Was darf es denn sein …?	○	○
Haben Sie …?	○	○
Was kostet / kosten …?	○	○
Das macht zusammen …	○	○
Das ist aber teuer!	○	○
Ja, bitte?	○	○
Das Kilo kostet …	○	○
Nein, danke.	○	○

c) Ergänzen Sie weitere Redemittel von S. 162.

5 Lieber Äpfel als Orangen

23

a) Fragen und antworten Sie.

- 💬 Welches Obst magst du lieber, Äpfel oder Orangen?
- 💬 Welches Brot magst du lieber, Vollkornbrot oder Weißbrot?
- 💬 Welche Suppe isst du lieber, Tomatensuppe oder Kartoffelsuppe?
- 💬 Welches Gemüse magst du lieber, Möhren oder Pilze?
- 💬 Welche Salate magst du lieber, Tomatensalate oder Gurkensalate?
- 💬 Welchen Kaffee trinkst du lieber, Milchkaffee oder Espresso?

- 💬 Ich mag lieber …
- 💬 Ich …
- 💬 Lieber …
- 💬 …

b) Berichten Sie.   *Aurica mag Vollkornbrot lieber als Weißbrot.*

c) Markieren Sie das Fragewort *welch-* in a) und ergänzen Sie.
Fragen und antworten Sie dann schnell.

   *Welchen Salat möchten Sie?*      *Den Kopfsalat, bitte.*

Welch… Salat	nehmen Sie?	Den Kopfsalat.
Welches Brot	möchten Sie?	Das Vollkornbrot.
Welch… Paprika	magst du?	Die Paprika aus Spanien.
Welch… Salate/Brote/Tomaten	isst du gern?	Die Weißbrote.

d) Fragen und antworten Sie wie in a).

6 Ich hätte gern …

Auf dem Markt. Schreiben und spielen Sie Einkaufsdialoge. Die Dialoggrafik auf S. 162 hilft.

Der Kochkurs

1 Beruf Koch. Hobby Kochkurse

Lesen Sie und berichten Sie über Karim und Sophie.

Karim hat eine Ausbildung als Koch gemacht. Kochen ist für ihn Beruf und Hobby. Er hat den Beruf drei Jahre im Restaurant „Der Löffel" gelernt und war in der Berufsschule. Jetzt arbeitet er als Koch in der Uni-Mensa in Göttingen. Am Wochenende gibt er Kochkurse in einer Show-Küche. Kochtechnik, Tischdekoration – hier kann man alles lernen. Karim liebt seinen Beruf.

Karim, Koch

Sophie kocht und isst gern. Sie mag die Kochkurse von Karim. Sie hat schon drei Kurse gemacht. Sie sagt: „Ich koche gern vegetarisch, am liebsten indisch. Hier bekomme ich viele Ideen. Ich lade am Wochenende gern Gäste ein. Ich koche dann für sie und alle helfen in der Küche."

Sophie, Lehrerin

2 Bandnudeln mit Pilzen für vier Personen

a) Lesen Sie das Rezept und bringen Sie die Bilder in die richtige Reihenfolge.

 Sahne gießen

 Zwiebeln braten

 Zwiebeln schneiden

 die Pilze putzen

Zutaten
- 200 g Steinpilze
- 400 g Bandnudeln
- 250 g Sahne
-         Pfeffer & Salz
- 2 EL   Öl
- 4   kleine Zwiebeln

So geht's!
- die Steinpilze putzen und schneiden
- die Zwiebeln klein schneiden und in Öl braten
- die Pilze dazugeben und rühren
- die Sahne dazugießen und etwas Pfeffer und Salz dazutun
- die Nudeln 8 Minuten kochen

b) Karim erklärt das Rezept. Hören und lesen Sie. Was ist anders?

c) Sprachschatten. Erklären Sie das Rezept und kommentieren Sie.

- 🟢 Zuerst musst du die Steinpilze putzen und schneiden.
- 🟢 Dann musst du die Zwiebeln schneiden.
- 🟢 Dann musst du die Zwiebeln braten.
- 🟢 Danach musst …
- 🟢 Zum Schluss …

- 🟢 O. k., die Steinpilze putzen und schneiden.
- 🟢 Aha, die Zwiebeln schneiden …
- 🟢 O. k., die Zwiebeln …

ESSEN UND TRINKEN

3 Das *ch*

3.28

a) Hören Sie die Wörter. Was fällt Ihnen auf?

mö**ch**ten – gema**ch**t – Mil**ch** – Wo**ch**e – brau**ch**en – a**ch**t – Kü**ch**e – Bu**ch** – Kö**ch**e – Bü**ch**er – dana**ch** – Ko**ch** – wel**ch**e – i**ch** – man**ch**mal – Späts**ch**i**ch**t – Nä**ch**te

b) Hören Sie noch einmal und sprechen Sie nach.

c) Ergänzen Sie die Regel.

Regel: Nach _____, _____, _____ und _____ klingt das *ch* wie [x] in *Buch*. Sonst klingt das *ch* wie [ç] in *ich*.

4 Was muss ich zuerst machen?

Lesen Sie die Sätze und ergänzen Sie die Regel.

Grammatik

	Position 2		Satzende	
Die Nudeln	müssen	10 Minuten	kochen.	
Zuerst	musst	du die Zwiebeln	schneiden.	*Satz mit Zeitangabe*
Wie lange	muss	ich die Pilze	braten?	*Fragesatz mit W-Frage*
Muss	ich	die Pilze	braten?	*Satzfrage*

Regel: Das Modalverb im Satz und in der W-Frage steht auf _____.

In der Satzfrage steht das Modalverb auf _____.

Der Infinitiv steht immer am _____.

5 Lieblingsessen

a) Was essen Sie gern? Kommentieren Sie wie im Beispiel.

🗨 Kartoffelsuppe mag ich gern.   🗨 Ich auch. Aber ich esse lieber Tomatensuppe als Kartoffelsuppe.

b) Essen international. Was essen Sie am liebsten? Vergleichen Sie im Kurs.

Am liebsten esse ich Bigos.

Bigos? Kenne ich nicht. Was ist das?

Am liebsten esse ich Nudelsuppe.

Minimemo
gern – lieber – am liebsten

Bigos

Gado-gado

Samosas

6 Haben Sie ein 15-Minuten-Rezept?

a) Was brauchen Sie? Schreiben Sie eine Einkaufsliste.

b) Erklären Sie das Rezept wie in Aufgabe 2. ODER Sammeln Sie Lieblings-Rezepte im Kurs. Machen Sie ein Plakat.

einhundertfünfundsechzig 165

ÜBUNGEN

1 Online-Supermärkte. Lesen Sie den Magazinartikel auf S. 160 noch einmal. Was ist richtig? Kreuzen Sie an.

1 ◯ In Deutschland kaufen über drei Millionen Menschen Lebensmittel online.
2 ◯ Online-Supermärkte sind nur am Wochenende 24 Stunden geöffnet.
3 ◯ Online-Supermärkte bringen Lebensmittel nicht nach Hause.
4 ◯ In der Foodbox sind die Zutaten für ein Rezept.

2 Wortfeld Lebensmittel

a) Sammeln Sie die Lebensmittel auf S. 160 bis 162 und ordnen Sie zu. Ergänzen Sie die Artikel. Die Wortliste auf S. 267 hilft.

Obst und Gemüse	Fleisch und Wurst	Milchprodukte
der Apfel		

b) Einkaufen. Was passt zusammen? Es gibt mehrere Möglichkeiten.

Tomaten • Gurken • Erdnüsse • Mineralwasser • Limonade • Schokolade •
Nudeln • Butter • Tomatensaft • Paprika • Marmelade • Zucker

1 eine Flasche ...   3 eine Tafel ...   5 eine Dose ...   7 ein Stück ...
2 ein Glas ....   4 ein Kilo ...   6 eine Packung ...   8 ein Liter ...

c) Was kaufen Sie *oft, manchmal, nie*? Schreiben Sie.

Ich kaufe oft einen Liter ...,

3 Obst und Gemüse kaufen

2.09

a) Videokaraoke. Sehen Sie und antworten Sie.

b) Was kaufen Sie? Sehen Sie noch einmal und notieren Sie.

	Wie viel?	Was?
Ich kaufe		
Ich kaufe		Tomaten
Ich kaufe		

4 Preise hören. Was kosten das Obst und das Gemüse? Hören und notieren Sie.

3.29

1  ein Kilo Tomaten — 2,49 €

2  ein Kilo Kartoffeln

3  eine Paprika

4  ein Kilo Äpfel

5  ein Kilo Orangen

ESSEN UND TRINKEN

12

5 Der Einkaufszettel

a) Was brauchen wir? Hören Sie und kreuzen Sie an.

1 ◯ _____ Paprika   4 ⊗ __2__ Gurken   7 ◯ _____ Tomaten
2 ◯ _____ Wasser   5 ◯ _____ Orangen   8 ◯ _____ Käse
3 ◯ _____ Wurst   6 ◯ _____ Schokolade 9 ◯ _____ Milch

b) Hören Sie noch einmal und notieren Sie die Mengen in a).

6 Wir machen Salat „Apollo"

a) Was braucht man für den Salat? Hören Sie und kreuzen Sie an.

◯ Zwiebeln ◯ Tomaten ◯ Gurken ◯ Paprika
◯ Oliven   ◯ Pilze   ◯ Brot   ◯ Käse

b) Lesen Sie den Dialog und ergänzen Sie die Fragen mit *welch-*.

💬 Wir brauchen noch Tomaten.

💬 *Welche Tomaten nehmen wir?*

💬 Wir nehmen die Tomaten aus Italien.

💬 Dann eine Gurke.

💬 _____ ?

💬 Die Salatgurke.

💬 Dann noch Oliven.

💬 *Und* _____ ?

💬 Die Oliven hier sehen lecker aus.

💬 Dann noch Käse und Brot.

💬 Hier, wir nehmen den Käse aus Spanien.

💬 _____ ?

💬 Das Weißbrot.

💬 Prima. Wir haben alles.

Einkaufen im Supermarkt

c) Hören Sie und kontrollieren Sie.

7 Das Fragewort *welch-*. Ergänzen Sie.

1 💬 *Welches* _____ Gemüse kaufst du oft?   4 💬 _____ Wurst magst du gern?
  💬 Ich kaufe oft Tomaten und Gurken.   💬 Ich mag am liebsten Salami.

2 💬 _____ Obst kaufst du oft?   5 💬 _____ Nudeln kaufst du oft?
  💬 Ich kaufe oft Äpfel und Orangen.   💬 Ich kaufe oft Spaghetti.

3 💬 _____ Käse isst du gern?
  💬 Ich esse gern Bergkäse.

einhundertsiebenundsechzig 167

ÜBUNGEN

8 Der Kochkurs

a) Lesen Sie das Profil von Karim auf S. 164 noch einmal und beantworten Sie die Fragen.

1 Welche Ausbildung hat Karim gemacht?
2 Wo hat Karim die Ausbildung gemacht?
3 Wie lange hat die Ausbildung gedauert?
4 Wo arbeitet Karim heute?
5 Was macht Karim am Wochenende?
6 Was kann man in den Kochkursen von Karim lernen?

1. Karim hat ...

b) Lesen Sie das Profil von Sophie auf S. 164 noch einmal. Was ist richtig? Kreuzen Sie an.

1 ◯ Sophie kocht sehr gern.
2 ◯ Sophie hat schon fünf Kurse bei Karim gemacht.
3 ◯ Sophie bekommt im Kochkurs von Karim Ideen.
4 ◯ Sophie kocht nicht gern vegetarisch.

9 Gemüsereis

3.33

a) Welche Zutaten passen? Hören Sie und kreuzen Sie an.

1

Gemüsereis

Zutaten:
400 g Reis 250 g Fisch
2 Zwiebeln 2 Paprika
Salz und Pfeffer Öl

4 Personen
30 Minuten

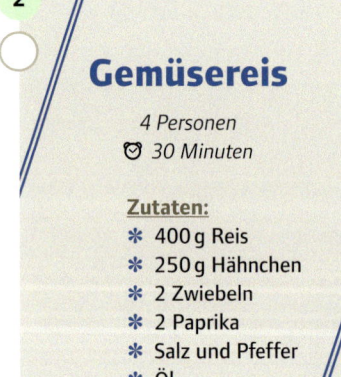

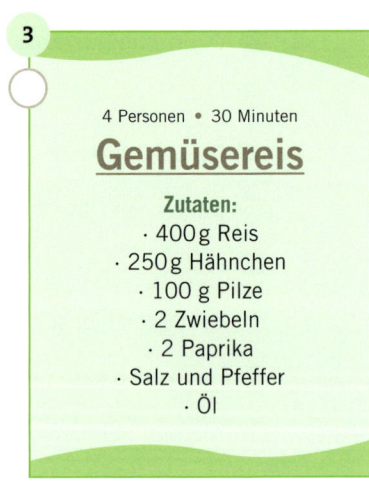

b) Was muss Sophie machen? Hören Sie noch einmal und ordnen Sie.

a [1] Reis kochen
b ◯ Reis dazugeben
c ◯ Zwiebeln anbraten
d ◯ Paprika und Hähnchen dazugeben
e ◯ Fleisch und Gemüse klein schneiden
f ◯ Öl in die Pfanne geben

10 Ein Interview mit Karim

3.34

a) Textkaraoke. Hören und fragen Sie.

💬 ...
💬 Hallo Karim. Was bist du von Beruf?
💬 ...
💬 Bist du gern Koch?
💬 ...

💬 Warum bist du gern Koch?
💬 ...
💬 Und was findest du nicht so gut?
💬 ...

ESSEN UND TRINKEN

b) Hören Sie das Interview noch einmal. Was sagt Karim? Ergänzen Sie die Tabelle.

Beruf Koch: ☺	Beruf Koch: ☹
kreativ sein, ...	

11 Beruf Gemüseverkäufer

a) Lesen Sie das Interview und ergänzen Sie die Tabelle.

💬 Guten Tag, Herr Schmidt. Sie arbeiten auf dem Markt in Jena.

💬 Ja. Ich verkaufe hier Gemüse.

💬 Wie oft findet der Markt in Jena statt?

💬 Der Markt findet immer am Dienstag, am Donnerstag, am Freitag und am Samstag statt. Die Leute in Jena mögen den Markt. Sie kaufen gern hier ein.

💬 Sie sind nur in Jena?

💬 Nein. Am Montag und am Mittwoch bin ich auf dem Markt in Erfurt. Nur am Sonntag muss ich nicht arbeiten.

💬 Warum arbeiten Sie gern auf dem Markt?

💬 Als Verkäufer auf dem Markt kann ich draußen arbeiten und muss nicht immer im Büro sein. Und ich kann viele Menschen kennenlernen und den Kunden Tipps geben.

💬 Welche Tipps geben Sie?

💬 Ich kann gut kochen und spreche gern über Rezepte. Die Kunden mögen das.

Rico Schmidt, 42, Gemüseverkäufer

💬 Und was ist manchmal nicht so schön?

💬 Ich muss immer früh aufstehen. Um acht Uhr beginnt der Markt. Ich muss auch viel stehen und viel laufen. Und nicht alle Kunden sind nett.

💬 Welches Gemüse essen Sie am liebsten?

💬 Ich esse am liebsten Tomaten. Gurken und Paprika mag ich auch. Aber Gurken mag ich lieber als Paprika.

Was kann Herr Schmidt tun?	Was muss Herr Schmidt tun?	Was muss Herr Schmidt nicht tun?
Er kann ...	Er muss ...	Er muss nicht ...

b) Wiederholung Fragewörter. Schreiben Sie Fragen.

1 Was macht Herr Schmidt beruflich ? – Er ist <u>Gemüseverkäufer</u>.
2 _____ ? – Er arbeitet <u>auf dem Markt</u>.
3 _____ ? – Die Märkte sind <u>in Jena und Erfurt</u>.
4 _____ ? – Er ist <u>42</u> Jahre alt.
5 _____ ? – Der Markt beginnt <u>um 8 Uhr</u>.
6 _____ ? – <u>Am Sonntag</u> muss er nicht arbeiten.
7 _____ ? – Er isst am liebsten <u>Tomaten</u>.
8 _____ ? – Er kann gut <u>kochen</u>.

ÜBUNGEN

12 **Welches Verb passt?** Verbinden Sie. Es gibt mehrere Möglichkeiten.

1 Lebensmittel im Internet
2 auf dem Markt
3 eine Ausbildung
4 einen Kurs
5 ein Rezept
6 eine Einkaufsliste

a geben
b arbeiten
c schreiben
d einkaufen
e bestellen
f ausprobieren
g bekommen
h machen

13 **Lieblingsessen in der Mensa.** Lesen Sie die Profile im Mensa-Magazin und ergänzen Sie die Sätze.

Meine Mensa
Studierende berichten.

Ich bin Mette. Ich komme aus Dänemark und studiere hier Germanistik und Sport im 8. Semester. Ich esse nur manchmal in der Mensa. Die Nudelsuppe ist hier sehr lecker. Am Nachmittag trinke ich gern Kaffee in der Mensa. Kaffee mag ich lieber als Tee. Oft esse ich auch ein Stück Kuchen. Den Käsekuchen mag ich am liebsten.

Ich bin Hanna und komme aus München. Ich studiere Deutsch als Fremdsprache. Mittags gehe ich immer in die Mensa. Das ist praktisch und nicht teuer. Ich esse hier oft Fleisch und Gemüse. Fisch esse ich aber nicht so gern. Danach trinke ich gern Tee. Der Kaffee ist hier nicht lecker.

1 Mette isst in der Mensa gern _____.
2 Mette trinkt lieber _____ als _____.
3 Am Nachmittag isst Mette am liebsten _____.
4 Hanna isst in der Mensa oft _____.
5 Hanna trinkt in der Mensa lieber _____ als _____.

14 **Lieblingsessen.** Schreiben Sie sechs Sätze und vergleichen Sie im Kurs.

| Am Morgen/Mittag/Abend esse/trinke ich
Bei uns essen/trinken die Menschen | gern
lieber ... als
am liebsten | Fisch/Fleisch.
Obst/Gemüse/Salat.
Reis/Kartoffeln/Nudeln.
Brot/Wurst/Käse.
Kuchen/Schokolade.
Kaffee/Tee.
... |

Am Morgen trinke ich gern Kaffee.

ESSEN UND TRINKEN — 12

Fit für Einheit 13?

1 Mit Sprache handeln

Lebensmittel einkaufen

Verkäufer/in:
Guten Tag. Was darf es sein?
Darf es noch etwas sein?
Die Paprika kosten 3,50 Euro das Kilo.
Das macht zusammen ... Euro.

Käufer/in:
Ich hätte gern ein Kilo Tomaten.
Zwei Gurken, bitte. Und was kosten die Paprika?
Was macht das?

sagen, was man gern / lieber / am liebsten mag

Ich esse gern Gurken.
Tomaten esse ich lieber als Gurken.
Ich esse am liebsten Pilze.

2 Wörter, Wendungen und Strukturen

Welch-

Welchen Fisch möchten Sie?   Den Fisch aus Norwegen, bitte.
Welches Brot möchten Sie?   Das Weißbrot.
Welche Suppe möchten Sie?   Die Tomatensuppe.
Welche Tomaten möchten Sie?   Die Tomaten aus Italien.

zuerst – dann – danach – zum Schluss

Zuerst musst du das Gemüse waschen. Dann musst du das Gemüse klein schneiden. Danach musst du das Gemüse mit Butter anbraten. Zum Schluss musst du Salz und Pfeffer dazugeben.

müssen

Ich muss das Gemüse waschen.
Dann muss ich das Gemüse klein schneiden.
Muss ich das Gemüse in Butter oder in Öl anbraten?
Wie lange muss ich das Gemüse in Butter anbraten?

gern – lieber – liebsten

Ich esse gern Gemüse.
Ich esse lieber Tomaten als Gurken.
Ich esse am liebsten Möhren und Pilze.

3 Aussprache

das *ch*

[ç]   ich, Küche, Milch, manchmal
[x]   Buch, danach, Bochum, brauchen

→ Interaktive Übungen

1 Selma

a) Vor dem Sehen. *Nicos Weg* in den Plateaus 1 und 2. Lesen Sie und ergänzen Sie die Namen.

- **a** ○ _____ hilft Nico. Er kann ein paar Tage in der Wohngemeinschaft in der Wagnergasse wohnen.
- **b** ○ *Max* und _____ sind Freunde von Lisa. Sie haben ein Restaurant, *Das Marek*. Sie spielen gern Fußball. Sie laden Nico zum Training ein.
- **c** ○ _____ ist Gast im *Marek*. Sie hört Lisa zu. Sie hat ein Zimmer für Nico.
- **d** ○ Dort gibt es am Abend eine Party. Nico trifft _____. Er findet sie sofort nett.
- **e** ① _____ kommt aus Spanien. Er ist jetzt in Deutschland. Seine Tasche ist weg. Er hat keinen Pass, kein Geld und keine Wohnung.
- **f** ○ *Lisa* kommt ins *Marek*. Sie hat ein Zimmer für Nico gesucht, aber sie hatte kein Glück.

Nico Lisa
Selma Max
Tarek Inge

b) Lesen Sie die Sätze noch einmal und ordnen Sie die Geschichte in a).

▶ 2.10

c) *Großeltern*, *Eltern* und *Geschwister*. Sehen Sie das Video und sammeln Sie Informationen über die Familie von Selma.

d) Nico hat das Portemonnaie von Selma. Warum? Wählen Sie in jeder Zeile a oder b aus und erzählen Sie.

1 a ○	Nico trifft Selma in der Stadt.	**b** ○	Lisa und Nico treffen Selma.
2 a ○	Sie gehen zusammen ins Marek.	**b** ○	Sie gehen in ein Café.
3 a ○	Die Mutter von Selma ruft an. Selma muss sofort nach Hause kommen.	**b** ○	Es ist schon fast sechs. Selma muss schnell zum Deutschkurs.
4 a ○	Selma gibt Nico ihr Portemonnaie und geht zur Toilette. Er bezahlt.	**b** ○	Selma bezahlt und vergisst ihr Portemonnaie.
5 a ○	Selma ist weg. Nico findet ihr Portemonnaie und nimmt es mit.	**b** ○	Selma kann ihr Portemonnaie nicht finden und ruft Nico an.

e) Lesen Sie die Geschichte aus d) Ihrem Partner / Ihrer Partnerin vor. Wählen Sie eine Geschichte aus d). Schreiben Sie Dialoge und spielen Sie.

f) *Du musst die Schuhe nicht ausziehen.* Sehen Sie das Video noch einmal. Lesen Sie dann den Informationstext und vergleichen Sie.

2 Wir sind hier die Chefs!

▶ 2.11

a) *Das Marek* in der Zeitung. Lesen Sie den Artikel und sehen Sie das Video. Welche Informationen über Max und Tarek sind neu? Markieren Sie.

Lecker essen, Leute treffen – Das Marek

Bonn. Das Restaurant im Stadtzentrum gehört Max und Tarek. Sie sind die Chefs. Das war aber nicht immer so. Max hat Bankkaufmann gelernt und Tarek war Elektriker. Früher hat Max viel Büroarbeit gemacht und Tarek hat Geräte installiert oder repariert. Heute arbeiten sie von Dienstag bis Sonntag im *Marek*, planen die Speisekarte, kaufen Lebensmittel ein und kochen. Das war schon immer ihr Hobby.

b) Was haben Max und Tarek früher im Beruf gemacht? Sehen Sie das Video noch einmal und berichten Sie.

Max hat Kunden beraten und ...

c) *Praktisch, oder?* Was können Max und Tarek auch im *Marek* machen? Geben Sie Beispiele.

Tarek kann den Kühlschrank ...

Max kann Rechnungen ...

PLATEAU 3

3 Zimmer 431

a) Vor dem Sehen. Was passiert in Zimmer 431? Sammeln Sie Ideen und vergleichen Sie im Kurs.

> *Zimmer 431 ist in der Sprachschule. Der Deutschkurs von Selma ist dort.*
>
> *Das ist ein Zimmer im Hostel. Nico ...*

b) Lesen Sie die Aussagen. Sehen Sie das Video und kreuzen Sie zwei richtige Aussagen an.

1. ◯ Lisa hat heute viel Arbeit und auch viel Stress. Sie sucht einen Ordner.
2. ◯ Lisa sucht Arbeit. Sie hat Bewerbungen verschickt, aber keinen Termin bekommen.
3. ◯ Max und Nico haben die Mappe von Lisa. Sie finden Lisa und warten vor Zimmer 431.
4. ◯ Max und Nico besuchen Lisa im Büro. Sie arbeitet in Zimmer 431.
5. ◯ Endlich! Das Bewerbungsgespräch war sehr gut. Lisa hat den Job!
6. ◯ Endlich! Max und Nico finden das Büro von Lisa. Sie gehen zusammen in die Kantine.

die Mappe

c) Warum ist Nico in Deutschland? Sehen Sie das Video noch einmal und berichten Sie.

d) *Du musst ... – Ich möchte aber nicht ....*
Sprechen Sie wie im Beispiel.

> *Du musst studieren.*
>
> *Ich möchte aber nicht studieren.*
> *Ich möchte (lieber) einen Beruf lernen.*

4 Inge hat eingekauft

a) Eine Küche. Sammeln Sie Wörter.

- die Küche
  - der Tisch
  - das Obst
    - die Orangen
  - der Kühlschrank
    - das Fleisch

b) Sehen Sie das Foto zehn Sekunden an. Was gibt es in der Küche von Inge? Markieren Sie im Wortigel in a).

c) *Das kommt in den Kühlschrank!* Sehen Sie das Video und kreuzen Sie an.

1 ◯ die Tomaten	5 ◯ die Orangen	9 ◯ die Paprika	13 ◯ die Nudeln
2 ◯ die Äpfel	6 ◯ der Schinken	10 ◯ das Fleisch	14 ◯ das Wasser
3 ◯ die Milch	7 ◯ der Käse	11 ◯ die Marmelade	15 ◯ das Brot
4 ◯ der Saft	8 ◯ die Birnen	12 ◯ die Butter	16 ◯ der Quark

d) Mein Kühlschrank. Berichten Sie.

> *Ich habe ... in meinem Kühlschrank.*

Die Serie „Nicos Weg" in voller Länge mit interaktiven Übungen und zahlreichen weiteren Materialien gibt es kostenlos bei der Deutschen Welle: dw.com/nico

Wörter Spiele Training

1 Die Wohnung – die Familie – die Lebensmittel

a) Ordnen Sie die Wörter zu.

schlafen • das Esszimmer • die Nudeln • der Teppich • einkaufen • das Bücherregal • die Tante • der Großvater • das Vollkornbrot • kochen • der Tisch • die Enkelin • das Sofa • die Küche • der Flur • braten • die Oma • das Kilo • die Tochter • die Schokolade • die Mutter • die Zwiebeln

die Wohnung	die Familie	die Lebensmittel
schlafen		

b) Ergänzen Sie je 5 neue Wörter aus den Einheiten 9, 10 und 12 in der Tabelle in a).

2 Ein Lernplakat selbst machen. Wählen Sie ein Wortfeld aus und machen Sie ein Lernplakat. Vergleichen Sie im Kurs.

1. Meine (Traum)Wohnung
2. Auf dem Markt / in der Bäckerei / … einkaufen
3. Berufe, Arbeitsorte, Tätigkeiten

Zimmer: das Arbeitszimmer, das Bad, …

Möbel: das Bücherregal, …

Adjektive: groß, praktisch, …

groß — meine Wohnung — das Wohnzimmer — der Sessel — der Balkon

3 Wortpaare

a) Ergänzen Sie.

1 der Onkel – _____
2 die Mutter – _____
3 _____ – die Schwester
4 der Enkel – _____
5 der Opa – _____
6 die Großmutter – _____

b) Wer ist wer in der Familie? Ergänzen Sie die Familienwörter.

die Geschwister
├─ der Bruder
└─ _____

_____
├─ der Vater
└─ die Mutter

die Großeltern
├─ _____
└─ _____

die Enkelkinder
├─ _____
└─ _____

PLATEAU 3

4 Berufe raten

a) Welcher Beruf ist das?

1 am Computer arbeiten, den Unterricht planen, die Aufgabe erklären
2 Informationen recherchieren, ein Interview machen, einen Zeitungsartikel schreiben
3 Kunden beraten, mit Pflanzen und Blumen arbeiten, Ideen haben

Ein Informatikkaufmann!

Nein, eine Lehrerin.

b) Machen Sie ein Berufsrätsel wie in a). Die anderen raten.

5 Tätigkeiten, Zeitangaben, Orte

a) Sammeln Sie Wörter zu den Bildern.

einkaufen

b) Würfeln Sie und sprechen Sie mit Ihrem Partner / Ihrer Partnerin.

Hast du am Samstag eingekauft?

Nein, ich habe Fußball gespielt.

⚀ = Montag
⚁ = Dienstag
⚂ = Mittwoch
⚃ = Donnerstag
⚄ = Freitag
⚅ = Samstag

6 Visitenkarten

a) Lesen Sie. Welche Informationen finden Sie?

Etage 12

Brigitte Müller — Freisinger Str. 13
Architektin — 50668 Köln
Tel. +49 221 84659510
Brigitte.Müller@example.com

Cornelsen

Helmut Rabe
Redakteur Deutsch als Fremdsprache

Cornelsen Verlag GmbH — Telefon +49 30 68831748
Mecklenburgische Straße 53 — helmut.rabe@example.com
14197 Berlin

b) Schreiben Sie Ihre Visitenkarte.

c) Stellen Sie sich vor und übergeben Sie Ihre Karte.

Guten Tag. Mein Name ist Daria Levy. Ich bin Architektin bei PlanVier in Essen. Hier ist meine Karte.

Tag, Frau Levy. Ich bin ...

FÜNFTER SEIN

1 Warten. **Fragen und antworten Sie.**

Wartest du gern?

Ja, ich warte gern.
Ja, Wartezeit ist meine Zeit.
Nein, Warten nervt.
Nein, ich warte nicht gern.
Nein, ich warte gar nicht gern.

2 Sie warten. **Was machen Sie? Sammeln Sie.**

Ich mache nichts.

Ich höre Musik.

Ich ...

3 Erster, zweiter, dritter… **Hören Sie und sprechen Sie.**

3.35

rein
raus
erster
zweiter
dritter
vierter

PLATEAU 3

4 Fünfter sein. Lesen Sie das Gedicht von Ernst Jandl.
Wer, was, wo? Antworten Sie.

fünfter sein

tür auf
einer raus
einer rein
vierter sein

tür auf
einer raus
einer rein
dritter sein

tür auf
einer raus
einer rein
zweiter sein

tür auf
einer raus
einer rein
nächster sein

tür auf
einer raus
selber rein
tagherrdoktor

Ernst Jandl

5 Vier, fünf oder sieben? Wie viele Personen gibt es im Gedicht?
Lesen Sie das Gedicht und kreuzen Sie an. Vergleichen Sie.

◯ vier   ◯ fünf   ◯ sechs   ◯ sieben

✶✶✶ Das kann ich mit dem Gedicht machen
- das Gedicht mit Emotionen laut lesen
- das Gedicht als Theater spielen
- ein Bild zum Gedicht zeichnen

einhundertsiebenundsiebzig 177

FIT UND GESUND

Slacken

Slacken im Park

Slacken ist ein Trendsport. Man braucht zwei Bäume und ein Band, die Slackline. Sie ist elastisch und nur 3,5 bis 5 Zentimeter breit. Die Sportlerinnen und Sportler laufen auf dem Band und machen Tricks. Das ist nicht so einfach. Man muss die Arme und Beine, den Bauch und den Rücken kontrollieren und viel üben, aber es macht Spaß. Slacken trainiert die Balance, die Konzentration und die Koordination.

Color Run

Du findest Laufen langweilig? Dann lauf doch mal einen Color Run! Er ist nur 5 Kilometer lang. Die Läuferinnen und Läufer tragen weiße T-Shirts. Die Zuschauerinnen und Zuschauer werfen Farben. Am Ziel gibt es ein „Finish Festival". Dort machen jetzt auch alle Sportlerinnen und Sportler mit und werfen Farben. Die Zeit ist nicht wichtig. Alle wollen einfach nur Spaß haben und Beine, Herz und Lunge trainieren.

HIER LERNEN SIE:
- über Sportarten sprechen
- Körperteile nennen
- über Gesundheit und Krankheiten sprechen
- Anweisungen und Tipps geben

Barre
Fit mit der Ballettstange

Der Trend kommt aus Hollywood: Barre, das Training an der Ballettstange. Der Sport hat auch in Deutschland, Österreich und in der Schweiz viele Fans gefunden. Die Bewegungen sind langsam und intensiv, und die Barre hilft bei den Übungen. So kann man die Arme und Beine, den Hals und die Schultern, den Bauch und den Rücken trainieren. Keine Sorge: Man muss nicht tanzen!

13

**Sportverletzungen
Beispiel: Eishockey**

Schulter, 12 %
Kopf, 23 %
Bein, 11 %
Arm, Hand, 11 %
Fuß, 10 %
Knie, 17 %

Fitness und mehr Sport sind im Trend. Aber es gibt auch viele Verletzungen im Sport. Zum Beispiel haben Eishockeyspieler oft Verletzungen am Kopf, am Knie oder an der Schulter. Das muss nicht sein! Fitnesstrainerin Silvia Moss gibt auf der FIBO in Köln Tipps gegen Verletzungen.

NEUE TRENDS

Mehr Sport im Leben!

FIBO-Besucher sind aktiv

DIE FIBO (FITNESS & BODYBUILDING) IN KÖLN …

… ist keine Messe für faule Menschen. Vier Tage, von Donnerstag bis Sonntag, stehen Sport, Fitness und Gesundheit im Zentrum. Über 1.100 Aussteller aus 49 Ländern präsentieren ihre Sport- und Fitnessprogramme. Boxen, Schwimmen oder Zumba – die Trainingsmöglichkeiten sind groß, und die 145.000 Besucherinnen und Besucher können alle Sporttrends und Fitness-Apps gleich ausprobieren.

1 **Fotos und Überschriften.** Welche Sportarten kennen Sie (nicht)? Berichten Sie.

2 **Slacken, Color Run oder Barre.** Was macht man? Was braucht man? Was trainiert man? Wählen Sie einen Text aus und erklären Sie.

3 **Ich mag … / … finde ich (nicht) …** Kommentieren Sie Sportarten.

4 **Sportsprache Englisch.** Sammeln Sie Sportarten und vergleichen Sie mit Ihrer Sprache.

5 **Der Kopf, die Schultern, der Bauch, … Körperteile von oben nach unten.** Sprechen und zeigen Sie. Das Foto hilft.

6 **Welche Sportarten trainieren welche Körperteile?** Markieren Sie alle Körperteile in den Magazinartikeln.

7 **Die FIBO – Dauer, Aussteller, Besucher, Sportarten.** Sammeln Sie im Artikel und recherchieren Sie im Internet. Berichten Sie.

Beim Arzt

1 Skateboard fahren

 4.02

Gestern Skateboard gefahren – heute Knieschmerzen. Oskar Weller macht einen Arzttermin. Hören Sie und notieren Sie den Termin.

2 Die Anmeldung

 4.03

Oskar kommt in die Praxis. Wo wartet er? Hören und lesen Sie.

● Guten Tag. Mein Name ist Oskar Weller. Ich habe einen Termin.
● Tag, Herr Weller. Haben Sie Ihre Chipkarte dabei?
● Ja klar, hier bitte. Muss ich warten?
● Ja, es dauert etwas. Aber Sie können im Wartezimmer Platz nehmen. Wir rufen Sie dann.
● Danke.

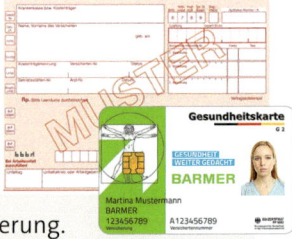

Landeskunde

Alle Menschen in D-A-CH haben eine Krankenversicherung. Sie bezahlt die Arztkosten. Die Versicherten bekommen eine Gesundheitskarte, die „Chipkarte". Man zeigt sie bei der Anmeldung. Für viele Medikamente braucht man ein Rezept vom Arzt. Man kauft die Medikamente dann in der Apotheke. Manche Medikamente kann man auch ohne Rezept kaufen. In Österreich heißt die Chipkarte E-Card und in der Schweiz Versichertenkarte.

3 Was ist passiert?

 4.04

a) Oskar spricht mit Frau Dr. Bruckner. Hören Sie und ordnen Sie die Bilder.

● Guten Tag, Herr Weller. Was ist denn passiert?
● Guten Tag, Dr. Bruckner. Ich habe eine Verletzung am Knie. Gestern bin ich Skateboard gefahren und hatte einen Unfall. Ich habe einen Stein nicht gesehen und bin hingefallen. Das war zuerst nicht so schlimm. Aber dann! Ich bin aufgestanden und bin ein paar Schritte gelaufen. Danach war mir total schlecht, und ich bin zuhause geblieben. Ich habe den ganzen Tag auf dem Sofa gelegen. Heute Morgen bin ich aufgewacht und mein Knie hat immer noch wehgetan.

b) Berichten Sie. Die Bilder helfen.

Er ist Skateboard gefahren und …

Er hat … nicht …

Oskar war total schlecht.

4 Ich bin Skateboard gefahren

 31.3

a) Markieren Sie die Perfektformen in 3a). Was ist neu?

b) Ergänzen Sie die Partizip-II-Formen.

ge … en		… ge … en	
fahren –	....	aufstehen –	*bin aufgestanden*
laufen –	....	hinfallen –	....
sehen –	....		
liegen –	....		
bleiben –	....		

Minimemo

Die meisten Verben bilden das Perfekt mit *haben*. Lernen Sie das Perfekt mit *sein*:
fahren – ist gefahren
laufen – ist gelaufen
schwimmen – ist geschwommen
fliegen – ist geflogen
passieren – ist passiert
sein – ist gewesen
bleiben – ist geblieben
aufwachen – ist aufgewacht

FIT UND GESUND

13

5 Die Untersuchung

a) Ärztin (Ä) oder Oskar (O)? Wer sagt was? Ergänzen Sie.

1 ◯ Legen Sie sich hin.
2 ◯ Tut das weh?
3 ◯ Ja, das tut weh!
4 ◯ Kann ich zur Arbeit gehen?
5 ◯ Ich schreibe Sie krank.
6 ◯ Sie bekommen ein Rezept.
7 ◯ Soll ich noch einmal kommen?
8 ◯ Machen Sie einen Termin für Donnerstag.

 b) Hören Sie den Dialog und kontrollieren Sie.

c) Was soll Oskar tun? Markieren Sie wie im Beispiel.

● Aha, dann zeigen Sie mal Ihr Knie. Ja, es ist dick. Legen Sie sich mal hin. Tut das weh?
● Aua! Ja, das tut weh!
● Und hier? Tut das weh? Oder hier?
● Nein, da nicht.
● Gut. Das ist nicht schlimm, nur eine Verstauchung. Machen Sie keinen Sport und legen Sie das Bein hoch. Und tragen Sie dreimal am Tag eine Sportsalbe auf, und nehmen Sie abends eine Tablette gegen die Schmerzen. Sie bekommen ein Rezept für die Salbe und die Tabletten.
● O. k. Kann ich zur Arbeit gehen?
● Nein, ich schreibe Sie bis Donnerstag krank.
● Und soll ich noch einmal kommen?
● Ja, machen Sie bitte einen Termin für Donnerstag. Gute Besserung!
● Danke, Frau Dr. Bruckner, dann bis Donnerstag.

6 Oskar soll …

a) Was sagt die Ärztin und was sagt Oskar zuhause? Lesen Sie und ergänzen Sie.

Machen Sie keinen …
Legen Sie …
Nehmen …

Was hat denn die Ärztin gesagt?

Ich soll keinen Sport machen.
Ich soll das Bein …
Ich soll …

 b) Was soll Oskar machen? Sammeln Sie in a) und markieren Sie wie im Beispiel.

	Position 2		Infinitiv
Ich	soll	keinen Sport	machen |.

7 Beim Arzt

 a) Lesen Sie die Redemittel. Welche Redemittel finden Sie in den Aufgaben 3 und 5? Markieren Sie.

 b) Wählen Sie eine Rollenkarte aus. Spielen Sie die Dialoge. Die Redemittel helfen.

1 Herr Schmidt hat Kopfschmerzen. Er arbeitet 12 Stunden am Tag. Die Ärztin schreibt ihn zwei Wochen krank. Er soll sich ausruhen, keine E-Mails lesen und nicht mit der Firma telefonieren.

2 Frau Kramer hat Halsschmerzen und Husten. Der Arzt schreibt ihr ein Rezept für Halstabletten und Hustensaft. Sie soll die Halstabletten sechsmal und den Hustensaft dreimal am Tag nach dem Essen nehmen. Sie soll viel trinken und zwei Wochen nicht schwimmen gehen.

3 Paula hat Handball gespielt. Ihr Arm tut weh. Die Ärztin schreibt ihr ein Rezept für eine Sportsalbe. Paula soll die Sportsalbe dreimal am Tag auftragen und keinen Sport machen. Sie soll nächste Woche wiederkommen und einen Termin machen.

1 Gesund sein, gesund bleiben

a) *Gute Laune durch Sport* oder *Tschüss Erkältung!* Wählen Sie einen Titel. Welches Foto passt? Kreuzen Sie an.

Lerntipp

Erstes Lesen heißt schnell lesen und nicht jedes Wort lesen.

b) Wählen Sie einen Text und lesen Sie schnell. Was ist das Thema? Kreuzen Sie an.

1 a ○ Yoga für Anfänger und Profis
  b ○ Sport und Entspannung gegen Stress
  c ○ Besser schlafen mit Yoga

2 a ○ Ernährung gegen Schnupfen
  b ○ Sauna für Profis
  c ○ Der Körper und sein Immunsystem

Bleib gesund!
So einfach geht's   *Fit & Fun*

Du hast Stress? Du bist oft müde? Du schläfst nicht gut? Das muss nicht sein. Sei draußen aktiv! Geh im Park
5 spazieren, fahr Skateboard oder Fahrrad, spiel Fußball – egal. Die Hauptsache ist: Du bist draußen und du bist in Bewegung. Oder probier doch mal Yoga aus. Das ist gut gegen Stress. Du entspannst und hast mehr Energie. Und noch ein Tipp: Mach mal den Fernseher aus und geh
10 früh schlafen. So bleibst du gesund und fit.

Tschüss Erkältung!   *UNSER TIPP*

Du hast Halsschmerzen, dein Kopf tut weh und die Nase läuft? Ganz klar, du hast eine Erkältung. Das muss nicht sein. Du kannst viel tun: Deine Ernährung ist besonders
5 wichtig. Trink viel Tee und Mineralwasser und iss Obst und Gemüse. Äpfel und Orangen, Tomaten und Brokkoli haben viel Vitamin C. Du kannst aber noch mehr gegen Erkältungen tun: Dusch heiß und kalt oder geh in die Sauna. So trainierst du deinen Körper und das Immunsystem.

c) Lesen Sie Ihren Artikel noch einmal. Sammeln Sie Tipps und berichten Sie.

d) Fit durch … Haben Sie noch mehr Tipps? Berichten Sie.

2 Anweisungen, Tipps und Ratschläge

a) Sammeln Sie Imperativformen in der Einheit und machen Sie eine Tabelle wie im Beispiel.

Grammatik

Infinitiv	Imperativ 3. Pers. Pl.	2. Pers. Sg.	Imperativ 2. Pers. Sg.
nehmen	Nehmen Sie eine Tablette!	du nimmst	Nimm lieber einen Salat!
trinken	Trinken Sie mehr Tee!	du trinkst	Trink …

b) Wo steht das Verb im Imperativsatz? Markieren Sie wie im Beispiel.

Aussagesatz

Sie legen das Bein hoch.

Sie nehmen eine Halstablette.

Imperativsatz

Legen Sie das Bein hoch!

Nehmen Sie eine Halstablette!

Minimemo

Ausnahme *sein*:
Du bist zu laut. **Sei** bitte leise!

c) *Mach! Nimm! Trink!* Vergleichen Sie und ergänzen Sie die Regel.

Regel: Imperativ = 2. Pers. Sg. minus _____ .

FIT UND GESUND

13

3 Das *s* in *st* und *sp*

4.06

a) Wo klingt das *s* wie ein [ʃ] in *Sport* oder *Stein* und wo wie ein [s] in *Post* oder *Prospekt*? Hören und ergänzen Sie.

1 Donnerstag   4 Hustensaft   7 Halstabletten   10 gestern   13 Stress   16 spazieren
2 Sport   5 hast   8 Stein   11 Prospekt   14 Post   17 Obst
3 gespielt   6 Stunden   9 Verspätung   12 Verstauchung   15 Stadt   18 Spaß

[ʃ] wie in *Sport* oder *Stein*	[s] wie in *Post* oder *Prospekt*

b) Hören Sie noch einmal und sprechen Sie nach. Lesen Sie dann die Regel und kreuzen Sie an.

Regel: Das *s* in *st* und *sp* spricht man als [ʃ] nur
○ am Silben- und Wortanfang.
○ am Silben- und Wortende.

4 Bewegung im Kurs

Schreiben Sie Probleme und Tipps auf Karten. Ziehen Sie eine „Problem"-Karte. Welche Tipps und Ratschläge passen?

5 Mehr Sport im Leben? Na klar!

a) Welche Tipps finden Sie wichtig? Kreuzen Sie vier an.

1. ○ Probiert viele Sportarten aus. Fußball spielen, schwimmen oder Yoga? Egal, das Training soll Spaß machen.
2. ○ Plant eure Sporttermine. Packt die Sportsachen am Abend ein und nehmt sie mit zur Arbeit.
3. ○ Besucht einen Sportkurs. So lernt ihr den Sport richtig.
4. ○ Trainiert zusammen. Nehmt eure Freunde mit!
5. ○ Legt das Handy weg! Lernt lieber Leute im Sportkurs kennen.
6. ○ Fahrt nicht immer mit dem Bus. Lauft lieber nach Hause.
7. ○ Nehmt eine App und zählt eure Schritte. 10 000 am Tag sind super!
8. ○ Macht lieber dreimal pro Woche eine halbe Stunde Sport als einmal 90 Minuten!

Florian, 25, Fitness-Trainer

2.14

b) Welche Tipps gibt Florian? Sehen Sie das Interview und vergleichen Sie.

c) *Nehmt, macht, plant, ...* Markieren Sie die Imperative in a) und ergänzen Sie die Regel.

Regel: Imperativ 2. Pers. Pl. = Imperativ minus _____ plus _____ .

6 Tipps gegen Stress

a) Was sollen die anderen im Kurs machen? Geben Sie Tipps.

b) Und Sie? Was sollen Sie tun? Die anderen geben Ratschläge und Sie kommentieren.

Geht doch mal ...   *Probiert mal ... aus.*   *Trainiert ...*

Ich soll Ballett machen.

Ballett? Das geht gar nicht. Ich probiere lieber Slacken aus.

Super, das probiere ich aus!

ÜBUNGEN

1 Körperteile

a) Ergänzen Sie die Körperteile im Rätsel.

die Hand • der Fuß • der Hals • die Schulter • der Rücken • der Kopf • das Knie • das Bein • der Bauch • der Arm

b) Schreiben Sie die Pluralform.

der Fuß – die Füße

c) *Der Hals, der Bauch, der Fuß, das Bein.* Was passt? Ergänzen Sie und sprechen Sie schnell.

der Kopf und _____   das Bein und _____

der Arm und _____   der Rücken und _____

2 Trendsport. Slacken (S), Barre (B) oder Color Run (C)? Lesen Sie die Magazinartikel auf S. 178 und 179 noch einmal und kreuzen Sie an.

	S	B	C
1 Der Sport kommt aus den USA.	○	○	○
2 Die Bewegungen sind langsam und intensiv.	○	○	○
3 Die Sportlerinnen und Sportler machen Tricks.	○	○	○
4 Die Sportlerinnen und Sportler tragen weiße T-Shirts.	○	○	○
5 Der Sport trainiert die Beine, das Herz und die Lunge.	○	○	○
6 Der Sport ist gut für die Balance, die Konzentration und die Koordination.	○	○	○

3 Wortverbindungen. Welches Verb passt? Markieren Sie.

1 Slacken ist/hat/macht ein Trendsport.

2 Barre probiert/findet/trainiert den ganzen Körper.

3 Auf der FIBO kann man Fitness-Apps ausprobieren/kontrollieren/anrufen.

4 Ein Color Run hat/ist/trägt 5 Kilometer lang.

5 Die Läuferinnen und Läufer wollen Spaß trainieren/haben/sein.

FIT UND GESUND

13

4 Wer, was, wo? Lesen Sie die Landeskundebox auf S. 180 noch einmal und verbinden Sie.

1 Medikamente kauft man
2 Alle Menschen in D-A-CH haben
3 Die Krankenversicherung bezahlt
4 Für viele Medikamente braucht man
5 Die Gesundheitskarte heißt Chipkarte
6 Tabletten gegen Kopf- oder Halsschmerzen kann man

a viele Arztkosten.
b in der Apotheke.
c ohne Rezept kaufen.
d ein Rezept vom Arzt.
e eine Krankenversicherung.
f oder E-Card oder Versichertenkarte.

5 Oskar berichtet

a) Ergänzen Sie die Partizip-II-Formen.

hingefallen • wehgetan • aufgewacht • gelegen • aufgestanden • gesehen • ~~gefahren~~ • gelaufen

1 Oskar ist gestern Skateboard *gefahren*.
2 Er hat einen Baum nicht _____ und ist _____.
3 Das war zuerst nicht so schlimm. Er ist _____ und ein paar Schritte _____.
4 Danach hat er den ganzen Tag auf dem Sofa _____.
5 Heute Morgen ist er _____ und sein Arm hat _____.

b) Richtig oder falsch? Lesen Sie den Bericht von Oskar auf S. 180 noch einmal und korrigieren Sie die falschen Sätze in a).

6 Ich hatte einen Unfall

2.15

a) Videokaraoke. Sehen Sie und antworten Sie.

b) Markieren Sie die Fehler wie im Beispiel. Korrigieren Sie.

1 Larissa ist Skateboard gefahren und hingefallen.
2 Ihr Knie tut weh.
3 Ihre Ärztin heißt Frau Müller.
4 Sie soll den Fuß nicht bewegen.
5 Sie soll viel Sport machen.

7 Paula berichtet

a) Lesen Sie den Bericht und ergänzen Sie.

Bett • Hand • Park • Rad • Slackline • Tricks

Ich war gestern mit Freunden im _____¹. Wir sind auf einer _____² gelaufen. Und wir haben viele _____³ ausprobiert. Dann bin ich von der Slackline gefallen. Das hat ziemlich wehgetan. Aber ich bin sofort wieder aufgestanden. Am Abend bin ich dann mit dem _____⁴ nach Hause gefahren. Ich bin dann ins _____⁵ gegangen. Heute Morgen bin ich aufgewacht und meine _____⁶ hat noch immer wehgetan.

b) Markieren Sie die Perfektformen in a) wie im Beispiel.

einhundertfünfundachtzig **185**

ÜBUNGEN

8 Berufsportrait

a) Frau Dr. Wahl berichtet. Lesen Sie und sammeln Sie Informationen.

1 Studium (Wann? Was? Wo?)
2 Praktikum (Wo? Wann?)
3 Mann (Wer? Was? Wann?)
4 Wohnen (Wo? Bis/Seit wann?)

Ich heiße Mirella Wahl und bin Ärztin. Von 1998 bis 2006 habe ich in München Medizin studiert. 2007 habe ich ein Praktikum in Kapstadt, in Südafrika gemacht. Von 2008 bis 2010 habe ich dann in einem Krankenhaus in München gearbeitet. Dort habe ich auch meinen Mann Peter kennengelernt. Er ist Physiotherapeut. 2016 haben wir geheiratet und 2019 haben wir eine Praxis gegründet. Bis 2019 haben wir in München gewohnt. Seit 2020 haben wir eine Wohnung in Erding in der Nähe von München.

b) Wie heißen die Infinitive? Ergänzen Sie.

1 studiert *studieren*
2 gemacht _____
3 gearbeitet _____
4 gewohnt _____
5 kennengelernt _____
6 geheiratet _____

9 Ein Wochenende in Venedig. Ergänzen Sie die Verben im Perfekt.

ansehen • fahren • kennenlernen • laufen • lernen • planen • wohnen

Hallo Andrej,

wie geht es dir? Mir geht es prima. Ich studiere jetzt in Innsbruck. Es ist toll hier und ich _____¹ schon viele Leute _____².
Am Wochenende war ich mit Freunden in Venedig. Wir _____³ vorher alles genau _____⁴. Wir _____⁵ in einem Hotel am Canal Grande _____⁶. Das war super.
Wir _____⁷ den ganzen Tag durch die Stadt _____⁸ und _____⁹ uns die Sehenswürdigkeiten _____¹⁰.
Ich _____¹¹ viel über die Stadt _____¹².
Mit einer Gondel _____¹³ wir natürlich auch _____¹⁴.

Liebe Grüße
Tamara

Mit einer Gondel auf dem Canal Grande fahren

FIT UND GESUND 13

10 Perfekt. Sammeln Sie die Partizipien in den Aufgaben 8 und 9 und ergänzen Sie die Infinitive.

Infinitiv	ge...(e)t	ge...en	...ge...(e)t	...ge...en	...t
fahren		gefahren			

11 Ich habe Rückenschmerzen

4.07

a) Was sagt der Arzt? Hören Sie und kreuzen Sie an.

1 [X] Gehen Sie zum Physiotherapeuten.
2 [ ] Nehmen Sie Tabletten gegen die Schmerzen.
3 [ ] Machen Sie Gymnastik.
4 [ ] Gehen Sie schwimmen.
5 [ ] Probieren Sie Yoga.
6 [ ] Fahren Sie Rad.
7 [ ] Ruhen Sie sich aus.
8 [ ] Machen Sie mehr Sport.

b) Markieren Sie die Imperative in a).

c) Was soll Frau Schütz machen? Schreiben und markieren Sie wie im Beispiel.

1 Frau Schütz *soll* zum Physiotherapeuten *gehen*.
   Sie soll ....

12 Ratschläge und Tipps vom Arzt

a) Welches Foto passt? Lesen Sie den Dialog und kreuzen Sie an.

● Hallo Simon. Wie geht es dir?
● Hallo Petra. Nicht so gut.
● Was fehlt dir denn?
● Ich habe Bauschmerzen.
● Warst du beim Arzt?
● Ja. Heute Morgen.
● Was hat denn der Arzt gesagt?
● Ich soll viel Tee trinken und viel schlafen.

1 ○

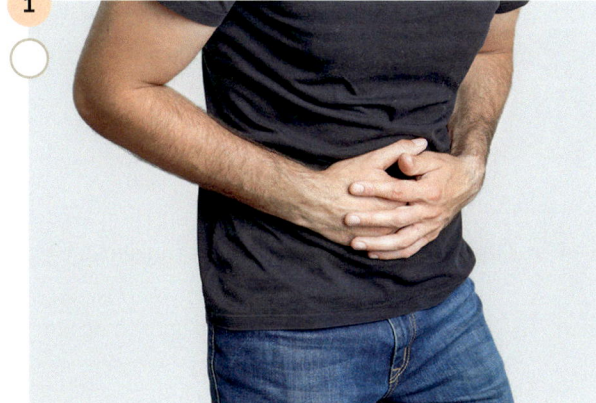

b) Schreiben Sie einen Dialog wie in a).

● Hallo _____. Wie geht's dir?
● Hallo _____. Ach, nicht so gut.
● Was fehlt dir denn?
● _____
● Warst du beim Arzt?
● _____
● Was hat denn der Arzt gesagt?
● _____

2 ○

einhundertsiebenundachtzig **187**

ÜBUNGEN

13 Mit dem Handy ins Krankenhaus

a) Ihr Freund / Ihre Freundin fährt und Sie lesen auf dem Handy. Ergänzen Sie die Anweisungen.

↑ Geradeaus fahren	1. Fahr geradeaus.
↱ Rechts abbiegen auf die Homberger Straße	2. Bieg rechts auf die ... ab
↰ Links abbiegen auf die Goethe-Straße	3. Bieg ...
↱ Rechts abbiegen auf die Seilerstraße	4.
↑ 200 m geradeaus fahren, das Krankenhaus ist rechts.	5.

b) Ihr Freund / Ihre Freundin versteht Sie nicht. Was soll er/sie tun? Schreiben Sie und sprechen Sie laut.

Wie bitte? Was hast du gesagt?   *Du sollst ...*

14 Trendsport Yoga

 4.08

a) Was ist das Thema? Hören Sie den Podcast und kreuzen Sie an.

1 ◯ Yogalehrer werden – die Ausbildung
2 ◯ Yoga – ein Studio suchen
3 ◯ Yoga – richtig trainieren

b) Schreiben Sie die Tipps aus dem Podcast.

Tipp 1	einen Kurs machen	
Tipp 2	vor dem Kurs: nichts essen	*Essen Sie nichts vor dem Kurs.*
Tipp 3	vor dem Kurs: nichts trinken	
Tipp 4	noch einen anderen Sport machen	
Tipp 5	laufen oder Fahrrad fahren	
Tipp 6	das Herz und die Lunge trainieren	

c) Hören Sie den Podcast noch einmal und kontrollieren Sie.

15 Mehr Deutsch im Leben. Schreiben Sie wie im Beispiel. Haben Sie auch Tipps? Ergänzen Sie.

1 unterwegs Wörter wiederholen
2 in der Freizeit Deutsch im Radio hören
3 in der Pause Deutsch sprechen
4 deutsche Filme sehen
5 deutsche Popmusik hören
6 Bücher auf Deutsch lesen

1 Wiederholt unterwegs Wörter.

FIT UND GESUND

Fit für Einheit 14?

1 Mit Sprache handeln

über Sportarten sprechen
Slacken ist ein Trendsport.
Alle wollen Spaß haben und Beine, Herz und Lunge trainieren.

über Gesundheit und Krankheit sprechen
Tut das weh? Mein Kopf tut weh. / Ich habe Kopfschmerzen.
Ich schreibe Sie drei Tage krank.
Sie bekommen ein Rezept.
Gute Besserung!

berichten, was passiert ist
Ich bin Skateboard gefahren. Ich habe einen Stein nicht gesehen und bin hingefallen. Das war zuerst nicht so schlimm. Ich bin aufgestanden und ein paar Schritte gelaufen …

Anweisungen, Ratschläge und Tipps geben
Nimm die Tablette.
Tragen Sie dreimal am Tag die Sportsalbe auf.
Duscht heiß und kalt und geht in die Sauna.

2 Wörter, Wendungen und Strukturen

Körperteile
der Kopf, der Hals, die Schultern, der Rücken, der Bauch, die Arme, die Hände

Schmerzen
Ich habe Kopfschmerzen. / Mein Kopf tut weh.
Ich habe Rückenschmerzen. / Mein Rücken tut weh.

Perfekt mit *sein*
Ich bin den Color Run gelaufen.
Ich bin im Park Fahrrad gefahren.
Ich bin am Wochenende zuhause geblieben.

Imperativ
Mach mehr Sport!
Macht mehr Sport!
Machen Sie mehr Sport!

Modalverb *sollen*
Du sollst mehr Sport machen.
Ihr sollt mehr Sport machen.
Sie sollen mehr Sport machen.

3 Aussprache

das *s* in *st* und *sp*: **Sp**ort, ge**sp**ielt, Hu**st**ensaft, ha**st**, **St**unden, Ver**sp**ätung

→ Interaktive Übungen

VOLL IM TREND

HIER LERNEN SIE:
- über Kleidung, Farben und Größen sprechen
- über Kleidung im Beruf sprechen
- Gefallen und Missfallen ausdrücken
- Kleidung kaufen

Kleidung im Job

Was ist die richtige Kleidung im Beruf? Was trägt man wo? Was soll man nicht tragen? In vielen Berufen gibt es einen Dresscode, also Regeln für die Kleidung. In der Bank ist es z. B. formell, im Start-up ist die Kleidung oft nicht so formell.

Vincent arbeitet in Düsseldorf. In der Firma gibt es einen Dresscode. Klar, Anzug muss sein, aber in der Freizeit zieht Vincent gern Pullover und Jeans an.

die Krawatte

» **Ich bin Berater und besuche viele Kunden. Ich muss immer dunkle Anzüge, elegante Hemden und Krawatten und schicke Schuhe tragen.** «

das Jackett

» **Das perfekte Outfit ist für mich modern und elegant. Ich kombiniere gern farbige Hemden und schwarze Anzüge.** «

die Hose

der Pullover

das Hemd

die Sandalen (Pl.)

die Shorts

die Lederschuhe (Pl.)

der Anzug

14

Eva arbeitet als Projektmanagerin bei PanZett. Das ist ein Start-up in Stuttgart. Im Job trägt sie Jeans, T-Shirts und Pullover. Es gibt keinen Dresscode, jeder trägt sein Lieblingsoutfit.

der Pullover

der Blazer

» Ich ziehe gern blaue Jeans, weiße T-Shirts und Turnschuhe an. Manchmal trage ich im Büro eine Bluse und einen Blazer. Einen Hosenanzug trage ich nie. In der Freizeit ziehe ich manchmal Kleider oder Röcke an. «

» Meine Lieblingsfarbe ist gelb oder weiß. Ich mag sportliche Kleidung. «

das T-Shirt

der Rock

die Jeans

die Bluse

der Hosenanzug

die Turnschuhe (Pl.)

das Kleid

1 *Die Jeans*, … Welche Wörter kennen Sie? Sammeln Sie.

2 **Kleidung im Beruf**
a) Hypothesen vor dem Lesen. Beruf oder Freizeit: Was trägt man wo? Ordnen Sie zu.
b) Wer trägt was wo? Lesen Sie die Texte und sammeln Sie.
c) Hypothesen überprüfen: Was tragen Vincent und Eva wann? Vergleichen Sie.

3 **Und Sie?** Was tragen Sie im Beruf / in der Schule / in der Universität / zuhause?

4 Welche Kleidungsstücke passen zusammen? Kombinieren Sie.

5 **Welches Foto passt?**
Partner/in A beschreibt ein Foto, Partner/in B wählt aus. Dann wechseln Sie.

Mode und Farben

1 Farben

a) *Ich sehe was, was du nicht siehst, und das ist … Spielen Sie.*

rot
blau
gelb
grün
braun
orange
türkis
beige
lila
rosa
grau
weiß
schwarz
bunt

Die Jacke von Alia. *Das Wörterbuch?* *Ich sehe was, was du nicht siehst, und das ist blau.*

Nein.

Richtig, das Wörterbuch.

b) Fragen und antworten Sie im Kurs. Sprechen Sie schnell.

Trägst du gern	Rot? Gelb? Orange? Blau? Türkis?	Ja,	Rot Gelb Orange Blau Türkis	mag ich.	Nein, lieber
					Blau. Schwarz. Beige. Grün. Lila.

2 Ich trage gern graue T-Shirts

Was tragen Sie gern? Sprechen Sie schnell.

Ich trage gern Ich mag	rote blaue grüne braune	Pullover T-Shirts Blusen Jeans	und	schwarze weiße gelbe graue	Schuhe. Jacken. Mäntel. Anzüge.

Ich mag … Und du?

3 Vincent trägt ein weißes Hemd

a) Adjektive vor Nomen. Vergleichen Sie die Sätze und markieren Sie die Adjektive mit Nomen auf den S. 190–191 wie im Beispiel.

Ich trage gern ein weißes T-Shirt, eine blaue Jeans und weiße Schuhe.

Mein Lieblingsoutfit: Ich trage gern einen schwarzen Anzug und ein weißes Hemd.

VOLL IM TREND

14

b) Ergänzen Sie die Tabelle mit den Farben aus a).

Grammatik

	den	das	die
Singular	einen _____ Anzug	ein _____ Hemd	eine _____ Jeans
Plural	_____ Anzüge	_____ Hemden	_____ Blusen

c) Was ist Ihr Lieblingsoutfit? Beschreiben Sie.

4 Wer ist das?

a) Beschreiben Sie. Die anderen raten.

> *Sie trägt einen schwarzen Blazer und rote Stiefel.*

> *Das ist Neida.*

b) Sehen Sie die Bilder an und wählen Sie eine Person. Die anderen fragen und raten wie im Beispiel. Sie antworten nur mit *Ja* oder *Nein*.

> *Trägt die Person einen Hut?*

> *Trägt die Person einen roten Hut?*

> *Ja.*

> *Ja.*

> *Trägt die Person einen braunen Hut?*

> *Nein.*

5 Kleidung kommentieren

a) Lesen Sie und ergänzen Sie weitere Adjektive.

schön • toll • langweilig • elegant • modern • unmöglich • cool • altmodisch • …

b) Kommentieren Sie das Foto.

> *Wie findest du den Mantel?*

> *Der Mantel geht gar nicht!*

> *Ich finde den Mantel toll! Und der Hosenanzug links ist cool, oder?*

6 Was ist Ihr Stil?

a) Modefragen. Antworten Sie.

b) Präsentieren Sie Ihr Ergebnis.

c) Wählen Sie einen Star. Wie ist sein/ihr Stil? Beschreiben Sie.

einhundertdreiundneunzig

Im Modegeschäft

1 Die Jeans ist im Angebot

a) Welches Bild passt? Lesen Sie die Sätze und ordnen Sie zu.

1. Entschuldigung, der Pullover ist zu klein.
2. Welcher Rock ist besser? Dieser oder dieser?
3. Haben Sie die Hose auch in Größe 38?
4. Diese Jeans finde ich nicht schön.
5. Die Ärmel sind zu lang.
6. Die Jeans ist im Angebot. Sie kostet nur 59,99 Euro.

b) Hören Sie die Dialoge? Welche Bilder aus a) passen? Ordnen Sie zu.

Dialog 1: ◯   Dialog 2: ◯   Dialog 3: ◯

c) Hören Sie und lesen Sie den Dialog laut.

- Guten Tag. Ich suche eine blaue Jeans.
- Ja, gern. Welche Größe haben Sie?
- Ich trage eine 32.
- Einen Moment, bitte. Gefällt Ihnen diese Jeans?
- Nein, die gefällt mir nicht. Aber diese hier gefällt mir gut.
- Wollen Sie die anprobieren?
- Ja, gern.
- Die Jeans passt doch super.
- Ich weiß nicht. Die Hose ist zu kurz, oder? Haben Sie die auch in 34?
- Ich bringe Ihnen gern die Jeans in 34. Dann können Sie vergleichen.
- Danke. Wie teuer ist die Jeans?
- Die ist im Sale und kostet 59,99 Euro.

Silvio, 23, kauft eine Jeans

d) Andere Größe, Preise, Kleidung, Farben. Variieren Sie.

VOLL IM TREND 14

2 Kleidung kaufen

Schreiben Sie einen Dialog und spielen Sie.

3 Den? Nein, diesen.

a) Hören Sie und lesen Sie den Comic laut.

1. Wie findest du die Jacke? — Welche?
2. Diese hier. — Nein, die nicht. Die ist zu elegant.
3. Wie findest du diesen Mantel? — Den mag ich nicht. Der ist zu altmodisch.
4. Welches T-Shirt möchtest du kaufen? — Dieses hier. — Bist du sicher? Ich finde das viel zu klein. Und die Farbe mag ich auch nicht.

b) Markieren Sie die Formen in a) und ergänzen Sie die Tabelle.

Grammatik

Akkusativ	
den Rock, den …	diesen Rock, diesen …
das T-Shirt, …	dieses T-Shirt, …
die Jacke, …	diese Jacke, …

4 Trends und Mode

a) Sehen Sie das Interview. Welche Fragen hören Sie? Kreuzen Sie an.

1. ◯ Was ist dein Lieblingskleidungsstück?
2. ◯ Interessierst du dich für Mode?
3. ◯ Welche Kleidung trägst du im Beruf?
4. ◯ Wo kaufst du Kleidung?
5. ◯ Was trägst du gern?
6. ◯ Was ist aktuell im Trend?

b) Frieda, Lorenzo, Erik oder Patrizia? Wählen Sie eine Person und notieren Sie die Antworten.

	Frieda	Lorenzo	Erik	Patrizia
Frage 1				

 Frieda  Lorenzo  Erik  Patrizia

c) Vergleichen Sie dann mit einem Partner / einer Partnerin und ergänzen Sie die Tabelle.

5 Genau mein Stil!

Beantworten Sie die Fragen aus 4 a) und machen Sie ein eigenes Video.

ÜBUNGEN

1 Kleidungsstücke

a) Ergänzen Sie die Singular- und Pluralformen.

Singular	Plural
1 der Mantel	die Mäntel

b) Welche Kleidungsstücke passen zusammen? Kombinieren Sie.

das Hemd und die Hose, der Rock und …

2 Kleidung in der Freizeit und im Job

a) Was tragen Mira und Patrick? Ergänzen Sie die Kleidungsstücke und Farben.

die Jeans   blau

Mira, 23, Verkäuferin   Patrick, 20, Automobilkaufmann

b) *Ihr T-Shirt, sein Anzug.* Beschreiben Sie.

Mira: Ihr T-Shirt ist gelb. Ihre …   *Patrick: Sein Anzug ist …*

c) Patrick trifft Mira. Hören Sie den Dialog. Was ist richtig? Kreuzen Sie an.

4.12

1 ◯ Mira trägt ihr Outfit für die Arbeit.   3 ◯ Mira trägt immer elegante Kleidung.

2 ◯ Patrick findet die Kleidung von Mira schön. 4 ◯ Patrick trägt immer Turnschuhe.

d) Hören Sie den Dialog noch einmal und korrigieren Sie die Fehler in a).

Mira …

VOLL IM TREND 14

3 Das Leben ist bunt!

a) Welche Farbe ist das? Ergänzen Sie.

1 rot + blau = *lila*

2 gelb + blau = _____

3 gelb + rot = _____

4 rot + weiß = _____

5 rot + gelb + blau = _____

b) Welche Farbe sehen Sie? Lesen Sie die Wörter und sagen Sie die Farben laut.

○ Grün   ○ Gelb   ○ Schwarz

○ Blau   ○ Lila   ○ Grau

Hatten Sie Probleme? Das ist normal. Viele Menschen sehen zuerst das Wort und nicht die Farbe!

c) Welche Wörter haben die richtige Farbe? Kreuzen Sie in b) an.

4 Modetrends

a) Patrick spricht über aktuelle Trends. Lesen Sie das Interview. Welches Wort passt? Kreuzen Sie an und ergänzen Sie.

Interviewerin: „Guten Tag. Haben Sie einen Moment für ein paar ___*Fragen*___ ¹ zu Modetrends?"

Patrick: „Ja, klar."

Interviewerin: „Welche _____ ² ist diesen Sommer in?"

Patrick: „Das ist einfach! Grün! Grün kann man gut _____ ³ aber auch für die Freizeit _____ ⁴."

Interviewerin: „Und wie finden Sie Grün? Ist das Ihre _____ ⁵?"

Patrick: „Nein, ich mag Blau. Blau _____ ⁶ ich sehr oft."

1 a ○ Interviews   b ○ Tipps   c ⊗ Fragen
2 a ○ Hose   b ○ Farbe   c ○ Anzüge
3 a ○ für den Sport   b ○ für die Arbeit   c ○ für Partys
4 a ○ anziehen   b ○ kaufen   c ○ bestellen
5 a ○ Lieblingsfarbe   b ○ Hose   c ○ Größe
6 a ○ benutze   b ○ trage   c ○ spiele

Nachgefragt. Interviews auf Radio 1 mit Julia Basler.

🔊 4.13 b) Hören Sie das Interview und kontrollieren Sie Ihre Antworten in a).

5 Berufskleidung in Deutschland. Ein Kleidungsstück passt nicht zu den Berufen. Welches? Streichen Sie durch wie im Beispiel.

1 Eine Ärztin trägt … bequeme Schuhe. – ~~ein elegantes Kleid~~. – eine weiße Bluse.

2 Eine Bankkauffrau trägt … einen eleganten Anzug. – einen schwarzen Rock. – bunte T-Shirts.

3 Ein Physiotherapeut trägt … eine rote Krawatte. – helle Turnschuhe. – eine bequeme Hose.

4 Bäcker und Bäckerinnen tragen … helle T-Shirts. – weiße Jacken. – rote Hosen.

5 Ein Kellner trägt … einen blauen Mantel. – eine dunkle Hose. – ein bequemes Hemd.

einhundertsiebenundneunzig **197**

ÜBUNGEN

6 Mode beschreiben

a) Welches Adjektiv passt? Ergänzen Sie wie im Beispiel.

kurz • elegant • altmodisch • leicht • ~~interessant~~ • dunkel • günstig • alt

1 langweilig – *interessant*
2 modern – _____
3 hell – _____
4 sportlich – _____
5 teuer – _____
6 neu – _____
7 lang – _____
8 schwer – _____

b) Mira und Patrizia sind Freundinnen. Sie kaufen gern zusammen ein. Ergänzen Sie passende Adjektive aus a).

1 Patrizia kauft einen eleganten Mantel. Mira nimmt *einen sportlichen Mantel.*   *der Mantel*
2 Mira braucht eine kurze Hose. Patrizia sucht _____
3 Patrizia sucht ein teures T-Shirt. Mira kauft _____
4 Mira findet dunkle Blusen toll. Patrizia mag lieber _____

c) *Der*, *die*, *das* oder *Plural* (Pl.)? Markieren Sie die Nomen in b) und ergänzen Sie wie im Beispiel.

7 Einen blauen Pullover, eine rote Hose oder kurze Mäntel? Lesen Sie und ergänzen Sie die Sätze wie im Beispiel. Die Sätze aus 6b) helfen.

1 Ich suche *einen blauen Pullover* _____. (blau, der Pullover)
2 Mein Freund mag _____. (bunt, die T-Shirts)
3 Haben Sie _____ in Größe 38? (grün, die Jacken)
4 Anna braucht _____ für die Arbeit. (elegant, das Kleid)
5 Entschuldigung, gibt es hier auch _____? (kurz, die Hosen)
6 Ich möchte _____ kaufen. (hell, das Hemd)
7 Ich kombiniere gern _____ und Hosen. (schick, die Turnschuhe)

8 Es muss immer schick sein!

a) Mira spricht über ihre Lieblingskleidung. Welches Foto passt? Hören Sie und kreuzen Sie an.

1 ○   2 ○   3 ○

b) Hören Sie noch einmal und beantworten Sie die Fragen.

1 Welche Kleidung trägt Mira gern auf Partys? *Sie* _____
2 Was ist die Lieblingsfarbe von Mira? *Ihre* _____

VOLL IM TREND

14

9 Die Geburtstagsparty

a) Videokaraoke. Sehen Sie und antworten Sie.

b) Was zieht Jannis zur Party an? Kreuzen Sie an.

a  b  c  d

c) *Zu groß, zu …* Warum zieht Jannis die anderen Hemden nicht an? Sehen Sie das Video noch einmal und ergänzen Sie.

1 Zuerst probiert Jannis ein blaues Hemd an, aber *das Hemd ist zu groß*.

2 Dann zieht er ein schwarzes T-Shirt an, aber _____

3 Danach trägt Jannis noch ein Hemd, aber _____

10 *Das ist zu …* Sehen Sie die Bilder an und ergänzen Sie wie im Beispiel.

1  2  3

4  5  6

1 Du gehst zur Arbeit? Das geht nicht. Du bist *zu krank*. Geh lieber zum Arzt.

2 Ich kann Sie nicht verstehen. Hier ist es _____. Ich rufe Sie in fünf Minuten an.

3 Wie bitte? 52.000 Euro für das Auto? Das finde ich _____.

4 Was trägst du denn? Das kannst du nicht anziehen. Die Sandalen sind _____.

5 Diese Suppe kann ich nicht essen. Die ist _____.

6 Kannst du hier lesen? Ich finde, es ist _____.

Lösung: 1 = zu krank, 2 = zu laut, 3 = zu teuer, 4 = zu sportlich, 5 = zu scharf, 6 = zu dunkel

ÜBUNGEN

11 Welch- ...? – Dies- ...

a) Ergänzen Sie die Minidialoge wie im Beispiel.

1	Der Anzug ist schön.	Welcher Anzug ist schön?	Dieser.
2	Das Hemd ist sportlich.	Welches _____	_____
3	Die Bluse ist in Größe S.	_____	_____
4	Die Schuhe sind bequem.	_____	_____

} Nominativ

5	Ich finde den Rock schön.	Welchen Rock findest du schön?	Diesen.
6	Ich nehme das T-Shirt.	Welches _____	_____
7	Ich kaufe die Hose.	_____	_____
8	Ich mag die Stiefel.	_____	_____

} Akkusativ

🔊 4.15 b) *-er*, *-es*, *-e* oder *-en*. Hören Sie. Achten Sie auf die Endungen und antworten Sie schnell.

Welcher Anzug ist schön?   ...   Dieser? Ja, ...

12 Modetrends

▶ 2.16 a) Frieda, Erik, Lorenzo und Patrizia sprechen über Mode. Wer sagt was? Lesen Sie die Aussagen, sehen Sie das Video von S. 195 noch einmal und kreuzen Sie an.

		Frieda	Erik	Lorenzo	Patrizia
1	Ich finde schwarze oder graue Kleidung langweilig.	○	○	X	○
2	Ich finde Turnschuhe nicht schön.	○	○	○	○
3	Ich finde bunte Mode gut.	○	○	○	○
4	Ich kombiniere gern sportliche Anzüge mit Turnschuhen.	○	○	○	○
5	Ich gehe gern einkaufen.	○	○	○	○
6	Ich ziehe bei der Arbeit gern elegante Kleidung an.	○	○	○	○
7	Ich finde Mode und Trends nicht interessant.	○	○	○	○

b) Modewörter. Was bedeutet...? Sagen Sie es anders. Das Video hilft.

1 Erik <u>geht gern shoppen</u>.

_____

2 Lorenzo <u>mag einen Mix</u> aus sportlich und elegant.

Lorenzo kombiniert gerne sportliche und elegante Kleidung.

3 Für Männer sind sportliche Anzüge <u>total im Trend</u>.

_____

4 Patrizia findet <u>Übergrößen</u> nicht schön.

VOLL IM TREND 14

Fit für Einheit 15?

1 Mit Sprache handeln

über Kleidung, Farben und Größen sprechen

Trägst du gern Rot?	Nein, lieber Blau. / Ja, Rot ist meine Lieblingsfarbe.
Wie findest du das Kleid?	Das Kleid gefällt mir. / Ich finde das Kleid toll.
Welches Hemd gefällt dir?	Dieses ist sehr schön!
Welches T-Shirt steht mir besser?	Das grüne T-Shirt steht dir besser.
Welche Größe haben Sie?	Ich trage eine 38.
Wollen Sie den Pullover anprobieren?	Ja, ich probiere ihn gern an.
Die Kombination geht gar nicht. Das finde ich unmöglich.	
Ich ziehe gern Röcke an. / Ich trage lieber Röcke.	

Kleidung kaufen

Was kostet das T-Shirt?	Das kostet 15 Euro.
Sind diese Schuhe im Sale?	Ja, die Schuhe sind im Sale.
Wie teuer ist die Jeans?	Die Jeans kostet 49,99 Euro. Sie ist im Angebot.

2 Wörter, Wendungen und Strukturen

Kleidung
die Krawatte, der Rock, der Pullover, die Lederschuhe, das T-Shirt

Farben
rot, grün, weiß, grau, schwarz, braun, rosa

Adjektive für Kleidung
elegant, schick, altmodisch, modern, cool

unbestimmter Artikel + Adjektive im Akkusativ
Eva trägt einen braunen Pullover.
Simon kauft ein weißes T-Shirt.
Mario kauft eine blaue Jeans.
Sandra sucht weiße Turnschuhe.

Demonstrativ-Artikel
Welcher Rock gefällt dir? – Dieser.
Welches Hemd ziehst du gerne an? – Dieses.
Was gefällt dir? – Diese Hose und diese Schuhe.

3 Aussprache

-er, -es, -e oder -en:
Welcher Anzug ist schön? – Dieser.
Welche Bluse ist in Größe S? – Diese.
Welchen Rock findest du schön? – Diesen.
Welches T-Shirt nimmst du? – Dieses.

Interaktive Übungen

JAHRESZEITEN UND FESTE

Konstanzer Seenachtsfest

Beelitzer Spargelkönigin 2019

Stadtgartenfest und Seenachtsfest in Konstanz
Direkt am Bodensee feiert man seit über 60 Jahren im Juni drei Tage lang das Stadtgartenfest. Zum Schluss findet dann das Konstanzer Seenachtsfest statt. Es gibt vier Festplätze und ein großes Programm für Kinder und Erwachsene. Ein Puppentheater, ein großer Markt mit regionalen Spezialitäten, eine Kletterwand und die Band von Radio SWR3 warten auf die 150.000 Besucherinnen und Besucher.

Beelitz ist die „Spargelhauptstadt" in Brandenburg
Die Stadt liegt südwestlich von Berlin. Spargel aus Beelitz ist berühmt. 2019 war Kristin Reich „Spargelkönigin". Die Spargelsaison ist im Mai und im Juni. In der ersten Juniwoche feiert man das Spargelfest. Mehr als 30.000 Menschen besuchen dieses Fest. Es gibt natürlich überall Spargel. Hier schmeckt er am besten.

Sommerfeste in Deutschland

Datum	Fest
5.-7. Juni	Beelitzer Spargelfest
21. Juni	Johannisfest in Mainz
22.-30. Juni	Kieler Woche
26. Juni	Parade der Kulturen in Frankfurt am Main
4.-8. Juli	Heimat- und Strandfest in Rotenburg/Fulda
12.-14. Juli	Internationales Samba-Festival in Coburg
2.-5. August	Stuttgarter Sommerfest
9.-11. August	Sommerfest in Koblenz

1 Sommerfeste in Deutschland
a) Was feiern die Menschen wann und wo?
b) Sammeln Sie Informationen in einer Tabelle: Namen/Termine/Orte/Aktivitäten.

2 Sommerfestlandkarte. Markieren Sie die Orte in den Magazinartikeln und beschreiben Sie.
🗨 Beelitz liegt nördlich/östlich/südlich/westlich von …

3 Interviews mit Fest-Besuchern
🔊 4.16 a) Welches Fest ist das? Hören und notieren Sie.
b) Wählen Sie ein Interview. Woher kommen die Besucher? Warum besuchen sie das Fest? Berichten Sie.

4 Sommerfestkalender. Wählen Sie ein Fest, recherchieren und berichten Sie.

Rhein in Flammen

Parade der Kulturen

Sommerfest in Koblenz
Seit 40 Jahren feiert man hier das Sommerfest in der Altstadt und am Rhein. Das Highlight ist das große Feuerwerk mit dem Motto „Rhein in Flammen". Es gibt ein Weltmusikfest, Theater-Bühnen und einen Markt mit regionalen Produkten. Koblenz erwartet jedes Jahr mehr als 100.000 Gäste.

Parade der Kulturen in Frankfurt
In Frankfurt am Main leben Menschen aus mehr als 140 Nationen. 45 internationale Gruppen und Kulturvereine organisieren im Juni die Parade der Kulturen. 2000 aktive Teilnehmerinnen und Teilnehmer zeigen Tänze und Kleidung aus ihren Ländern.

HIER LERNEN SIE:
- ein Fest beschreiben
- einen Wetterbericht verstehen
- über das Wetter sprechen
- etwas vergleichen
- Smalltalk

Sommerfeste

Sommer, Sonne, Feiern

Zwischen Juni und August ist in Deutschland die Zeit für Sommerfeste. Am 21. Juni ist der längste Tag. Danach sind die Tage wieder kürzer. In vielen Ländern feiert man diesen Tag. In vielen Städten und Regionen feiern die Menschen Ende Juni das Johannisfest. Danach beginnen meistens die langen Sommerferien. In Regionen mit Flüssen und Seen feiern die Menschen gern am Wasser. Meistens gibt es ein Feuerwerk. An vielen Orten feiert man regionale Produkte. Es gibt Weinfeste an Rhein, Main und Mosel, Kirsch- und Erdbeerfeste und Bratwurstfeste. Warum im Sommer? Das Wetter ist in diesen Tagen einfach besser als im Herbst und im Winter. Und es ist abends wärmer.

Sommerfest der Firma Schneider & Co.

1 Ein Sommerfest planen

a) Hören Sie Dialog A oder Dialog B. Wie ist das Wetter? Vergleichen Sie.

b) Lesen Sie die Dialoge. Wer kauft was? Machen Sie eine Liste.

🔴 O. k. Was brauchen wir für das Sommerfest im Park?

⚪ Also, wir grillen. Ich kaufe Brot, Würstchen und 30 Steaks.

🔴 30? Das ist zu viel für 10 Personen. Kauf ein paar weniger.

⚪ Gut, und du kaufst Grillkartoffeln und Gemüse für die Vegetarier?

🔴 Ja, und du kaufst dann die Getränke, Moritz.

⚪ Ja, gern. Und wie wird das Wetter am Samstag?

Maya und Moritz planen das Sommerfest.

A 🔴 Es wird morgen warm, wärmer als heute. Es regnet nicht.

⚪ Gibt es ein Gewitter?

🔴 Keine Sorge. Es sieht gut aus. Es wird schön.

B 🔴 Es wird bewölkt und kälter. Vielleicht regnet es.

⚪ Mist! Das sieht schlecht aus. Wir müssen Schirme mitnehmen und ein Zelt.

2 Wie wird das Wetter am Sonntag?

a) Die Wetter-App. Ergänzen Sie die Wochentage und fragen Sie.

> Wie wird das Wetter am Sonntag?
>
> Am Sonntag regnet es. Es sind 27 Grad.

1 Am _____ regnet es. Wir haben schlechtes Wetter. Nachts sind es nur 13 Grad.

2 Am _____ haben wir schönes Wetter. Es ist sonnig, Wir haben 27 Grad.

3 Am _____ ist es bewölkt. Sonne und Wolken bei 29 Grad.

4 Am _____ ist es heiß. Es sind 31 Grad.

b) 7-Tage-Wetter. Arbeiten Sie mit einer Wetter-App. Wählen Sie einen Ort und berichten Sie.

3 Sommerfest im Kurs

Machen Sie ein Plakat. Ort? Essen? Trinken? Gäste? ... Stellen Sie Ihr Fest vor.

JAHRESZEITEN UND FESTE

15

1 Europawetter

a) Beschreiben Sie das Wetter.

In München ist es …

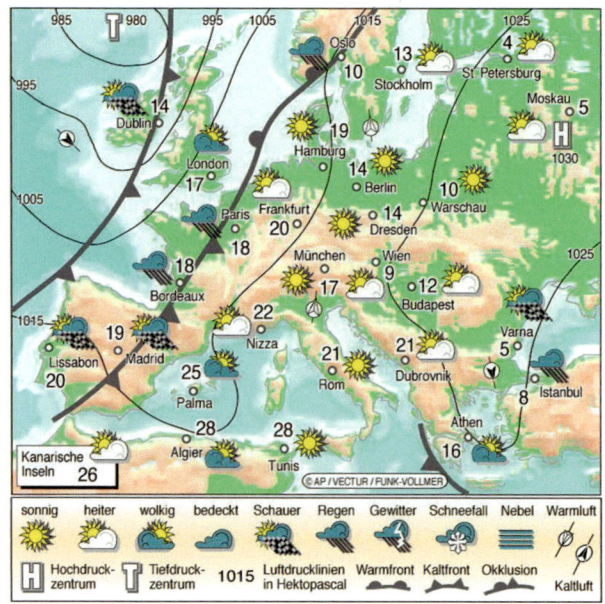

b) Vergleichen Sie.

1 In Paris ist es wärmer als in Dublin.
2 In Frankfurt ist es genauso warm wie in …
3 In Wien ist es wärmer als in …
4 In Warschau ist es kälter als in …

Jahreszeiten und Wetter in Europa

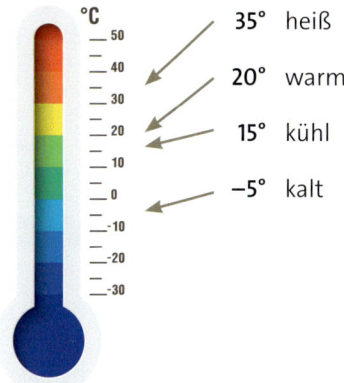

35° heiß
20° warm
15° kühl
−5° kalt

2 Vergleiche

Sammeln Sie Adjektive im Komparativ auf den S. 202–205 und ergänzen Sie.

regelmäßig	schön	schöner als …
	heiß	heißer als …
	teuer	teurer (!) als …
mit Umlaut	warm	wärmer als …
	groß	größer als …
	kalt	…
	kurz	…
unregelmäßig	viel	mehr als …
	gut	besser als …
	gern	…

Minimemo

ungleich	gleich
schöner/besser/**als** …	genauso/so schön **wie** …

3 *kälter* in vielen Sprachen

a) Welche Sprachen kennen Sie? Ordnen Sie zu.

a Norwegisch **b** Französisch **c** Englisch **d** Spanisch **e** Tamil **f** Rumänisch **g** Deutsch

1 ◯ colder
2 ◯ más frío
3 ◯ kälter
4 ◯ mai rece
5 ◯ kaldere
6 ◯ plus froid
7 ◯ குளிர்ச்சியான

b) Vergleichen Sie. Was ist ähnlich?

4 Das Wetter

Das Wetter in Mitteleuropa und bei Ihnen. Vergleichen Sie.

Bei uns ist das Wetter …

Frühling, Sommer, Herbst und Winter

1 Jahreszeiten international

a) Lesen Sie die Aussagen und sammeln Sie Informationen zu den Jahreszeiten und den Orten.

„Der Sommer ist mir lieber als der Winter. Im Winter regnet es oft, aber es ist nicht kalt. Von Dezember bis Februar ist es sehr heiß, und wir haben Semesterferien."
Joy aus Salvador

„Bei uns ist der Winter länger als der Sommer. Er dauert von Ende September bis Ende April. Der Frühling und der Herbst sind sehr kurz, der Sommer beginnt schon Ende Mai."
Anna aus Nowosibirsk

„Jahreszeiten wie in Europa kennen wir nicht. Wir haben Trockenzeit und Regenzeit. In der Regenzeit haben wir ein paar Monate Monsun-Regen. Dann sind viele Straßen unter Wasser."
Sonya aus Mumbay

Brasilien	Russland	Indien
Im Winter …		

b) Wie ist das bei Ihnen? Vergleichen Sie.

2 Die vier Jahreszeiten in Mitteleuropa

Kleidung, Aktivitäten, Wetter. Arbeiten Sie in vier Gruppen. Machen Sie ein Wortschatzplakat und präsentieren Sie es im Kurs. Die Wortliste auf S. 267 hilft.

der Sommer
Juni, Juli, August
die Ferien, schwimmen gehen, Eis essen, das T-Shirt

der Herbst
September, Oktober, November
bunte Blätter, Äpfel und Birnen, der Sturm

der Frühling
März, April, Mai
die Blumen, spazieren gehen, die Jacke

der Winter
Dezember, Januar, Februar
Regen und Schnee, der Wintersport

3 Wortfamilien

Suchen Sie und notieren Sie. Kontrollieren Sie mit der Wortliste.

der Regen, es regnet, das Regenwetter
die Wohnung, wohnen, die Wohngemeinschaft, der Wohnort, …
die Studentin, studieren, das Studium, …

Lerntipp 1

Wörter in Paaren lernen:
es blitzt und donnert
der Schnee und das Eis
der Sommer und der …

Lerntipp 2

Wortfamilien kennen heißt Texte besser verstehen.

4 Die Endung -er

Lesen Sie die Wörter laut.

Sommer – Sommerfest, Oktober – Oktoberfest, Winter – Winterurlaub, Donner – Wetter – Donnerwetter

JAHRESZEITEN UND FESTE 15

1 Smalltalk-Themen

a) Smalltalk-Themen in Ihrem Land. Sammeln Sie.

b) Lesen Sie den Magazinartikel. Welche Themen sind Smalltalk-Themen? Markieren Sie.

Smalltalk – sechs Tipps für Anfänger

Das Wort ist englisch und international. Smalltalk ist ein kleines Kontaktgespräch. In der U-Bahn, im Fahrstuhl, im Supermarkt oder an der Kasse muss man nichts sagen. Aber auf einer Party und im Café an der Bar ist Nichts-Sagen unhöflich. Was kann man sagen?
5 Wie macht man Smalltalk? Hier sind sechs Tipps.

1. **Das Wetter ist das Top-Thema in Mitteleuropa.** Das ist immer ein guter Start. Typische Sätze: *Ganz schön kalt heute. – So ein Mistwetter! Ich habe meinen Schirm vergessen. – Ist das heiß*
10 *hier! – Seit drei Wochen nur Regen. Furchtbar. – Der letzte Sommer war besser, oder?*

2. **Ein Thema ist auch das Essen:** *Das schmeckt gut. Isst du oft hier? – Haben Sie hier schon mal gegessen? Was schmeckt hier gut? – Magst*
15 *du / Mögen Sie auch asiatisches (italienisches, …) Essen? – Ich liebe Pasta. Und Sie?*

3. **Sport, Kino, Theater, Urlaub und Musik sind auch gute Themen.** Es kommt auf die Situation an. *Ich finde die Musik von … super, und du? –*
20 *Bist du oft hier im Theater? – Hast du schon den neuen Film mit … gesehen? – Warst du schon mal in Berlin (Zürich, …)? Ich finde die Stadt fantastisch.*

4. **Geld und Politik sind keine guten Themen.**
25 Das ist in vielen Ländern eher privat. Es gibt zu viele Meinungen und oft Streit.

5. **Wichtig ist: Nicht zu viel erzählen.** Besser ist: Fragen. Man soll lieber zuhören und Interesse zeigen.

30 6. **Niemals negativ über andere Menschen sprechen.** Smalltalk muss positive oder neutrale Themen haben.

c) Ordnen Sie die Tipps. Was macht man (+), was macht man nicht (–)?

2 Smalltalk

a) Sommerfest im Sportverein **ODER** Grillfest in der Firma. Wählen Sie eine Situation und notieren Sie Fragen und Antworten.

b) Machen Sie Smalltalk. Stellen Sie sich vor. Fragen und antworten Sie.

Schönes Wetter heute, oder?

ÜBUNGEN

1 Jahreszeiten und Feste

a) Lesen Sie den Magazinartikel „Sommerfeste" auf S. 203 noch einmal und beantworten Sie die Fragen.

1. Wann ist in Deutschland die Zeit für Sommerfeste?
2. Welchen Tag feiert man im Sommer besonders gern? Warum?
3. Wo feiert man gern?
4. Was gibt es oft bei den Sommerfesten?
5. Warum feiert man so gern im Sommer?

1 In Deutschland ...

b) Welches Fest passt? Lesen Sie die Texte und ordnen Sie zu. Die Informationen auf S. 202 und 203 helfen.

a Konstanzer Seenachtsfest   b Beelitzer Spargelfest   c Koblenzer Sommerfest   d Parade der Kulturen

1. ( ) Dieses Fest feiert man in Frankfurt. Menschen aus 140 Nationen zeigen Tänze und Kleidung aus ihrer Heimat.

2. ( ) Das Fest ist bekannt für sein großes Feuerwerk. Es gibt auch viel Musik, Theater und einen Markt mit regionalen Produkten.

3. ( ) Das Fest findet am Bodensee statt. Jedes Jahr kommen 150 000 Besucherinnen und Besucher zu dem dreitägigen Stadtgartenfest. Es gibt vier Festplätze und ein großes Programm für Jung und Alt.

4. ( ) Man feiert das Fest in der ersten Juniwoche. Das Thema ist Essen. Es gibt einen Umzug und eine Königin.

2 Das Stadtfest

a) Videokaraoke. Sehen Sie und antworten Sie. (2.18)

b) Richtig oder falsch? Kreuzen Sie an.

	richtig	falsch
1 Ben war am Wochenende auf dem Sommerfest.	○	○
2 Die ganze Stadt war auf dem Fest.	○	○
3 Das Fest war toll.	○	○
4 Es gab viel Musik und gutes Essen.	○	○

3 Feste planen

a) Lesen Sie den Dialog. Was planen Amir und Basti?

– Hey Amir, wie geht's?
– Hallo Basti, mir geht's gut und dir?
– Ja, mir auch. Ich habe eine Frage. Ich habe in zwei Wochen Geburtstag. Was wollen wir machen? Hast du eine Idee?
– Ach ja ... Also, das Wetter bleibt gut. Du kannst draußen feiern.
– Ja, das habe ich auch schon gedacht. Was meinst du: ein Fußballspiel und danach grillen?
– Ja, das ist doch super! Ich helfe bei der Planung.

b) Was planen Amir und Basti? Sammeln Sie und machen Sie eine Liste: Ort/Zeit/Essen/Aktivität ...

Ort: im Park, auf dem Fußballplatz ...   *Essen*
Zeit: ...   *Aktivitäten*

JAHRESZEITEN UND FESTE

4 Morgen ist es …

a) Welche Wetterwörter passen? Ordnen Sie zu.

kühl • warm • heiß • kalt

      37°

_____   _____   _____   _____

b) Lesen Sie die Fragen und schreiben Sie eine Antwort.
Die Wetterapp hilft.

1 Wie ist das Wetter am Freitag?

_____

2 Regnet es am Dienstag?

Nein, am Dienstag ist es …

3 Scheint am Montag die Sonne?

_____

4 Gibt es am Sonntag Gewitter?

_____

5 Wie ist das Wetter am Donnerstag?

_____

6 Ist es am Mittwoch bewölkt?

_____

5 Wetterbericht

🔊 4.19

a) Wie wird das Wetter in …? Hören und notieren Sie.

Oslo: Regen, 23 Grad

Bremen: Regen, Wind, …

München:

Lugano:

Faro/Rom:

Nizza/Athen:

Filzmoos:

ÜBUNGEN

b) Wie ist das Wetter? Sehen Sie die Fotos an und beschreiben Sie.

Es ist	sonnig		heiß.			regnet.
Das Wetter ist	bewölkt	und	warm.		Es	schneit.
			kalt.			gibt Gewitter.

1 Es ist heiß.
Es sind 40 Grad.

2

3

4

5

6

6 Das Wetter vergleichen. Lesen Sie und schreiben Sie Sätze mit den Adjektiven.

kalt • heiß • bewölkt • sonnig

1 Stockholm: Minus 10 Grad, Hamburg: Minus 2 Grad

In Stockholm ist es kälter als in …

2 Bremen: , Basel:

In Basel ist es …

3 Bozen: 34 Grad, Innsbruck: 28 Grad

In Bozen ist es …

4 Frankfurt: , Graz:

In Frankfurt ist es …

5 Zürich: , Wien:

In Wien ist es …

6 Berlin: 5 Grad, Dresden: 5 Grad

In Dresden ist es …

JAHRESZEITEN UND FESTE 15

7 **Alt oder jung?**

a) Ergänzen Sie wie im Beispiel. Ein Adjektiv passt nicht.

kurz • uninteressant • ~~jung~~ • kalt • schwer • groß • modern • langsam • hell • unpraktisch • teuer • scharf

Lerntipp
Adjektive in Gegensatzpaaren lernen!

1 alt – *jung*
2 warm –
3 lang –
4 klein –
5 schnell –
6 altmodisch –
7 praktisch –
8 günstig –
9 dunkel –
10 leicht –
11 interessant –

b) Hören und kontrollieren Sie in a).
4.20

c) Über Wohnungen sprechen. Ergänzen Sie die Minidialoge mit den Adjektiven aus a).

1 ● Die Wohnung kostet nur 620 Euro im Monat.
   ● Oh, das ist nicht billig! Ich finde das ist zu _____ ¹.

2 ● Nur zwei Zimmer? Das ist wirklich nicht _____ ². Ich finde die Wohnung zu _____ ³.
   ● Ja, aber sie kostet nur 220 Euro! Das ist wirklich nicht zu _____ ⁴.

3 ● Die Wohnung hat nur ein Fenster. Ich finde, sie ist ziemlich _____ ⁵.
   ● Ja, aber das Fenster ist sehr _____ ⁶. Ich finde, die Wohnung ist ziemlich _____ ⁷.

4 ● Ach, die Wohnung ist in der fünften Etage und es gibt keinen Fahrstuhl? Das ist ziemlich _____ ⁸, oder?
   ● Nein, das ist doch gar kein Problem. Sie sind doch nicht _____ ⁹, Sie sind _____ ¹⁰ und sportlich.

d) Hören und kontrollieren Sie in c).
4.21

8 **Zwölf Monate – ein Jahr**

a) Ergänzen Sie die Monatsnamen.

Januar, _____, März, _____,
Mai, _____, Juli, _____,
September, *Oktober*, _____, November, _____

b) Ergänzen Sie die Monatsnamen.

1 Von _____ bis _____ ist in Deutschland Frühling.
2 Von _____ bis _____ haben wir in Deutschland Sommer.
3 Herbst ist von _____ bis _____.
4 In den Monaten _____, _____ und _____ ist Winter.

ÜBUNGEN

9 Jahreszeiten und Aktivitäten

a) Im Sommer oder im Winter? Was passt besser? Ordnen Sie die Aktivitäten zu. Es gibt mehrere Möglichkeiten.

schwimmen gehen • Tee trinken • rodeln • Slackline laufen • Ski fahren • Sommerfeste besuchen • im Park grillen • Eis essen • spazieren gehen • Wintersport machen • in den Bergen wandern • eislaufen

im Sommer	im Winter
	rodeln

b) Jahreszeiten in anderen Ländern. Hören und notieren Sie.

Winter in Chile: Juni, …

10 -ig, -ch und -sch am Wortende

a) Hören Sie die Wörter und achten Sie auf das Wortende.

b) Hören Sie noch einmal. Was hören Sie am Wortende: *ch* oder *sch*? Kreuzen Sie an.

	1	2	3	4	5	6	7	8	9	10	11
ch	X	○	○	○	○	○	○	○	○	○	○
sch	○	○	○	○	○	○	○	○	○	○	○

c) Wortdiktat. Hören Sie und schreiben Sie die Wörter.

windig, …

11 Smalltalk

a) Welche Themen sind in Deutschland für Smalltalk geeignet? Kreuzen Sie an.

1 (X) Wetter   5 ( ) Kino   9 ( ) Familie
2 ( ) Essen & Trinken   6 ( ) Theater   10 ( ) Probleme
3 ( ) Musik   7 ( ) Urlaub   11 ( ) Hobbys
4 ( ) Geld   8 ( ) Krankheiten

b) Was passt zu welchem Thema? Ordnen Sie die Themen aus a) zu.

a (1) Kalt und Regen. So ein Mistwetter!
b ( ) Was machst du in der Freizeit?   c ( ) Gibt es hier eine Spezialität?
d ( ) Wir waren zwei Wochen in Griechenland. Und ihr? Wart ihr auch weg?
e ( ) Siehst du gern japanische Filme?   f ( ) Spielen Sie auch Tennis?
g ( ) Mögen Sie Shakespeare?   h ( ) Hast du auch Kinder?
i ( ) Ist das kalt heute!   j ( ) Waren Sie auch auf dem Filmfestival in Berlin?
k ( ) Ich höre gern Mozart, und du?   l ( ) Was schmeckt hier gut?
m ( ) Was machen deine Eltern?   n ( ) Fahrt ihr im Sommer wieder nach Spanien?

JAHRESZEITEN UND FESTE

Fit für Einheit 16?

1 Mit Sprache handeln

ein Fest beschreiben

Name	Wie heißt das Fest?	Das ist die Parade der Kulturen.
Ort	Wo findet das Fest statt?	Die Parade der Kulturen ist in Frankfurt.
Termin	Wann ist das Fest?	Das Fest ist im Juni.
Gäste	Wie viele Gäste kommen?	Mehr als 30.000 Menschen besuchen dieses Fest.
Aktivitäten	Was macht man?	Sie zeigen Tänze aus ihren Heimatländern.

über das Wetter sprechen

Wie ist das Wetter am Montag?	Am Montag regnet es.
Scheint am Dienstag die Sonne?	Nein, es ist bewölkt.
Wie viel Grad haben wir am Sonntag?	Es ist heiß. 37 Grad!
Gibt es morgen ein Gewitter?	Ja, und es ist windig mit viel Regen.

etwas vergleichen

In Oslo ist es kälter als in Rom.

2 Wörter, Wendungen und Strukturen

Jahreszeiten

der Frühling	März, April, Mai	Im Mai gibt es viele Frühlingsfeste.
der Sommer	Juni, Juli, August	Im Sommer fahre ich immer an den Strand.
der Herbst	September, Oktober, November	Im Herbst trinke ich viel Tee.
der Winter	Dezember, Januar, Februar	Im Winter gehe ich gern eislaufen.

Komparation

	ungleich:	gleich:
schön	In Berlin ist es schöner als in Bremen.	In Berlin ist es genauso schön wie in Bremen.
warm	In Paris ist es wärmer als in Moskau.	In Hamburg ist es genauso warm wie in Bremen.

Smalltalk

Ist das kalt hier! Ich habe meinen Mantel vergessen.	Ja, es ist sehr kalt heute. Möchtest du einen Tee?
Mögen Sie auch asiatisches Essen?	Ja, aber ich mag italienisches Essen lieber.

3 Aussprache

-ig, *-ch* und *-sch* am Wortende: wind**ig**, sportl**ich**, italieni**sch**

→ Interaktive Übungen

AB IN DEN URLAUB!

ZELT- UND CAMPING-PLÄTZE FRÜH BUCHEN!

Zelten ist sehr beliebt! Viele Menschen sind im Alltag drinnen, zum Beispiel im Büro oder in der Schule. Im Urlaub sind sie lieber Tag und Nacht draußen. Sie kochen, essen und schlafen in der Natur und lernen garantiert viele interessante Menschen kennen. Schlechtes Wetter? Kein Problem! Dann fahren die Camper einfach weiter.

Zelten auf dem Campingplatz

1 der Schlafsack

2 die Straßenkarten

Endlich Zeit für mich!

NATUR PUR!

Im Urlaub an die Nordsee, die Ostsee, in die Berge oder in den Wald? Immer mehr Menschen fahren nach Deutschland, Österreich oder in die Schweiz. Dort wollen sie Radtouren machen oder wandern, sagen Experten aus der Tourismusbranche.

Kinder lieben Ferien auf dem Bauernhof

FERIEN AUF DEM BAUERNHOF

Zwischen Juni und September haben die Kinder Sommerferien. Bei uns in Österreich können sie den ganzen Tag draußen spielen, Ziegen, Kühe, Schweine, Pferde und Hühner füttern und viel über die Natur lernen. Eltern und Hunde sind auch willkommen! 🙂

Aktivurlaub am Meer

3 die Erste-Hilfe-Tasche

16

Theresa

HIER LERNEN SIE:
- über Urlaubsaktivitäten sprechen
- über Reiseziele sprechen
- einen Urlaub planen
- eine Postkarte schreiben

**KOFFER PACKEN
DAS NEHME ICH MIT!**

Peter

Theresa (26) arbeitet als Physiotherapeutin in Köln.
Sie reist besonders gern mit dem Rucksack nach Afrika, Asien oder Australien.

☐ „Dieses Souvenir ist aus Tokio. Ich finde es sehr praktisch und nehme es jetzt immer für Kleingeld mit."

☐ „Ich schreibe im Urlaub viel. Zu Hause lese ich meine Notizen, schließe die Augen und bin wieder unterwegs. Das ist mein Lieblingsbuch. Ich habe es in China geschrieben."

☐ „Die Tasche ist klein und nicht schwer. Zum Glück habe ich sie noch nicht oft gebraucht, aber unterwegs kann viel passieren, und so bin ich immer gut vorbereitet."

☐ „Ich lese sehr gern und benutze ihn jeden Tag, besonders unterwegs. Viele Bücher sind zu schwer für einen Rucksackurlaub."

4 der Kopfhörer

5 der E-Reader

6 das Portemonnaie

7 das Notizbuch

8 die Schwimmbrille

Peter (34) aus Bern ist Mechatroniker.
Er fährt fast immer mit dem Motorrad ans Meer und nimmt dann sein Zelt mit.

☐ „Ich fahre oft an einen Strand, liege in der Sonne und schwimme auch viel. Im Meer trage ich sie immer. So kann ich die Fische besser sehen."

☐ „Der ist schon ziemlich alt, aber ich nehme ihn immer noch mit. Er braucht nicht viel Platz, ist schön warm und ich kann draußen schlafen."

☐ „Ohne Musik möchte ich nicht leben! Aber nicht jeder findet meine Musik cool. Also setze ich ihn auf den Kopf, genieße den Sound und störe die Nachbarn nicht."

☐ „Meine Freunde finden das altmodisch, aber ich nehme sie immer wieder mit, sitze abends vor dem Zelt und plane die nächste Route."

1 **Endlich Urlaub!** Sammeln Sie Orte und Urlaubsaktivitäten.

2 **Aktivitäten drinnen oder draußen.** Wo kann man das machen? Was meinen Sie?

3 **Das ist mein Urlaub!** Wählen Sie ein Urlaubsziel. Was kann man dort machen?

4 **Theresa und Peter reisen gerne.** Wer nimmt was mit? Lesen Sie und ordnen Sie die Gegenstände zu.

5 **Und Sie? Spielen Sie „Koffer packen"**
Ich packe meinen Koffer. Ich nehme ...
💬 Ich packe meinen Koffer und nehme meine Schwimmbrille mit.
💬 Ich packe meinen Koffer und nehme meine Schwimmbrille und meinen Schlafsack mit.

 Ich mache Urlaub!

1 Mein Lieblingsurlaub

a) Wer sagt was? Theresa (T), Peter (P) oder beide (b)?
Lesen Sie die Aussagen und dann das Reisejournal.

1 ◯ „Ich habe im Zelt geschlafen."
2 ◯ „Wir hatten auch schlechtes Wetter."
3 ◯ „Wir sind gewandert."
4 ◯ „Wir haben zusammen gekocht."
5 ◯ „Ich war am Wasser."
6 ◯ „Wir haben eine Ausstellung gesehen."

Bodensee bei Konstanz, 2017

San José, 2016

KONSTANZ

Was war dein Lieblingsurlaub?

Ich mache am liebsten Rucksacktouren und reise dann meistens alleine. Aber mein Lieblingsurlaub war 2017. Ich bin mit der Bahn nach Konstanz gefahren und habe dort eine Freundin getroffen. Wir haben im Hotel übernachtet, sind oft an den Bodensee gegangen oder sind mit dem Bus in die Berge gefahren und gewandert. Nur einmal hat es geregnet, und wir sind ins Museum gegangen. Die Ausstellung war toll!

Wohin geht deine nächste Reise?

Nach Argentinien. Ich lerne seit drei Monaten Spanisch und habe auch schon Pläne gemacht. Ich will in Buenos Aires einen Tangokurs machen und dann ans Meer weiterreisen. Meine Freundin kommt auch wieder mit!

SAN JOSÉ

Was war dein Lieblingsurlaub?

Das war ganz klar vor drei Jahren. Ich bin spontan mit dem Motorrad ans Mittelmeer gefahren. Zuerst war ich in Frankreich und dann in Spanien. In San José bin ich einfach auf den Campingplatz gefahren und hatte Glück. Ich habe dort gezeltet und nette Niederländer kennengelernt. Wir sind mit den Motorrädern in den Naturpark gefahren. Abends sind wir oft zusammen auf den Markt gegangen und haben leckere Salate und Suppen gemacht. Toll!

Wohin geht deine nächste Reise?

Mal sehen. Ich habe jetzt wieder eine Freundin, und wir möchten beide gern in die USA fliegen, zum Beispiel nach Las Vegas. Dort wollen wir Motorräder mieten und ans Meer fahren. Das ist unser Traum.

b) *Wohin ...?* Markieren Sie im Reisejournal wie im Beispiel.

c) Ergänzen Sie die Tabelle mit den Angaben aus dem Text.

	Wohin?
Städte	
Länder	
Regionen	*in die Berge, ...*
Plätze	
Gewässer	*an den Bodensee, ...*
Gebäude	

Minimemo

die Nordsee
die Ostsee
der Bodensee

AB IN DEN URLAUB! 16

2 Urlaubsaktivitäten

Partner/in A nennt ein Ziel. B nennt so viele Aktivitäten wie möglich. Die Vorschläge helfen.

Ich fahre in die Berge.

Volleyball spielen • zelten • draußen kochen • die Altstadt besichtigen • Eis essen • Leute kennenlernen • schwimmen gehen • klettern • in der Sonne liegen • eine Radtour machen • ins Museum gehen • wandern • lesen • an den Strand gehen • Freunde einladen • Musik hören • …

Schön! Dort kannst du …

3 Wollen wir …?

Fragen und antworten Sie wie im Beispiel.

Willst du / Wollt ihr im Herbst in die Berge fahren?

Ja, in die Schweiz.

Nein, wir wollen im Herbst lieber nach London fahren.

Willst du	nächste Woche	in die Schweiz/Türkei/USA …	fliegen?
Wollen wir	nächstes Jahr	nach London/Marokko …	reisen?
Wollt ihr	im Januar/Februar/März/…	ans Meer	fahren?
Wollen Sie	im Frühjahr/Sommer/…	in die Berge	

4 a, e, i, o und u

Hören Sie. Achten Sie auf die Vokale. Sprechen Sie dann die Sätze nach.

Ella ist im Oktober im Urlaub. Anna fährt zur Ostsee. Otto isst viel Eis in Italien. Unterwegs beobachtet er die Natur. Ina und Ute machen immer Aktivurlaub in Österreich.

5 Smalltalk-Thema Urlaub

a) *Hast/Bist du schon mal …?* Fragen und antworten Sie wie im Beispiel.

Hast du im Urlaub schon mal gezeltet?   *Ja, ich habe schon mal/zweimal/oft gezeltet.*   *Nein, ich habe noch nie gezeltet.*

b) Wer hat was gemacht? Sprechen Sie über den Urlaub wie im Beispiel.

… hat schon mal im Urlaub gezeltet.

Das ist interessant. Wo warst du?

Wie war das Wetter?

Was hast du dort (noch) gemacht?

War der Urlaub teuer?

…?

Ich war in der Schweiz.

Es war sonnig, aber nicht zu heiß.

Ich bin viel gewandert.

…

Vor dem Urlaub

1 Julia und Carsten planen ihren Urlaub

a) Wer will was im Urlaub machen? Hören Sie den Dialog und ergänzen Sie.

Julia will ...	Carsten will ...	Beide wollen ...
		nicht zu Hause bleiben, ...

b) Hören Sie noch einmal und kontrollieren Sie Ihre Ergebnisse.

c) Wohin können Julia und Carsten zusammen reisen? Machen Sie Vorschläge wie im Beispiel.

> Sie können an den Thunersee fahren. Julia kann dort ... und Carsten kann ...

Urlaub am Thunersee in der Schweiz (2020)

2 Koffer packen

a) Endlich! Heute geht es los! Wohin reisen Julia und Carsten? Hören Sie und kreuzen Sie an.

1 ◯ Sie fliegen in die USA.
2 ◯ Sie fahren nach Italien, an den Gardasee.
3 ◯ Sie machen eine Radtour an den Rhein.
4 ◯ Sie fliegen nach Spanien.

b) Julia packt ihren Koffer. Was packt sie ein? Hören Sie noch einmal und kreuzen Sie in der Checkliste an.

- ✗ Kleid
- ◯ Schwimmbrille
- ◯ T-Shirts
- ◯ Sonnenbrille
- ◯ Tickets
- ◯ E-Reader
- ◯ Schuhe
- ◯ Hosen
- ◯ Reiseführer
- ◯ Mantel
- ◯ Notizbuch
- ◯ Kopfhörer

3 Hast du den E-Reader gesehen?

a) Fragen und antworten Sie schnell.

Hast du den E-Reader gesehen?	Ich glaube, ich habe ihn gesehen. Nein, ich habe ihn nicht gesehen.
Ich suche das Notizbuch.	Ich habe es gefunden. Ich kann es auch nicht finden.
Ich kann die Sonnenbrille nicht finden.	Gestern hattest du sie doch noch. Ich habe sie auch nicht gesehen.
Wer hat die Tickets eingepackt?	Hast du sie nicht eingepackt? Keine Ahnung. Ich habe sie nicht.

b) Variieren Sie.

4 Was nehmen Sie immer in den Urlaub mit?

Machen Sie eine Liste und berichten Sie. **ODER** Fotografieren Sie drei Gegenstände und beschreiben Sie wie auf S. 215.

AB IN DEN URLAUB! 16

1 Kommunikation im Urlaub

a) Ordnen Sie den Situationen passende Aussagen zu.

A B C D E

F

1 ◯ Ich möchte ein Erinnerungsfoto. Fotografierst du mich?

2 (F) Hier bist du. Ich habe dich überall gesucht!

3 ◯ Wir müssen schneller laufen. Der Bus fährt gleich ohne uns ab!

b) Was sagen die Personen? Ergänzen Sie die Personalpronomen. Ordnen Sie dann passende Bilder aus a) zu.

4 ◯ Entschuldigung, ich verstehe _____ nicht. Sprichst du Englisch?

5 ◯ Ja, hier ist es sehr laut. Ich bin im Restaurant. Hörst du _____ jetzt besser?

6 ◯ Guten Tag! Bringen Sie _____ bitte zum Flughafen. Wir müssen zum Terminal 2.

2 Eine Postkarte schreiben

a) Lesen Sie die Karte und ordnen Sie die Zahlen zu.

◯ Anrede
◯ Aktivität(en)
◯ Gruß
◯ Wetter
◯ Ort

die Hausnummer

> Liebe Gülay **1** ,
> ich bin in Berlin **2** ! Die Stadt ist toll! Gestern habe ich eine Tour mit dem Fahrrad gemacht **3** . Wir waren auch am Alexanderplatz. Das Wetter ist sehr schön **4** .
>
> Viele Grüße **5**
> Rajeev
>
> Gülay Tan
> Seeweg (39)
> 78462 Konstanz
>
> Briefmarke hier

b) Was kennen Sie noch? Ergänzen Sie wie im Beispiel.

 c) Wählen Sie ein Urlaubsziel aus. Schreiben Sie einem Partner / einer Partnerin aus dem Kurs eine Postkarte wie in a).

3 Das war's ...

Wie sagt man „*Bis zum nächsten Mal! Auf Wiedersehen!*" in ...?
Sammeln Sie Abschiedsformeln in verschiedenen Sprachen.

> Bei uns / In Irland / Auf Englisch sagt man „See you next time! Goodbye!"

ÜBUNGEN

1 Ab in die Ferien!

a) Ordnen Sie den Fotos passende Titel zu.

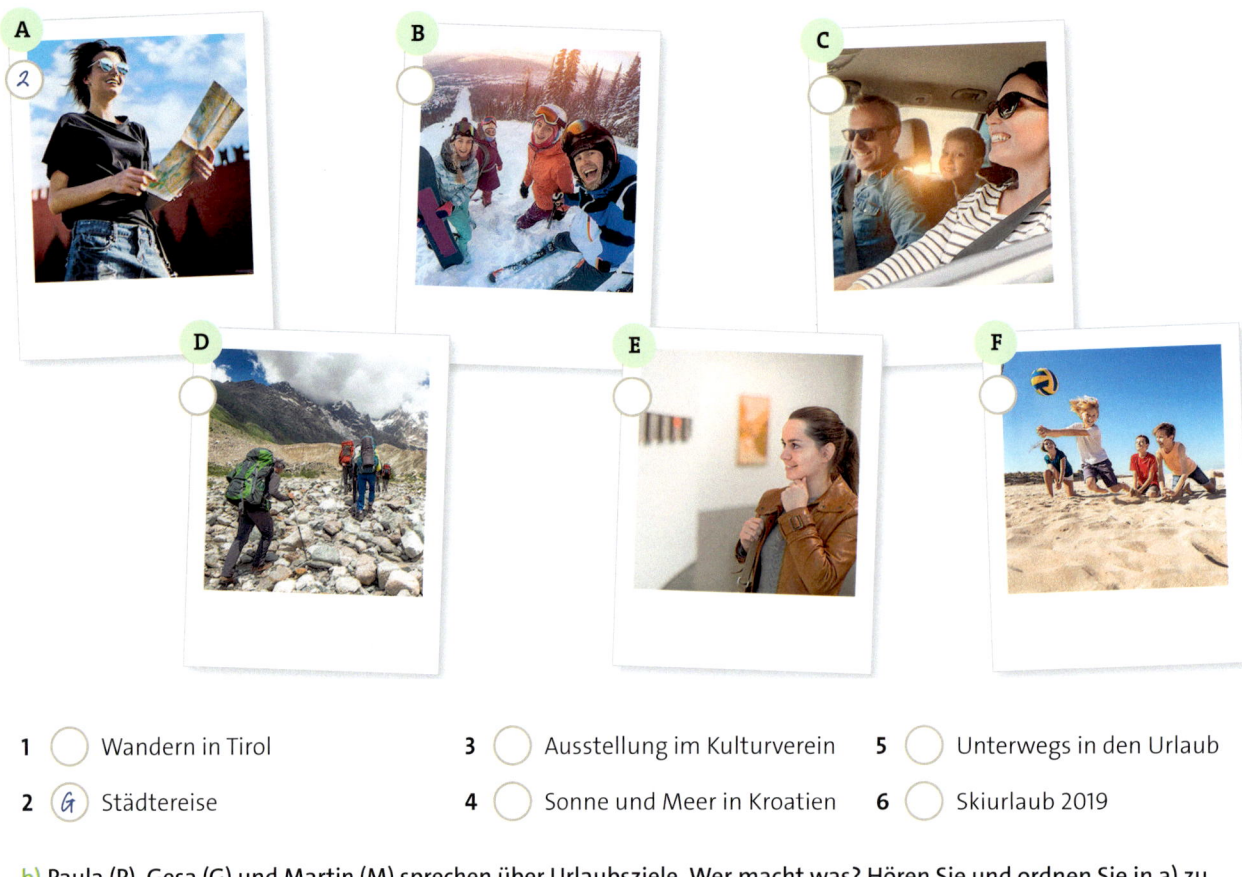

| 1 ◯ Wandern in Tirol | 3 ◯ Ausstellung im Kulturverein | 5 ◯ Unterwegs in den Urlaub |
| 2 (G) Städtereise | 4 ◯ Sonne und Meer in Kroatien | 6 ◯ Skiurlaub 2019 |

🔊 4.27 b) Paula (P), Gesa (G) und Martin (M) sprechen über Urlaubsziele. Wer macht was? Hören Sie und ordnen Sie in a) zu.

c) Hören Sie noch einmal. Über welche Urlaubsaktivitäten sprechen Paula, Gesa und Martin? Kreuzen Sie an.

◯ an den Strand gehen   ◯ eine Wanderung machen   ◯ zelten
◯ Ski fahren   ◯ in die Sauna gehen   ◯ Sehenswürdigkeiten besichtigen
◯ eine Ausstellung besuchen   ◯ die Natur genießen   ◯ Volleyball spielen

2 Koffer packen. Lesen Sie, wählen Sie eine Situation aus und machen Sie eine Liste.

1 Campingurlaub
Sie mögen Sonne und Campingurlaub. Sie fahren mit dem Auto. Was nehmen Sie mit?

2 Radtour
Sie haben fünf Tage Urlaub und machen eine Radtour an der Nordsee. Was packen Sie ein?

3 Aktivurlaub
Sie fliegen eine Woche nach Finnland. Was nehmen Sie mit?

Campingurlaub:
– Zelt
– ...

AB IN DEN URLAUB! 16

3 Reiseziele

a) Lesen Sie und ordnen Sie die Reiseziele zu.

		Reiseziele	Wohin?
1 ◯	Susanne möchte eine Städtereise machen.	a das Meer	ans Meer
2 ◯	Hanna macht eine Radtour.	b die Berge	
3 ◯	Angélique besucht ihre Eltern in Lyon.	c London und Barcelona	
4 ◯	Robert und Eva klettern gern.	d der Bodensee	
5 (a)	Anne und Christoph lieben den Strand.	e Frankreich	

b) Wohin? Ergänzen Sie in a). Die Tabelle auf S. 216 hilft.

c) Wohin fahren die Personen? Berichten Sie wie im Beispiel.

Susanne fährt nach London und Barcelona. Hanna …

4 Das Reisetagebuch von Theresa. Lesen Sie die Notizen von Theresa und schreiben Sie einen Reisebericht.

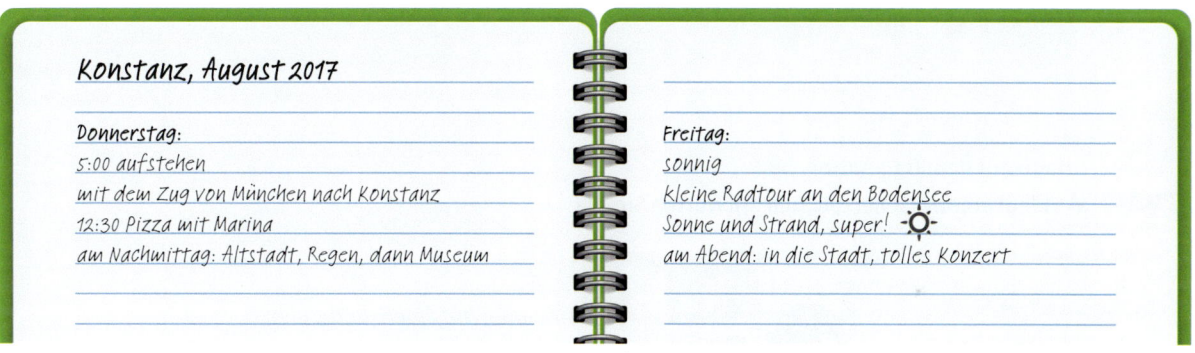

Konstanz, August 2017

Donnerstag:
5:00 aufstehen
mit dem Zug von München nach Konstanz
12:30 Pizza mit Marina
am Nachmittag: Altstadt, Regen, dann Museum

Freitag:
sonnig
kleine Radtour an den Bodensee
Sonne und Strand, super! ☼
am Abend: in die Stadt, tolles Konzert

Theresa ist im August 2017 nach Konstanz gefahren. Am Donnerstag …

5 Urlaubspläne. Schreiben Sie Fragen und Antworten wie im Beispiel.

1 💬 Willst du im Juli nach Spanien fahren?
  💬 Nein, *das ist zu heiß. Ich will nach Dänemark fahren.* (heiß/Dänemark)

2 💬 Wollt ihr in Málaga im Hotel übernachten?
  💬 Nein, _____ (teuer/Zelt)

3 💬 Wir wollen im August mit dem Auto nach Istanbul fahren. Und was macht ihr?
  💬 _____ (mit dem Fahrrad / Paris)

4 💬 _____ (ihr / im Urlaub / Ostsee)
  💬 Ja. Wir finden es dort sehr schön und es ist für die Kinder nicht zu weit.

5 💬 _____ (dein Freund / nächste Woche / Berlin)
  💬 Ja, er fährt mit dem Auto. Willst du mitfahren?

6 💬 _____ (deine Eltern / Sommerferien / Italien / fahren)
  💬 Nein, sie wollen dieses Jahr zu Hause bleiben.

zweihunderteinundzwanzig 221

ÜBUNGEN

6 Monate und Jahreszeiten in Europa

a) Ordnen Sie die Monatsnamen und Jahreszeiten den Bildern zu.

(4) Winter • ( ) November • ( ) August • ( ) Mai • ( ) Sommer • ( ) Januar • ( ) Juni • ( ) September • ( ) Frühling • ( ) Februar • ( ) April • ( ) Herbst • ( ) März • ( ) Juli • ( ) Oktober • ( ) Dezember

b) Mein Jahr. Was haben Sie im Frühling gemacht? Wo waren Sie im August? Schreiben Sie einen Ich-Text.

Mein Jahr war (nicht) sehr schön. Von … bis … habe ich den Deutschkurs …

7 Urlaub auf dem Bauernhof

a) Videokaraoke. Sehen Sie und antworten Sie.

Wir waren auf einem Bauernhof.

b) Was ist richtig? Sehen Sie das Video noch einmal und kreuzen Sie an.

1 Wer hat das Reiseziel gewählt?
 ( ) Tina
 ( ) Tina und Sebastian
 ( ) die Kinder

2 Wie war das Wetter?
 ( ) bewölkt und kühl
 ( ) warm und sonnig
 ( ) zu heiß

3 Wo waren Tina und die Kinder?
 ( ) in Deutschland
 ( ) in Österreich
 ( ) in der Schweiz

4 Wie war das Essen?
 ( ) nicht so gut
 ( ) zu teuer
 ( ) super lecker

5 Was haben die Kinder gemacht?
 ( ) Pferde und Kühe füttern
 ( ) Brot backen
 ( ) ein Museum besuchen

AB IN DEN URLAUB!

16

c) Welche Fotos hat Tina gemacht? Sehen Sie das Video noch einmal und kreuzen Sie an.

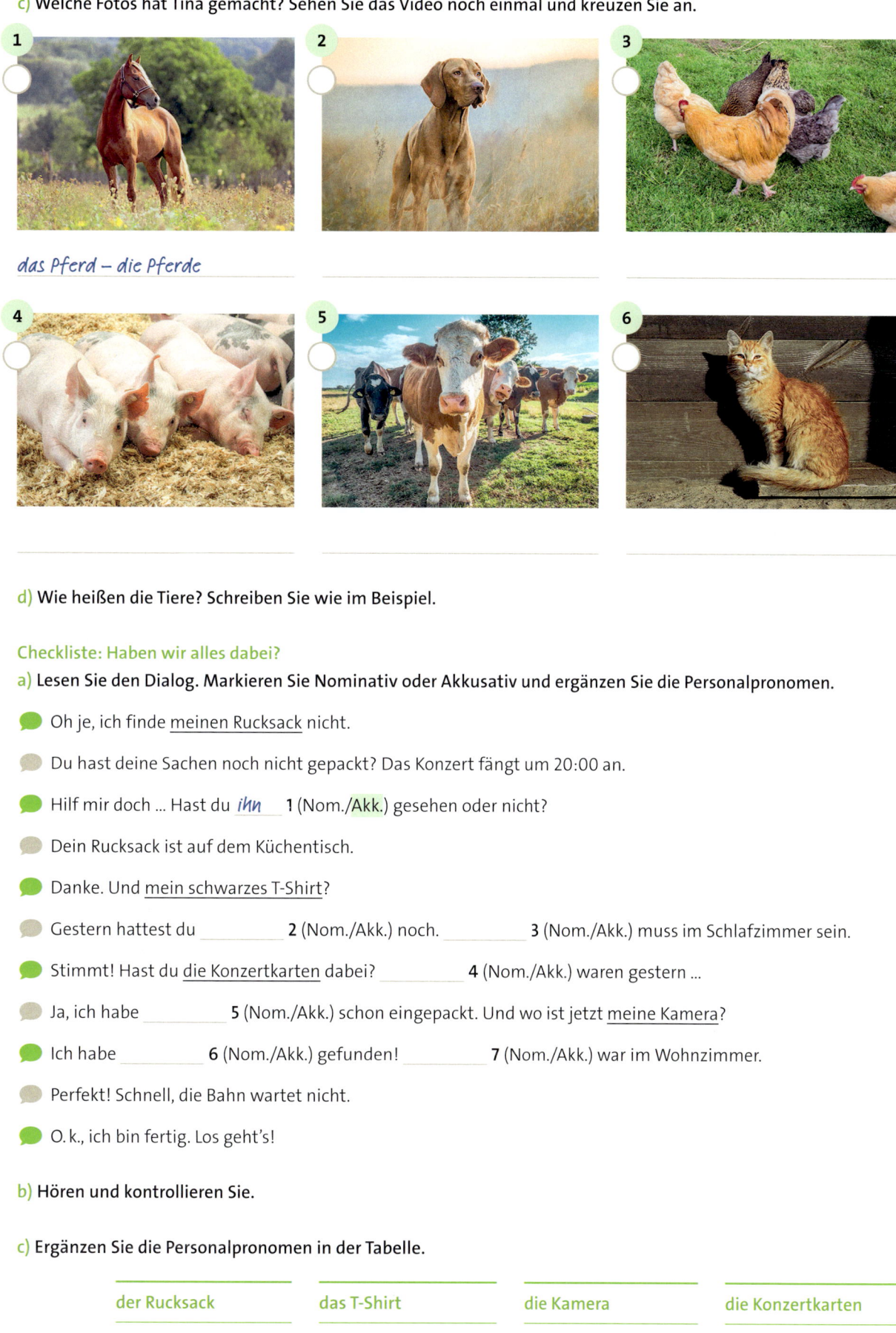

1 _das Pferd – die Pferde_

d) Wie heißen die Tiere? Schreiben Sie wie im Beispiel.

8 Checkliste: Haben wir alles dabei?

a) Lesen Sie den Dialog. Markieren Sie Nominativ oder Akkusativ und ergänzen Sie die Personalpronomen.

- Oh je, ich finde <u>meinen Rucksack</u> nicht.
- Du hast deine Sachen noch nicht gepackt? Das Konzert fängt um 20:00 an.
- Hilf mir doch ... Hast du _ihn_ 1 (Nom./**Akk.**) gesehen oder nicht?
- Dein Rucksack ist auf dem Küchentisch.
- Danke. Und <u>mein schwarzes T-Shirt</u>?
- Gestern hattest du _____ 2 (Nom./Akk.) noch. _____ 3 (Nom./Akk.) muss im Schlafzimmer sein.
- Stimmt! Hast du <u>die Konzertkarten</u> dabei? _____ 4 (Nom./Akk.) waren gestern ...
- Ja, ich habe _____ 5 (Nom./Akk.) schon eingepackt. Und wo ist jetzt <u>meine Kamera</u>?
- Ich habe _____ 6 (Nom./Akk.) gefunden! _____ 7 (Nom./Akk.) war im Wohnzimmer.
- Perfekt! Schnell, die Bahn wartet nicht.
- O. k., ich bin fertig. Los geht's!

b) Hören und kontrollieren Sie.
4.28

c) Ergänzen Sie die Personalpronomen in der Tabelle.

	der Rucksack	das T-Shirt	die Kamera	die Konzertkarten
Nominativ				_sie_
Akkusativ	_ihn_			

ÜBUNGEN

9 Unterwegs

a) Ergänzen Sie die Personalpronomen im Akkusativ.

1 Entschuldigung, können Sie _____ (wir) fotografieren?

2 Ich verstehe _____ (Sie) nicht. Sprechen Sie Deutsch?

3 💬 Wo seid ihr gerade? Ich höre _____ (ihr) sehr schlecht.

💬 Wir rufen _____ (du) lieber später an.

4 Wann kommen deine Eltern am Bahnhof an? Ich kann _____ (sie) dort abholen.

5 Es ist so warm! Dieses Wetter macht _____ (ich) müde.

b) Ordnen Sie den Fotos passende Sätze aus a) zu.

a

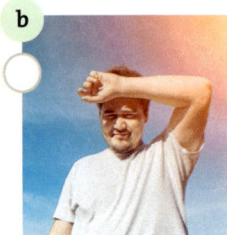
b

c

d

e

10 **Urlaubsgrüße.** Sie machen Urlaub auf dem Bauernhof und lernen dort eine nette Familie kennen. Sehen Sie die Fotos an und schreiben Sie eine Postkarte an einen Freund/eine Freundin. Die Fragen helfen.

– Wo sind Sie?
– Wie ist das Wetter?
– Wie ist das Essen?
– Was machen Sie / die anderen Gäste gern / lieber / am liebsten?

AB IN DEN URLAUB!

Fit für A2?

1 Mit Sprache handeln

über Urlaubsaktivitäten sprechen

Wie war dein Urlaub?
Super! Das Wetter war toll, wir hatten viel Schnee und Sonne.

Wo wart ihr im Urlaub?
Wir waren wieder in Kroatien. Es war toll!

Und was habt ihr in Kroatien gemacht?
Wir sind jeden Tag an den Strand gegangen und haben viel Volleyball gespielt.

Hast du im Urlaub schon mal gezeltet?
Ja, ich habe schon mal/zweimal/oft gezeltet.

über Reiseziele sprechen

Wohin geht deine nächste Reise?
Ich möchte im Sommer gern in die USA / in die Türkei fliegen.
Wir wollen nächste Woche in die Berge / ans Meer / an den Gardasee fahren.

einen Urlaub planen

Ich möchte schwimmen, viel schlafen und lesen.
Ich möchte wandern, klettern und gut essen gehen.

eine Postkarte schreiben

Die Stadt ist toll! Gestern habe ich eine Tour mit dem Fahrrad gemacht. Das Wetter ist sehr schön.

2 Wörter, Wendungen und Strukturen

Präpositionen mit Akkusativ

an den Bodensee / ans Meer / an die Nordsee
in die Schweiz / in die Berge / in den Wald

Personalpronomen im Akkusativ

Hast du den E-Reader gesehen?
Nein, ich habe ihn nicht gesehen.

Ich suche das Notizbuch.
Ich habe es gefunden.

Ich kann die Sonnenbrille nicht finden.
Gestern hattest du sie doch noch.

Wer hat die Tickets eingepackt?
Keine Ahnung. Ich habe sie nicht.

Ich möchte ein Erinnerungsfoto. Fotografierst du mich?
Hier bist du. Ich habe dich überall gesucht!
Wir müssen schneller laufen. Der Bus fährt gleich ohne uns ab!

Modalverb wollen

Wohin willst du fahren?
Ich will nach Köln fahren.

Wollt ihr eine Radtour machen?
Ja, wir wollen eine Radtour an die Ostsee machen.

3 Aussprache

a, e, i, o und *u*: Ella ist im Oktober im Urlaub. Otto isst viel Eis in Italien. Unterwegs beobachtet er die Natur. Ina und Ute machen immer Aktivurlaub in Österreich.

 Interaktive Übungen

1 Das steht dir gut!

a) Kleidung für den Winter. Sehen Sie die Angebote an und kommentieren Sie.

Schau mal, der Pullover ist schön und auch nicht teuer. Er kostet nur 39 Euro.

b) Was kaufen Nico und Selma? Sehen Sie das Video und berichten Sie.

Die Jacke steht dir gut!

Sie kaufen …

c) Kleidung auswählen, anprobieren und kommentieren. Wählen Sie eine Situation und schreiben Sie einen Dialog. Spielen Sie Ihren Dialog im Kurs vor.

d) *Eigentlich wollte ich gar nichts kaufen!* Kennen Sie das auch? Berichten Sie.

Ja, das kenne ich. Ich habe einmal im Sommer eine Skihose gekauft. Sie hat mir gut gefallen und war sehr günstig.

2 Das Fußballtraining

a) Acht Freunde wollen trainieren. Was brauchen sie? Sammeln Sie.

der ___

das Fußballtraining

der Ball

Sie brauchen einen Fußball- platz und Bälle.

b) Nico hat keine Fußballschuhe. Wie kann er das Problem lösen? Sammeln Sie Ideen.

c) Wie hat Nico sein Problem gelöst? Sehen Sie das Video und berichten Sie.

d) Zwei Wetterberichte. Welcher passt zum Video? Hören Sie und berichten Sie.

e) *Ab morgen …!* Was möchten Sie anders machen? Schreiben Sie wie im Beispiel. Sammeln Sie die Sätze und lesen Sie vor. Wer hat das geschrieben? Raten Sie.

Ab morgen esse ich weniger Süßigkeiten!

Ich glaube, Samira hat das geschrieben.

f) *Kartoffelsalat macht auch gar nicht dick!* Sehen Sie das Video noch einmal. Was meint Tarek? Kreuzen Sie an.

1 ◯ Kartoffelsalat ist auch gesund.

2 ◯ Kartoffelsalat macht auch dick.

g) *Sagen* und *meinen*. Lesen Sie die Mini- dialoge wie im Video. Was meint der Sprecher / die Sprecherin? Diskutieren Sie.

PLATEAU 4

3 Du musst dich ausruhen!

a) Welche Verletzungen sind beim Fußball typisch? Sammeln Sie.

> Es gibt oft Verletzungen an der Schulter.

> Ich spiele auch Fußball. Einmal hatte ich eine Verletzung an der/am...

b) *Zuerst, dann, danach.* Was ist nach Nicos Unfall passiert? Sehen Sie das Video. Wählen Sie drei Aussagen aus und vergleichen Sie im Kurs.

> Ich glaube, zuerst war... / hat... / ist... Dann...

> Das kann (nicht) sein. Ich meine, das war so: Zuerst...

c) Lisa fragt die Ärztin. Lesen Sie den Dialog und schreiben Sie die Fragen. Vergleichen Sie im Kurs.

1 _____   3 _____
2 _____   4 _____

d) Nico muss zu Hause bleiben. Er findet das langweilig. Was kann Nico machen? Geben Sie Tipps wie im Beispiel.

> Lern Vokabeln!

> Richtig, lern Vokabeln oder hör Musik!

> Richtig, lern Vokabeln, hör Musik oder ...

e) Selma schickt Nico eine Nachricht. Schreiben Sie den Dialog weiter und vergleichen Sie.

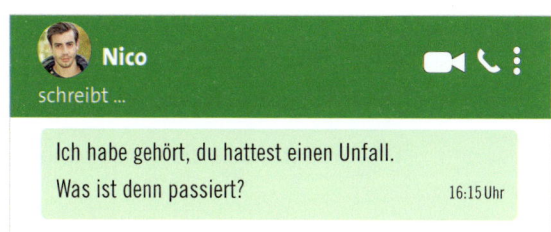

Nico schreibt ...
Ich habe gehört, du hattest einen Unfall. Was ist denn passiert?   16:15 Uhr

4 Was machst du hier?

a) Sie sind im Urlaub. Ihr Freund / Ihre Freundin hat die Schlüssel für Ihre Wohnung. Was soll er/sie machen? Sammeln Sie im Kurs. Die Bilder helfen.

> Sie soll die Blumen gießen.

> Er soll ...

b) Nico und Tarek sind im Fahrradladen. Was machen sie dort? Sehen Sie das Video und berichten Sie.

c) Fahrräder, Kunden, Rechnungen. Was muss man im Fahrradladen machen? Sammeln Sie.

> Man muss freundlich sein. Das finden die Kunden wichtig.

> Man muss Rechnungen ...

d) Wer ist Yara und wie geht die Geschichte weiter? Erzählen Sie im Kurs.

Die Serie „Nicos Weg" in voller Länge mit interaktiven Übungen und zahlreichen weiteren Materialien gibt es kostenlos bei der Deutschen Welle: dw.com/nico

1 Yoga für Anfänger – komm mach mit!

a) Der Hund , der Baum , die Kobra . Welches Foto passt?

1    2    3

der ...

4.30
b) Hören Sie die Anleitung. Wie heißt die Übung?

c) Ordnen Sie die Sätze.

◯ Die Arme und das Bein nach unten nehmen und die Übung mit dem anderen Bein wiederholen.

◯ Die Arme zur Seite ausstrecken, den linken Fuß anheben, das Knie nach links drehen und den Fuß an das rechte Bein legen.

◯ Die Füße schließen, gerade stehen, tief ein- und ausatmen.

◯ Die Arme strecken, die Hände schließen und alles 15 Sekunden halten.

d) Machen Sie die Yoga-Übung.

2 Konzentration, bitte! *Das ist mein Knie ...* Spielen Sie wie im Beispiel.

Das ist sein Arm.

PLATEAU **4**

3 Erfahrungen im Urlaub

a) Was wollen Sie auf jeden/keinen Fall ausprobieren? Was probieren Sie lieber? Sprechen Sie schnell.

Ich	will	auf jeden Fall	Slacken/einen Color Run/Barre ausprobieren/Yoga machen.
Wir	wollen	auf keinen Fall	Fußball/Basketball spielen.
		lieber	einen Sportkurs besuchen.
			mehr/weniger Sport machen.
			Schritte mit einer App zählen.
			das Handy ausschalten.
			in der Sonne/am Strand liegen.
			einen Marathon laufen.
			mehr Gemüse und weniger Fleisch essen.

Wollt ihr ... ausprobieren?

Willst du auch ...?

b) Willst du auch ...? Fragen Sie und finden Sie einen Urlaubspartner / eine Urlaubspartnerin.

4 Der Kaffee ist schwarz wie die Nacht!

a) Lesen Sie die Wendungen und ordnen Sie die Bilder zu.

1 weiß wie der Schnee
2 schwarz wie die Nacht
3 rot wie die Liebe
4 grün wie das Gras
5 rosarot sehen
6 schwarz sehen
7 grün vor Neid
8 rot vor Wut
9 blau sein

b) Wie sagt man das bei Ihnen?

5 „Grün, grün, grün sind alle meine Kleider" – ein Volkslied

a) Berufe haben oft typische Farben. Welche kennen Sie? Ordnen Sie zu.

1	2	3	4	5

der Jäger	die Reiterin	der Schornsteinfeger	der Müller	die Malerin
a 	b 	c 	d 	e 

b) Hören Sie das Lied und kontrollieren Sie.

c) Neue Berufe, neue Farben. Schreiben Sie 1–2 Strophen und singen Sie.

zweihundertneunundzwanzig **229**

DAS SCHWERSTE WORT

1 Wie heißt Ihr schwerstes Wort?

a) Sammeln Sie.

Mein schwerstes Wort heißt … / … ist schwer.

b) Warum ist das Wort schwer?

Ich sage es nicht gern.   *Es ist so anders.*   *Es ist zu lang.*   *Ich kann es nicht aussprechen.*   *Ich vergesse es immer.*

2 Namen und Orte. Hören Sie die Namen und sprechen Sie nach. 4.32

1 Popocatépetl   2 Ouagadougou   3 Chichicastenango

3 a) Lesen Sie das Zitat und verbinden Sie.

> Das schwerste Wort heißt nicht Popocatépetl wie der Berg in Mexiko und nicht Chichicastenango wie der Ort in Guatemala und nicht Ouagadougou wie die Stadt in Afrika. Das schwerste Wort heißt für viele:
> **„Danke".**
> Josef Reding

Wort	Was?	Wo?
1 Popocatépetl	eine Stadt	in Afrika
2 Ouagadougou	ein Berg	in Mexiko
3 Chichicastenango	ein Ort	in Guatemala

b) In welchem Land liegt Ouagadougou? Recherchieren Sie im Internet.

c) Josef Reding sagt, das schwerste Wort heißt für viele *danke*. Was meinen Sie?

PLATEAU 4

4 Welches Wort ist für Sie das schwerste auf Deutsch?
Schreiben Sie das Wort und Ihren Namen auf eine Karte.
Tauschen Sie dann die Karten. Die anderen lesen vor.

Mila findet, Schreibtisch ist das schwerste Wort. Es beginnt und endet mit sch.

der Schreibtisch

Das Wort beginnt und endet mit sch.

5 *Danke* in den Sprachen der Welt

a) Welche Sprachen spricht man in den Ländern im Zitat in 3 a)? Wie heißt *danke* in den Sprachen?
Recherchieren Sie im Internet und ergänzen Sie die Weltkarte.

b) Wie heißt *danke* in Ihrer Sprache?

6 *Danke* in Ihrem Alltag. Wann haben Sie das letzte Mal *danke* gesagt? In welcher Situation?
Sprechen Sie mit Ihrem Partner / Ihrer Partnerin.

Das war heute in der Bäckerei.

Und wann hast du das letzte Mal danke gesagt?

Ich habe gestern danke gesagt.

★ Das kann ich mit dem Zitat machen

- das Zitat mit neuen Orten und neuen Ländern variieren
- in Ihrer Sprache diskutieren: Ist *danke* ein schweres Wort?
- andere schwere Wörter wie *danke* sammeln

MODELLTEST

Hören (ca. 20 Minuten)

Der Test hat drei Teile. Sie hören kurze Gespräche und Ansagen. Lesen Sie zuerst die Aufgaben, hören Sie dann die Texte und kreuzen Sie die richtige Antwort auf dem Antwortbogen an.

Teil I. Was ist richtig: a), b) oder c)? Sie hören jeden Text **zweimal**.

4.33

Beispiel:

0. Wo wohnt Frau Kirsch?

a) ○ im Erdgeschoss b) (X) in der ersten Etage c) ○ in der zweiten Etage

4.34

1. Wie wird das Wetter heute?

a) ○ warm und sonnig b) ○ kühl und windig c) ○ bewölkt und warm

2. Wo ist das Büro von Frau Henne?

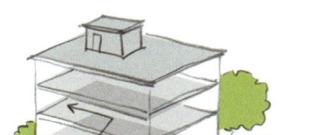 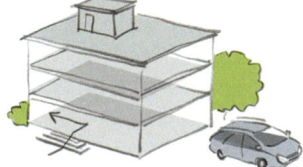 

a) ○ im ersten Stock links b) ○ gleich links c) ○ rechts und dann links

3. Was kostet die Jeans?

a) ○ 30 Euro b) ○ 98,90 Euro c) ○ 89,90 Euro

4. Wie viele Zimmer hat die Wohnung?

a) ○ fünf Zimmer b) ○ vier Zimmer c) ○ ein Zimmer

5. Von wann bis wann ist der Schwimmkurs?

a) ○ 17:45–18:30 b) ○ 18:45–19:45 c) ○ 17:45–18:45

6. Was bestellt der Gast?

a) ○ einen Salat mit Pilzen und eine kleine Apfelschorle
b) ○ Nudeln mit Pilzen und eine kleine Apfelschorle
c) ○ Nudeln mit Pilzen und eine kleine Weinschorle

Teil II. Kreuzen Sie an: richtig oder falsch? Sie hören jeden Text nur **einmal**.

	richtig	falsch
Beispiel: Der ICE nach Hamburg verpätet sich heute um sieben Minuten.	○	✗
7. Ein Zugteil fährt nach Bonn.	○	○
8. Die Mutter von Marie soll ihre Tochter abholen.	○	○
9. Die Bahn fährt heute bis zum Haupbahnhof.	○	○
10. Heute gibt es keinen Flug nach Düsseldorf.	○	○

Teil III. Was ist richtig: a, b oder c? Sie hören jeden Text **zweimal**.

Beispiel:

0 Wann treffen sich die Leute?
a) ○ um 7 Uhr
b) ✗ um 17 Uhr
c) ○ um um 9:17 Uhr

11. Was soll Anna mitnehmen?
a) ○ ein Zelt
b) ○ eine Schlafmütze
c) ○ einen Schlafsack

12. Wie ist die Nummer?
a) ○ 89222
b) ○ 89323
c) ○ 89333

13. Wann kommt Tom?
a) ○ in einer Stunde
b) ○ in 15 Minuten
c) ○ in 30 Minuten

14. Was bestellt Kira?
a) ○ Tee
b) ○ Wasser
c) ○ Eistee

15. Wann ist der neue Termin?
a) ○ am Dienstag
b) ○ am Donnerstag
c) ○ am Freitag

Lesen (ca. 25 Minuten)

Der Test hat drei Teile. Sie lesen kurze Briefe, Anzeigen, Mitteilungen usw. Zu jedem Text gibt es Aufgaben. Kreuzen Sie die richtige Lösung auf dem Antwortbogen an.

Teil I. Lesen Sie die E-Mails und die Aufgaben 1 bis 5. Sind die Aussagen richtig oder falsch? Kreuzen Sie an.

Neue Nachricht
An:
Betreff: **Treffen**

Hallo Tom,
danke für deine Nachricht! Wir können uns im Café „Lola" in der Kölner Straße treffen. Ich arbeite bis 16:30 Uhr und komme gleich nach der Arbeit. Kannst du diesen Donnerstag?
Liebe Grüße
Kira

	richtig	falsch
Beispiel:		
0 Kira kann sich gegen Mittag mit Tom treffen.	○	✗
1. Kira arbeitet bis halb fünf.	○	○
2. Kira möchte Tom abholen.	○	○

MODELLTEST

> Hallo Ina,
> morgen kochen wir zusammen! Bring bitte Pilze und Butter mit! Alles andere habe ich da und den Wein kaufe ich heute schon.
> Ich warte zu Hause auf dich.
> Bis dann!
> Elisabeth

3. Ina kocht heute mit Elisabeth. ◯ ◯
4. Elisabeth möchte noch etwas kaufen. ◯ ◯
5. Ina und Elisabeth kaufen gemeinsam ein. ◯ ◯

Teil II. Lesen Sie die Texte und die Aufgaben 6 bis 10. Wo finden Sie Informationen? Kreuzen Sie an: a) oder b).

Beispiel:

0 Sie möchten Konzertkarten online kaufen.

www.kartenonline.example.com
Viele Landkarten oder Stadtpläne. Ideal zum Drucken und Mitnehmen!

www.eventonline.example.net
Karten kaufen für • Kino • Festival • Konzert • Events aller Arten Online bezahlen, ausdrucken oder als QR-Code mitnehmen! Schnell und zuverlässig!

a ◯ www.kartenonline.example.com

b (X) www.eventonline.example.net

6. Sie möchten online eine Führung in Berlin buchen.

www.berlinheute.example.edu
Berlin live erleben: zu Fuß, mit der Bahn, im Bus oder luxuriös in einem schicken Auto. Rufen Sie uns an unter +49 3068831748 oder buchen Sie online.

www.berlininteraktiv.example.org
Berlin zu Hause kennenlernen. Bereiten Sie Ihre Reise online vor. Wir haben viele Angebote in acht Sprachen.

a ◯ www.berlinheute.example.edu

b ◯ www.berlininteraktiv.example.org

7. Sie suchen ein WG-Zimmer.

www.gesucht.example.net
Neu in der Stadt? Wir suchen Studierende für einen Nebenjob. Gut bezahlt und flexibel. Melde dich!

www.mitbewohner.example.com
Bist du jung und kommunikativ? Suchst du einen Platz zum Wohnen? Wir suchen dich! Komm vorbei und schau dir alles an!

a ◯ www.gesucht.example.net

b ◯ www.mitbewohner.example.com

8. Sie wollen besser Deutsch sprechen und suchen einen Lernpartner / eine Lernpartnerin.

www.deutschlernen.example.edu

- Gruppenkurse
- Konversationskurse
- Grammatiktraining
- Wissenschaftliches Schreiben
- Prüfungsvorbereitung

a ◯ www.deutschlernen.example.edu

@michelle_in_berlin

Hallo! Ich wohne in Berlin und suche neue Kontakte. Ich zeige dir Berlin, und wir sprechen viel Deutsch, ok? Melde dich schnell!

b ◯ @michelle_in_berlin

9. Sie suchen eine Online-Bibliothek.

www.lesunginternational.example.com

Wir veranstalten Lesungen in verschiedenen Sprachen. Hier geht es zu unserem **Veranstaltungsplan**.

a ◯ www.lesunginternational.example.com

www.lese-app.example.org

Zu viele Bücher und kein Platz mehr im Regal? Mit der Lese-App lesen Sie Bücher online. Egal wo, egal wann. Das Jahresabonnement kostet nur 19,90 Euro.

b ◯ www.lese-app.example.org

10. Sie suchen einen Online-Supermarkt mit Lieferservice.

www.rowi.example.edu

Online bestellen – zu Hause genießen. Wir liefern Ihren Einkauf direkt nach Hause. Ohne Aufpreis! Egal, ob Lebens-, Putz- oder Waschmittel, Getränke oder Hygieneartikel. Einfach alles!

a ◯ www.rowi.example.edu

www.lieferhero.example.net

Ihr Restaurant liefert nicht? Wir machen das! Bestellen Sie online oder telefonisch unter +49 211 87547827.

b ◯ www.lieferhero.example.net

Teil III. Lesen Sie die Texte 11 bis 15. Sind die Aussagen richtig oder falsch?

Beispiel:

0 In der Messehalle: *Waffeln sind ausverkauft. Der nächste Waffelstand befindet sich in Halle 3.*

Heute kann man keine Waffeln mehr kaufen.

◯ richtig   ☒ falsch

11. Am Kiosk: *Bin gleich zurück!*

Der Verkäufer kommt in wenigen Minuten.

◯ richtig   ◯ falsch

12. Am Kindergarten: *Heute ist Konzeptionstag. Der Kindergarten bleibt geschlossen.*

Der Kindergarten ist morgen geschlossen.

◯ richtig   ◯ falsch

MODELLTEST

13. An der Haltestelle:

> Achtung! Die Buslinie 7 hält vom 01.11. bis 30.11. in der Marktstraße.

Der Bus hält im November in der Marktstraße.

○ richtig ○ falsch

14. Im Internet:

> Die Seite wird aktualisiert. Wir sind bald wieder für Sie da.

Diese Interseite ist bald wieder online.

○ richtig ○ falsch

15. An der Post:

> Diese Postfiliale ist seit November 2019 geschlossen. Die Post am Markt ist bis zum 30. Mai geschlossen. Bitte nutzen die Filiale in der Paulusstraße.

Die Post in der Paulusstraße ist geöffnet.

○ richtig ○ falsch

Schreiben (ca. 20 Minuten)

In Teil I sollen Sie ein Formular ausfüllen, in Teil II einen kurzen Text schreiben. Sie dürfen keine Wörterbücher benutzen. Schreiben Sie Ihre Antworten auf den Antwortbogen.

Teil I. Der Sohn Ihrer Freundin, Anton, möchte am 6. Oktober 2022 am Color Run in Wien teilnehmen. Anton ist noch nicht 16 Jahre alt. Seine Mutter muss ihn begleiten. Sie heißt Mila Janosch. Anton ist am 16.05.2008 geboren. Seine E-Mail-Adresse lautet antonjanosch-dererste@example.com. Bitte helfen Sie Ihrer Freundin und füllen Sie die fehlenden Information in das Anmeldeformular.

Anmeldung Teilnehmer

Vorname:	Anton	0
Nachname:	Janosch	
E-Mail:		1
Geburtsdatum:		2
Begleitperson:		3
Startgruppe:	14:30–15:00	
Datum der Veranstaltung:		4
Ort der Veranstaltung:		5

[X] AGB   **Senden**

Teil II. Sie haben eine Reise gewonnen. Schreiben Sie an den Veranstalter:
- Warum schreiben Sie?
- Wann genau soll die Reise sein?
- Wer kann mitkommen?

Schreiben Sie zu jedem Punkt ein bis zwei Sätze (ca. 30 Wörter) auf den Antwortbogen. Vergessen Sie nicht die Anrede und den Gruß.

Sprechen (ca. 15 Minuten)

Dieser Test hat drei Teile. Bitte sprechen Sie in der Gruppe.

Teil I. Sich vorstellen.

Name? • Alter? • Land? • Beruf? • Sprachen? • Freizeit?

Teil II. Um Informationen bitten und Informationen geben

Freizeit	Freizeit	Wetter	Wetter
Sport	Smartphone	Winter	Sommer
Fernsehen	Wochenende	Kälte	Regen
Hobby	Freunde	Sonne	Hitze

Teil III. Bitten formulieren und darauf reagieren.

GRAMMATIK

Grammatik im Überblick

Einheiten 1–8

Grammatik in Sätzen

1 Der Satz
2 Die Satzfrage
3 W-Fragen
4 Die Satzklammer
5 Zeitangaben im Satz
6 Ortsangaben im Satz: *hier, dort/da*
7 *es* im Satz
8 Adjektive im Satz
9 Sätze verbinden
    9.1 *und, aber*
    9.2 Pronomen
    9.3 *das*
10 Verneinung im Satz

Grammatik in Wörtern

11 Nomen und Artikel
    11.1 Bestimmter Artikel im Nominativ: *der, das, die*
    11.2 Unbestimmter Artikel im Nominativ: *ein, eine*
    11.3 Negationsartikel: *kein, keine* im Nominativ
    11.4 Bestimmter, unbestimmter Artikel und Verneinung im Akkusativ
    11.5 Possessivartikel im Nominativ
12 Nomen im Plural
13 Präpositionen
    13.1 *am, um, bis, von ... bis, seit* + Zeit
    13.2 *mit, zu* + Dativ
    13.3 *an, in, auf, neben, unter, vor, hinter, über, zwischen* + Ort
14 Pronomen *man*
15 Wie oft? *immer, meistens, oft, manchmal, nie*
16 Verben
    16.1 Verben: Grundform
    16.2 Regelmäßige Verben: Verbstamm und Endungen
    16.3 Verben mit Vokalwechsel im Präsens
    16.4 Trennbare Verben
    16.5 Modalverb: *können*
    16.6 *sein* und *haben*

Einheiten 9–16

Grammatik in Sätzen

17 Die Satzklammer
18 *Zuerst, dann, danach, zum Schluss* im Satz
19 Zeitangaben im Satz
20 *es* im Satz

Grammatik in Wörtern

21 Komposita
22 Possessivartikel: Nominativ und Akkusativ
23 Fragewort *welch-*
    23.1 Fragewort *welch-* im Nominativ
    23.2 Fragewort *welch-* und Demonstrativartikel *dies-* im Akkusativ
24 Personalpronomen
25 Präpositionen: *in, an, nach, auf* + Akkusativ
26 Adjektive vor dem Nomen: unbestimmter Artikel im Akkusativ
27 Graduierung
28 Vergleiche: der Komparativ
29 Imperativ
30 Modalverben: *können, möchten, mögen, wollen, sollen, müssen*
31 Perfekt: regelmäßige und unregelmäßige Verben
    31.1 Perfekt mit *haben* und *sein*
    31.2 Das Partizip der regelmäßigen Verben
    31.3 Das Partizip der unregelmäßigen Verben

Einheiten 1–8
Grammatik in Sätzen

1 Der Satz ▶ E1, E2, E4

Position 2

Ich	komme	aus Leipzig.
Ich	heiße	Titima.
Zoe	lernt	Deutsch.
Der Sommerkurs	ist	in Leipzig.

2 Die Satzfrage ▶ E1, E4

Kommst	du	aus Leipzig?
Wohnen	Sie	auch in Basel?
Können	Sie	das wiederholen?
Ist	Auckland	in Neuseeland?
Hast	du	die Konzertkarten?

3 W-Fragen ▶ E1, E2, E4

Position 2

Wo	wohnst	du?	In Leipzig.
Woher	kommst	du?	Aus Spanien.
Was	bestellt	Matti?	Er bestellt Pizza.
Wer	ist	das?	Das ist Titima.
Wie	heißt	das auf Deutsch?	Keine Ahnung.
Welche Sprachen	sprechen	Sie?	Englisch und Deutsch.

4 Die Satzklammer ▶ E5, E6, E8 ▶ GR 16.4, 17

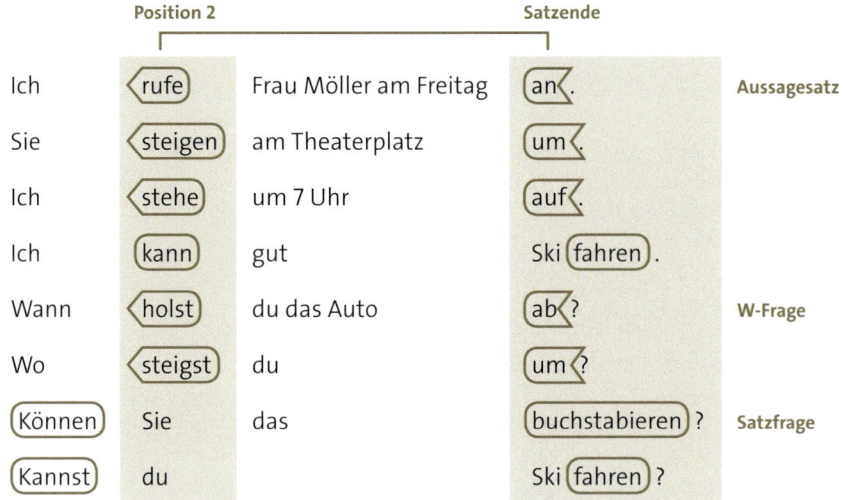

Position 2 — **Satzende**

Ich	rufe	Frau Möller am Freitag	an.	Aussagesatz
Sie	steigen	am Theaterplatz	um.	
Ich	stehe	um 7 Uhr	auf.	
Ich	kann	gut	Ski fahren.	
Wann	holst	du das Auto	ab?	W-Frage
Wo	steigst	du	um?	
Können	Sie	das	buchstabieren?	Satzfrage
Kannst	du		Ski fahren?	

GRAMMATIK

5 Zeitangaben im Satz ▶ E5, E8

Es	ist		halb neun.
Ich	stehe		um 8:30 Uhr auf.
Ich	habe	am Freitag	Fußballtraining.
Um 19 Uhr	habe	ich	Fußballtraining.
Ich	habe	am Freitag um 19 Uhr	Fußballtraining.
Morgen	habe	ich	einen Friseurtermin.
Heute	habe	ich	keine Zeit.
Gestern	hatte	ich	Geburtstag.

6 Ortsangaben im Satz: *hier, dort/da* ▶ E6, E8

hier   dort 👉

Das ist das Brandenburger Tor. Hier treffe ich meine Freundin.

Wir sind hier am Brandenburger Tor.

Ich	lebe	in Innsbruck.
Hier	studiere	ich Biologie.
Warst	du	schon mal in Innsbruck?
In Innsbruck	war	ich noch nie.
Dort/Da	war	ich noch nie.

Dort liegt Innsbruck.

7 *es* im Satz ▶ E4, E5, E7, E8

- 💬 Wie spät ist es?   💬 Es ist kurz nach 12.
- 💬 Wie viel Uhr ist es?   💬 Es ist Viertel nach acht.
- 💬 Wie geht's (geht es) dir?   💬 Super, danke.

Es gibt eine interessante Club-Szene.
Rezepte für Currywurst gibt es im Internet.

8 Adjektive im Satz ▶ E4, E8

Die Universität ist attraktiv.
Das Sportangebot ist echt gut.

💬 Ist das scharf?   💬 Nein, das ist süß.

9 Sätze verbinden

9.1 *und, aber* ▶ E1, E4

	Information 1	Information 2
	Ich komme aus Spanien.	Ich lebe in Berlin.
	Ich komme aus Spanien und	(ich) lebe in Berlin.
	Ich esse gern Fisch.	Ich mag kein Fleisch.
Gegensatz	Ich esse gern Fisch,	aber ich mag kein Fleisch.
	Ich esse gern Fleisch,	aber keinen Fisch.

GRAMMATIK

9.2 Pronomen ▶ E2

Frieda kommt aus Schweden. Sie arbeitet oft im Café Glück.

Zwei Kaffee und zwei Orangensaft. Das macht 7 Euro.

9.3 das ▶ E3, E4, E6, E7

Zwei Kaffee und zwei Orangensaft. Das macht 7 Euro.

Es gibt Gemüsecurry. Das ist vegetarisch.

🗨 Wo ist das Sekretariat?   🗨 Das (Sekretariat) ist in der ersten Etage.

Am Dienstag um 9:00? Das geht leider nicht.

10 Verneinung im Satz ▶ E4

Ich finde das nicht interessant.
Nudeln mag ich nicht.
Das glaube ich nicht.
Das kann ich nicht essen. Das ist nicht vegetarisch.

Grammatik in Wörtern

11 Nomen und Artikel ▶ E2

11.1 Bestimmter Artikel im Noinativ: *der, das, die*

Singular   der Hund   das Paket   die Straße

Plural   die Hunde   die Pakete   die Straßen

Regel: Der bestimmte Artikel im Plural ist immer die.

Lerntipp

Nomen immer mit Artikel und Plural lernen.

11.2 Unbestimmter Artikel im Noinativ: *ein, eine* ▶ E3

Singular   ein Hund   ein Paket   eine Straße

Plural   Hunde   Pakete   Straßen

Regel: Es gibt keinen unbestimmten Artikel im Plural.

GRAMMATIK

11.3 Negationsartikel: *kein, keine* im Nominativ ▶ E3

die Katze	Das ist eine Katze.	Das ist keine Katze.
das Fahrrad	Das ist ein Fahrrad.	Das ist kein Fahrrad.
der Hund	Das ist ein Hund.	Das ist kein Hund.

11.4 Bestimmter, unbestimmter Artikel und Verneinung im Akkusativ ▶ E4

der/(k)ein Salat		den/einen Salat?		keinen Salat.
das/(k)ein Schnitzel	Nimmst du …	das/ein Schnitzel?	Nein, ich nehme …	kein Schnitzel.
die/(k)eine Suppe	Bestellst du …	die/eine Suppe?	Nein, ich bestelle …	keine Suppe.
die/keine Kartoffeln		die/keine Kartoffeln?		keine Kartoffeln.

11.5 Possessivartikel im Nominativ ▶ E3, E6

Personalpronomen	Singular		Plural
	der Hund, das Haus	die Brille	die Hunde, Häuser, Brillen
ich	mein		meine
du	dein		deine
er, es	sein		seine
sie	ihr		ihre
wir	unser		unsere
ihr	euer		eure
sie/Sie	ihr/Ihr		ihre/Ihre

12 Nomen im Plural ▶ E2

	-s	-n	-e	-(n)en	-(ä/ö/ü) -e	-(ä/ö/ü) -er
der Artikel	der Euro	die Tafel	der Hund	die Zahl	der Stuhl	das Land
die Artikel	die Euros	die Tafeln	die Hunde	die Zahlen	die Stühle	die Länder
der Lehrer	das Handy	die Regel	das Paket	die Lehrerin	die Stadt	das Wort
die Lehrer	die Handys	die Regeln	die Pakete	die Lehrerinnen	die Städte	die Wörter
der Spieler	der Kuli	die Lampe	das Konzert	die Brille	der Koch	das Buch
die Spieler	die Kulis	die Lampen	die Konzerte	die Brillen	die Köche	die Bücher
das Hähnchen	das Video	die Kartoffel	der Fisch	die Suppe	der Saft	das Haus
die Hähnchen	die Videos	die Kartoffeln	die Fische	die Suppen	die Säfte	die Häuser

GRAMMATIK

13 Präpositionen

13.1 *am, um, bis, von ... bis, seit + Zeit* ▶E2, E5

am	Am Montag gehe ich in den Kurs.	
um	Wir haben um 9:30 Uhr einen Termin.	
bis	Ich arbeite bis 17 Uhr.	
	Bis später!	

Zeitpunkt: am + Tag
um + Uhrzeit/Zeitpunkt

von ... bis   Ich arbeite von Montag bis Freitag, von 8 bis 16 Uhr.
seit   Der Graz-Marathon findet seit 1993 statt.

Zeitraum

13.2 *mit, zu + Dativ* ▶E6

Wie komme ich zum Hauptbahnhof?

der Bus, der Bahnhof	mit dem Bus	zum Bahnhof	zum = zu dem
das Fahrrad, das Museum	mit dem Fahrrad	zum Museum	
die U-Bahn, die Kantstraße	mit der U-Bahn	zur Kantstraße	zur = zu der

13.3 *an, in, auf, neben, unter, vor, hinter, über, zwischen + Ort* ▶E6, E7

Wo treffen wir uns?

der Bahnhof	am Bahnhof	an dem = am
das Brandenburger Tor	am Brandenburger Tor	
die Universität	an der Universität	
der Zoo	im Zoo	in dem = im
das Café	im Café Einstein	
die Marktstraße	in der Marktstraße	

Wo liegt das Handy?

der Schreibtisch	auf/neben/unter/über/vor/hinter dem Schreibtisch
das Regal	auf/neben/unter/über/vor/hinter dem Regal
die Tastatur	auf/neben/unter/über/vor/hinter der Tastatur

Das Regal steht zwischen der Tür und dem Schreibtisch.

Lerntipp

Wo? Auf dem Tisch.

14 Pronomen *man* ▶E8

In Tirol kann man gut wandern.
Man lernt in Innsbruck schnell andere Menschen kennen.
Man kann hier auch gut studieren.

3. Person Singular: er/sie/es/man

15 Wie oft? *immer, meistens, oft, manchmal, nie* ▶E6, E11

Ich stehe immer früh auf.	(jeden Tag um 5 Uhr)
Ich stehe meistens früh auf.	(nicht am Wochenende)
Ich stehe oft früh auf.	(zweimal oder dreimal in der Woche)
Ich stehe manchmal früh auf.	(einmal in der Woche)
Ich stehe nie früh auf.	(jeden Tag um 12 Uhr)

− nie manchmal oft meistens immer +

GRAMMATIK

16 Verben

16.1 Verben: Grundform ▶ E0, E1

hören • lesen • sprechen • schreiben

16.2 Regelmäßige Verben: Verbstamm und Endungen

	verstehen	heißen	hören	kommen	ankommen
ich	verstehe	heiße	höre	komme	komme … an
du	verstehst	heißt	hörst	kommst	kommst … an
er/es/sie	versteht	heißt	hört	kommt	kommt … an
wir	verstehen	heißen	hören	kommen	kommen … an
ihr	versteht	heißt	hört	kommt	kommt … an
sie/Sie	verstehen	heißen	hören	kommen	kommen … an

16.3 Verben mit Vokalwechsel im Präsens ▶ ab E1

	sprechen	helfen	lesen	laufen	fahren	einladen
ich	spreche	helfe	lese	laufe	fahre	lade … ein
du	sprichst	hilfst	liest	läufst	fährst	lädst … ein
er/es/sie	spricht	hilft	liest	läuft	fährt	lädt … ein
wir	sprechen	helfen	lesen	laufen	fahren	laden … ein
ihr	sprecht	helft	lest	lauft	fahrt	ladet … ein
sie/Sie	sprechen	helfen	lesen	laufen	fahren	laden … ein

Bei Verben mit Vokalwechsel: 2. und 3. Person: e → i, a → ä, au → äu

16.4 Trennbare Verben ▶ E5, E6

ankommen • abfahren • umsteigen • abholen • abbiegen • einladen • mitbringen • stattfinden • vorbereiten

	Position 2		Satzende	
Ich	komme	um 9:30 Uhr am Hauptbahnhof	an	.
	Holst	du mich am Hauptbahnhof	ab	?
Der Bus	fährt	am Stuttgarter Platz	ab	.
Du	steigst	am Potsdamer Platz in die Linie 1	um	.
Sie	schaltet	den Computer am Abend	aus	.
	Bringst	du deine Freundin	mit	?
	Biegst	du am Potsdamer Platz links	ab	?
Ich	lade	Sie zum Essen	ein	.
Der Marathon	findet	am Samstag	statt	.

GRAMMATIK

16.5 Modalverben: *können, mögen* ▶ E8

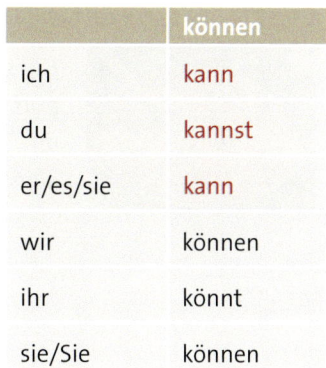

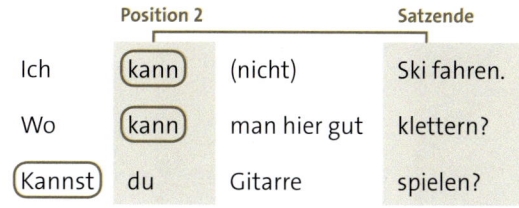

16.6 *sein* und *haben* ▶ E3, E6, E8

		Präsens	Präteritum	Präsens	Präteritum
Singular	ich	bin	war	habe	hatte
	du	bist	warst	hast	hattest
	er/sie/es	ist	war	hat	hatte
Plural	wir	sind	waren	haben	hatten
	ihr	seid	wart	habt	hattet
	sie/Sie	sind	waren	haben	hatten

Einheiten 9–16
Grammatik in Sätzen

17 Die Satzklammer ▶ E10, E11, E12, E13, E16

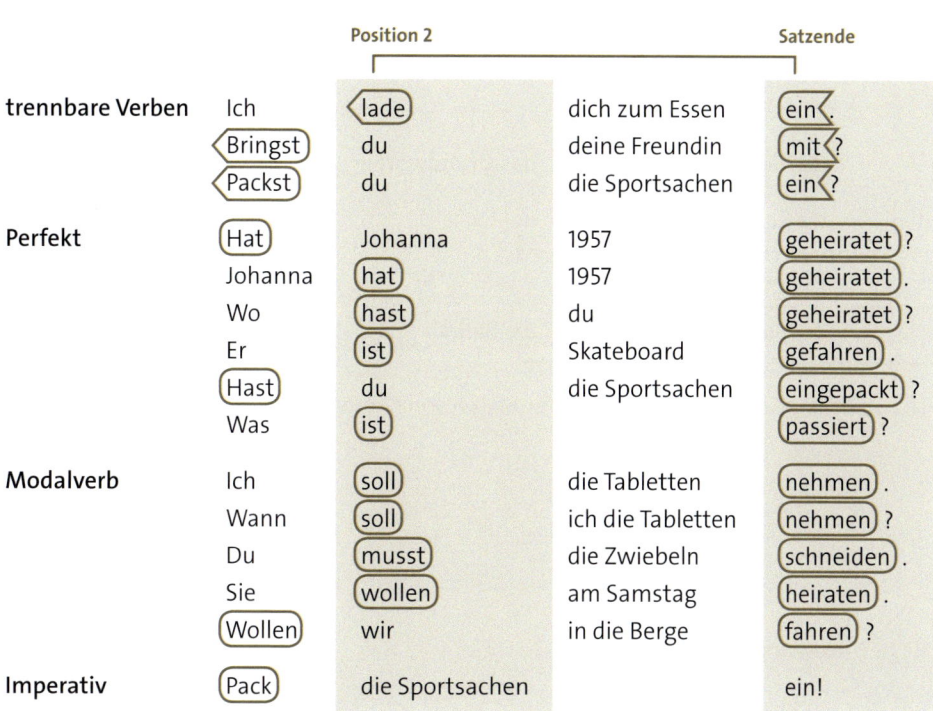

zweihundertfünfundvierzig **245**

GRAMMATIK

18 *Zuerst, dann, danach, zum Schluss* im Satz ▶ E12

Das schmeckt gut! Wie hast du das denn gemacht?

　　　　　　　　　　　1.　　　　　　　　　　　　2.
Zuerst musst du die Zwiebeln schneiden. Dann musst du das Öl in die Pfanne tun.

　　　　　　　　　　　3.　　　　　　　　　　　　4.
Danach brätst du die Zwiebeln. Zum Schluss machst du die Soße.

19 Zeitangaben im Satz ▶ E10, E16

	Position 2	
Von 1954 bis 1957	hat	Johann einen Beruf gelernt.
Johann	hat	von 1954 bis 1957 einen Beruf gelernt.
Jetzt	arbeitet	er als Bäcker.
Er	arbeitet	jetzt als Bäcker.
Nächste Woche	fahren	wir nach München.
Wir	fahren	nächste Woche nach München.
Im Mai	feiert	man Frühlingsfeste.
Wir	fahren	im Winter Ski.

20 *es* im Satz ▶ E15 ▶ GR7

Es regnet in Rostock.　In Rostock regnet es.　In Berlin ist es kalt.　Es ist kalt in Berlin.　Es schneit.

Grammatik in Wörtern

21 Komposita ▶ E9

	das Bestimmungswort	das Grundwort
der Kartoffelsalat	die Kartoffel	der Salat
das Badezimmer	das Bad	das Zimmer
die Bergbahn	der Berg	die Bahn

Regel: In Komposita steht das Grundwort am Ende. Der Artikel von Komposita ist der Grundwort-Artikel.

GRAMMATIK

22 Possessivartikel: Nominativ und Akkusativ ▶ E10, E13 ▶ GR 11.3, 11.4

	Nominativ	*Das ist …*		Akkusativ	*Ich suche … Ich habe …*	
				Singular		Plural
	der Hund das Haus	die Brille		den Hund	das Haus	die Brille	die Brillen die Hunde die Häuser
ich	mein	meine		meinen	mein	meine	
du	dein	deine		deinen	dein	deine	
er/sie/es	sein	seine		seinen	sein	seine	
wir	unser	unsere		unseren	unser	unsere	
ihr	euer	eure		euren	euer	eure	
sie/Sie	ihr/Ihr	ihre/Ihre		ihren/Ihren	ihr/Ihr	ihre/Ihre	

> **Lerntipp**
>
> Artikel *der*: im Akkusativ Endung immer *-en*: den Sport, einen Sohn, keinen/meinen Mann.

23 Fragewort *welch-*

23.1 Fragewort *welch-* im Nominativ ▶ E12, E14

Welche Tomaten sind aus Deutschland? *Diese (Tomaten) hier.*

23.2 Fragewort *welch-* und Demonstrativartikel *dies-* im Akkusativ ▶ E12, E14

Welchen Salat magst du? Den Tomatensalat oder den Kartoffelsalat?

Diesen Salat hier, den Tomatensalat. Kartoffelsalat mag ich nicht.

Singular	der Salat	Welchen Salat magst du?	Diesen Salat hier. Den Tomatensalat.
	das Öl	Welches Öl nimmst du?	Dieses Öl hier. Ich nehme das Olivenöl.
	die Suppe	Welche Suppe nimmst du?	Diese Suppe. Ich nehme die Kartoffelsuppe.
Plural	die Nudeln	Welche Nudeln isst du?	Diese Nudeln, die Spaghetti.
Singular	der Anzug	Wie findest du den Anzug?	Diesen hier? Toll.
	das Hemd	Wie findest du das Hemd?	Dieses hier? Schön.
	die Bluse	Wie findest du die Bluse?	Diese hier? Langweilig.
Plural	die Schuhe	Wie findest du die Schuhe?	Diese hier? Unmöglich!

24 Personalpronomen ▶ E16

Nominativ	Akkusativ	Personalpronomen in Wendungen
ich	mich	Rufst du mich an?
du	dich	Ich kann dich nicht hören. Sprich bitte lauter.
er	ihn	Wo ist mein Autoschlüssel? Hast du ihn?
es	es	Das Deutschbuch? Nein, ich habe es vergessen.
sie	sie	Du triffst meine Freundin Pina? Bitte grüße sie.
wir	uns	Wir sehen uns am Wochenende.
ihr	euch	Ich rufe euch heute Abend an.
sie/Sie	sie/Sie	Kennst du Sven und Anna? Ja, ich habe sie im Café gesehen. Auf Wiedersehen, ich sehe Sie dann im Kurs.

GRAMMATIK

25 Präpositionen: *in, an, nach, auf* + Akkusativ ▶E16

Wohin wollen wir fahren?

Ich möchte ans Meer, und du?

an den Rhein	in den Zoo	auf den Markt	nach Spanien
ans Meer	ins Museum	auf das Fest	nach Italien
an die Nordsee	in die Stadt	auf die Party	nach Zürich
	in die Alpen		
	in die USA		
an das = ans	in das = ins		

26 Adjektive vor dem Nomen: unbestimmter Artikel im Akkusativ ▶E14

der Pullover ist rot	Ich trage gern ...	einen roten Pullover
das T-Shirt ist weiß	Er/Sie braucht ...	ein weißes T-Shirt
die Hose ist grau		eine graue Hose.
die Schuhe sind schwarz (Pl.)	Wir kaufen oft/nie ...	schwarze Schuhe, graue Hosen, rote Pullover

27 Graduierung ▶E9, E14

Das Kleid ist lang.
Das Kleid ist sehr lang.
Das Kleid ist zu lang.
Das Kleid ist viel zu lang.

28 Vergleiche: der Komparativ ▶E12, E15

Ich esse Spaghetti viel lieber als Hamburger.

	Adjektiv	Komparativ	Gleichheit
regelmäßig	schön	schöner als ...	genauso schön wie ...
	heiß	heißer als ...	genauso heiß wie ...
	schlecht	schlechter als ...	
	wenig	weniger als ...	
	teuer	teurer als ...	
	dunkel	dunkler als ...	
mit Umlaut	warm	wärmer als ...	
	lang	länger als ...	
	groß	größer als ...	genauso groß **wie** ...
	kalt	kälter als ...	
	kurz	kürzer als ...	
unregelmäßig	gut	besser als ...	
	viel	mehr als ...	genauso viel wie ...
	gern	lieber als ...	

GRAMMATIK

29 Imperativ ▶E13

Präsens	Imperativ
du gehst	Geh nach Hause.
du nimmst	Nimm bitte die Tabletten.
ihr geht	Geht nach Hause.
ihr nehmt	Nehmt bitte die Tabletten.
Sie gehen	Gehen Sie bitte nach Hause.
Sie nehmen	Nehmen Sie die Tabletten.

Lerntipp
Bitte macht Imperativsätze höflich.

30 Modalverben: *können, möchten, mögen, wollen, sollen, müssen* ▶E13, E16 ▶GR 16.5

	können	möchten	mögen	wollen	sollen	müssen
ich	kann	möchte	mag	will	soll	muss
du	kannst	möchtest	magst	willst	sollst	musst
er/es/sie	kann	möchte	mag	will	soll	musst
wir	können	möchten	mögen	wollen	sollen	müssen
ihr	könnt	möchtet	mögt	wollt	sollt	müsst
sie/Sie	können	möchten	mögen	wollen	sollen	müssen

Der Arzt sagt, du sollst diese Tabletten jeden Morgen nehmen.

Muss ich wirklich?

31 Perfekt: regelmäßige und unregelmäßige Verben ▶E10, E11, E12, E13 ▶GR 17

31.1 Perfekt mit *haben* und *sein*

		Position 2		Partizip II
Perfekt mit haben	Wir	haben	ein Haus	gebaut.
Perfekt mit sein	Wir	sind	in die Ferien	gefahren.

Lerntipp
Die meisten Verben bilden das Perfekt mit *haben*. Lernen Sie das Perfekt mit *sein*.

31.2 Das Partizip der regelmäßigen Verben

ge..(e)t	... ge..t	...(e)t	....t
gebaut	aufgeräumt	bestimmt	probiert
gekocht	hingelegt	bestellt	kopiert
gearbeitet !	abgeholt	erklärt	programmiert
gezeigt	eingekauft	beantwortet	massiert
	trennbare Vorsilben	untrennbare Vorsilben	Verben mit *...ieren*
	ab-, ein-, auf-, ...	*er-, be-, ver-, ...*	

31.3 Das Partizip der unregelmäßigen Verben

schreiben	hat geschrieben	ankommen	ist angekommen	bleiben	ist geblieben
gehen	ist gegangen	ausgeben	hat ausgegeben	sein	ist gewesen
finden	hat gefunden	umsteigen	ist umgestiegen	mitbringen	hat mitgebracht

Lerntipp
Lernen Sie die unregelmäßigen Verben in der Liste auf S. 252/253.

PHONETIK AUF EINEN BLICK

Wortakzent

das K**i**nd – die K**i**nder   die **U**hr – die **U**hren   der G**a**rten – die G**ä**rten

der L**e**hrer – die L**e**hrer – die L**e**hrerin – die L**e**hrerinnen   der Stud**e**nt – die Stud**e**nten – die Stud**e**ntin – die Stud**e**ntinnen

Sp**a**nisch – Jap**a**nisch – Indon**e**sisch – **E**nglisch – Ni**e**derländisch – Chin**e**sisch

Wortakzent in trennbaren Verben

anrufen, **ei**nkaufen, **a**bholen, **a**usschalten, **a**bfahren, **u**msteigen

Wortakzent in Komposita

das Bestimmungswort	das Grundwort	das Kompositum
die W**a**nd	die **U**hr	die W**a**nduhr
die K**i**nder	das Z**i**mmer	das K**i**nderzimmer
der G**a**rten	das H**au**s	das G**a**rtenhaus
die Bl**u**me	der T**o**pf	der Bl**u**mentopf

Satzakzent

Wir lernen Franz**ö**sisch.   Wie ist deine H**a**ndynummer?

Du wohnst in G**e**nf.   💬 D**ie**ser?   💬 Ja, d**e**r ist schön.

Wer **ist** denn das?   💬 W**e**lchen? D**ie**sen?   💬 Ja, d**e**n.

Lange und kurze Vokale

	Vokal + 1 Konsonant	Vokal + h	Vokal + e	Vokal + Doppelkonsonant
lang	Tag, Regen, Ofen	sehr, Uhr, ihre	Wien, sieben, spielen	
kurz				Mutter, offen, kennen

Das *e*

[eː] Eva, der Tee, das Café, das Portemonnaies, Mehl

[ɛ] Jens, der Kellner, es, sprechen, Spätzle, Nächte

[ɛː] spät, Verspätung, Atmosphäre, sie fährt

[ə] bitte, danke, Liebe, Sprache, bekommen, Besuch, Geschenk

a, e, i, o, u am Wortanfang

Ella ist im Oktober im Urlaub. Ina und Ute machen immer Aktivurlaub in Österreich.

PHONETIK AUF EINEN BLICK

Das *ö* und *ü*

 +

[eː] Frau Kehler + [oː] Herr Kohler → [øː] Frau Köhler
[ɛ] Herr Meller + [ɔ] Frau Moller → [œ] Herr Möller

 +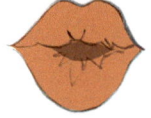

[iː] Frau Kieler + [uː] Herr Kuhler → [yː] Frau Kühler
[ɪ] Herr Miller + [ʊ] Frau Muller → [ʏ] Herr Müller

Unbetonte Vokale

[ɐ] – [ə]   dieser – diese   meiner – meine   roter – rote

Wörter mit und ohne *h* am Wortanfang

[ʔ] – [h]   Ella – Hella   Anne – Hanne   alle – Halle   aus – Haus   ihr – hier

Die Aussprache von *ch*

	[x]	nach *a, o, u, au*		Sprache, acht, Koch, Tochter, suchen Buch, brauchen, auch
ch	[ç]	nach *i, e, ä, ö, ü*	wie in	ich, sprechen, Nächte, Köche, Bücher
		nach Konsonanten		welche, Milch, manchmal

Die Endung *-en*

Wir sitz(e)n im Gart(e)n und lach(e)n. Am liebst(e)n möcht(e)n wir ein(e)n Kuch(e)n ess(e)n. Sie mal(e)n gern. Sie geh(e)n ins Kino. Komm(e)n Sie her!

Die Aussprache von *z, tz, ts*

[ts]   zehn, Zoo, Pilz   Platz, jetzt, Katze   rechts, Potsdam, Arbeitsplatz

Das *r*

[ɐ]   Hallo Robert. Bis später! Wandern Sie im Sommer? Fahren Sie weiter! Ich bin Lehrer. Ralf ist Bäcker.

[ʁ]   Hallo Robert. Richtig! Ich wandere im Sommer. Fahren Sie weiter! Ich bin Lehrerin. Ralfs Frau ist Bäckerin.

Das *s* in *sp* und *st*

[ʃ]   Sport, spielen, Stress, gestresst, Stadt, Student, spät, Verspätung.

[s]   gestern, Prospekt, Post, System, Obst, Hustensaft, hast

-ig und *-isch* am Wortende

[ç]   windig, wolkig, sonnig, richtig

[ʃ]   italienisch, regnerisch, praktisch

LISTE DER UNREGELMÄSSIGEN VERBEN

angeben	er gibt an	er hat angegeben
ankommen	er kommt an	er ist angekommen
anrufen	er ruft an	er hat angerufen
anziehen (sich)	er zieht sich an	er hat sich angezogen
aufschreiben	er schreibt auf	er hat aufgeschrieben
aufstehen	er steht auf	er ist aufgestanden
auftragen	er trägt auf	er hat aufgetragen
ausfallen	er fällt aus	er ist ausgefallen
ausgehen	er geht aus	er ist ausgegangen
ausschlafen	er schläft aus	er hat ausgeschlafen
aussehen	er sieht aus	er hat ausgesehen
ausziehen (sich)	er zieht sich aus	er hat sich ausgezogen
backen	er backt	er hat gebacken
beginnen	er beginnt	er hat begonnen
beraten	er berät	er hat beraten
bleiben	er bleibt	er ist geblieben
braten	er brät	er hat gebraten
bringen	er bringt	er hat gebracht
denken	er denkt	er hat gedacht
einladen	er lädt ein	er hat eingeladen
essen	er isst	er hat gegessen
fahren	er fährt	er ist gefahren
finden	er findet es	er hat es gefunden
fliegen	er fliegt	er ist geflogen
geben	er gibt	er hat gegeben
gefallen	es gefällt	es hat gefallen
gehen	er geht	er ist gegangen
genießen	er genießt	er hat genossen
gießen	er gießt	er hat gegossen
haben	er hat	er hatte
hängen	er hängt	er hat gehangen
helfen	er hilft	er hat geholfen
hinfallen	er fällt hin	er ist hingefallen
kennen	er kennt	er hat gekannt
krankschreiben	er schreibt krank	er hat krankgeschrieben
laufen	er läuft	er ist gelaufen
leidtun	es tut leid	es hat leidgetan
lesen	er liest	er hat gelesen
liegen	er liegt	er hat gelegen
mitkommen	er kommt mit	er ist mitgekommen
mitnehmen	er nimmt mit	er hat mitgenommen
nachsehen	er sieht nach	er hat nachgesehen
nehmen	er nimmt	er hat genommen
nennen	er nennt	er hat genannt
schlafen	er schläft	er hat geschlafen
schließen	er schließt	er hat geschlossen
schneiden	er schneidet	er hat geschnitten
schreiben	er schreibt	er hat geschrieben
schwimmen	er schwimmt	er ist geschwommen
sehen	er sieht	er hat gesehen
sein	er ist	er war (Präteritum)
sitzen	er sitzt	er hat gesessen

LISTE DER UNREGELMÄSSIGEN VERBEN

sprechen	er spricht	er hat gesprochen
stattfinden	es findet statt	es hat stattgefunden
stehen	er steht	er hat gestanden
treffen (sich)	er trifft sich	er hat sich getroffen
trinken	er trinkt	er hat getrunken
tun	er tut	er hat getan
umsteigen	*er steigt um*	*er ist umgestiegen*
vergessen	er vergisst	er hat vergessen
vergleichen	er vergleicht	er hat verglichen
verstehen	er versteht	er hat verstanden
waschen	er wäscht	er hat gewaschen
wehtun (sich)	er tut sich weh	er hat sich wehgetan
werden	er wird	er ist geworden
werfen	er wirft	er hat geworfen
wissen	er weiß	er hat gewusst

HÖRTEXTE

Einheit 9: Zuhause

3.04

Herzlich Willkommen im Möbelhaus Möbelmeyer!
- Was brauchen wir denn? Hast du die Liste?
- Ja, hier ist die Liste. Also wir brauchen noch ein Bücherregal.
- Stimmt. Was noch?
- Wir brauchen noch Bilder.
- Ach ja. Hier Anna, das Bild ist schön.
- Hm, das Bild ist schön, aber dunkel.
- Dunkel, das ist doch modern.
- Modern, aber dunkel. O. k., dann nehmen wir das Bild.
- Super. Und im Schlafzimmer fehlt noch eine Kommode.
- Ja. Die Kommode hier ist toll, oder?
- Nee, die ist zu teuer. 199 Euro. Das ist zu teuer Anna.
- Na ja teuer, aber sehr schön.
- Und wie findest du die Kommode? Die ist hell, modern und günstig.
- Ja, die Kommode ist gut. O. k., ich glaube ...

Einheit 9 Übungen

3.06

- Hallo Marlen! Willkommen! Das ist unsere neue Wohnung.
- Hallo Katja. Danke. Wow! Die Wohnung ist groß!
- Ja, wir haben vier Zimmer. Die Zimmer sind groß, hell und gemütlich. Zum Beispiel die Küche, hier. Sie ist hell, modern und hat einen Balkon.
- Das ist cool! Und hier rechts? Das ist das Wohnzimmer, ja?
- Ja, genau. Ich liebe es. Es ist groß und super gemütlich. Komm, das Badezimmer ist gleich hier rechts neben dem Wohnzimmer. Es ist klein.
- Na ja, aber hell.
- Und hier, schau mal, das ist mein Arbeitszimmer. Ich arbeite hier gerne.
- Das sieht super aus, und es ist schön hell. Und wo ist das Kinderzimmer?
- Zwischen dem Badezimmer und dem Arbeitszimmer. Und unser Schlafzimmer ist rechts neben dem Eingang. Na, wie findest du die Wohnung?
- Eure Wohnung ist total schön. Ich finde ...

3.08

1 Die Zeitung liegt auf dem Sofa.
2 Der Sessel steht neben dem Sofa.
3 Das Radio steht im Regal.
4 Der Teppich liegt unter dem Tisch.
5 Die Lampe steht hinter dem Sofa
6 Die Tasse steht auf dem Tisch.
7 Die Uhr hängt an der Wand.
8 Die Pflanze steht zwischen der Kommode und dem Sofa.

3.09

- Also, was brauchen wir?
- Wir brauchen ein Bücherregal.
- Ein Bücherregal ... Ach hier, das Bücherregal ist groß und günstig.
- Ja, aber es ist zu dunkel ... Jannis, schau mal, die Lampe. Sie ist so schön und groß!
- Oh nee, Anna. Sie ist zu modern.
- Zu modern? Sie ist super.
- Nein, ich finde sie zu modern und zu teuer ... Wir brauchen einen Tisch für die Küche.
- Hm ... Wie findest du den Tisch? Er ist praktisch.
- Ja, das stimmt ... aber zu klein. Ich finde ...

Einheit 10: Familie Schumann

3.10

1 Wer bin ich? Ich bin ledig und habe keine Kinder. Meine Eltern sind geschieden.
2 Wer bin ich? Hör gut zu! Ich bin verheiratet und habe drei Kinder, zwei Söhne und eine Tochter. Meine Tochter ist noch single. Meine Söhne sind verheiratet. Jeder Sohn hat zwei Kinder. Mein Mann und ich, wir sind also schon Großeltern! Wir haben zwei Enkel und zwei Enkelinnen.

3.13

- Hallo, habt ihr einen Moment Zeit? Wir machen eine Umfrage zu Familienwörtern. Wie nennt ihr eure Eltern?
- Meine Eltern? Wie jetzt?
- Na, so zu Hause, in der Familie.
- Ach so. Ja, ganz einfach: Ich nenne meine Mutter Mama und meinen Vater Papa.
- Du auch?
- Nein, wir sagen Mutti und Vati.
- Aha, interessant. Und wie ist das bei euch?
- Also, ich nenne meine Eltern Mami und Papi und meine Großeltern Omi und Opi.
- Genau, ich nenne meine Großmütter auch Omi und meine Großväter Opi.
- Interessant. Und du?
- Ich sage Oma und Opa.
- Danke, das war's schon. Tschüss.

Einheit 10 Übungen

3.16

Das ist mein Vater. Er heißt Mauro und hat von 1964 bis 1967 den Beruf Fotograf gelernt. Im Jahr 1969 hat er meine Mutter geheiratet. Meine Mutti heißt Lucia. 1971 haben sie in Rom eine Wohnung gemietet. Von 1972 bis 1984 hat mein Vater als Fotograf für eine Zeitung gearbeitet. 1985 hat er dann einen Fotoladen gegründet und den Betrieb bis 2014 geleitet. Mein Bruder Vittorio hat auch Fotograf gelernt und leitet heute den Familienbetrieb.

3.17

1 Ich besuche meine Eltern einmal im Monat.
2 Wir sehen unseren Sohn und unsere Tochter jeden Tag.
3 Ich treffe meine Freunde jedes Wochenende.
4 Ich besuche meinen Opa und meine Oma jede Woche.
5 Ich sehe meine Arbeitskollegin Elke von Montag bis Freitag.

Einheit 11: Viel Arbeit

3.18

○ Ismail, du bist Physiotherapeut und arbeitest in einer Praxis. Du hast viele Patientinnen und Patienten. Wie sieht dein Vormittag aus?
● Ja, ich mache oft die Frühschicht, sehr gerne sogar. Ich bin dann um 7 Uhr in der Praxis. Zuerst poste ich unser Sportprogramm. So ist es immer aktuell. Dann kontrolliere ich den Sportraum. Ist der Raum sauber, und sind alle Gymnastik-Bälle dort? Die ersten Patientinnen und Patienten kommen so ab 7:15 Uhr. Viele brauchen eine Massage. Ich massiere also oft die Patienten und ich leite unseren Gymnastik-Kurs um 10 Uhr. Ich zeige den Patientinnen und Patienten Übungen und erkläre sie genau. Dann können sie die Übungen auch zu Hause machen. Um 12:00 Uhr arbeite ich am Computer. Ich muss die Übungen aufschreiben. Und so gegen 12:30 Uhr mache ich dann Mittagspause.

Einheit 11 Übungen

3.23

1 Mein Name ist Silvia Dimitrova. Ich habe sechs Jahre an der Universität studiert. Jetzt arbeite ich mit Kindern. Ich unterrichte Mathematik. Was ist mein Beruf?
2 Ich heiße Markus Wernicke. Ich habe drei Jahre studiert und ein Volontariat bei der Zeitung gemacht. Ich arbeite oft am Computer. Ich recherchiere Informationen und schreibe Texte. Was mache ich beruflich?
3 Ich bin Sila Pelyn. Ich habe meinen Beruf drei Jahre an der Berufsschule gelernt. Ich backe Brot und Brötchen, Kuchen und Torten. Als was arbeite ich?

3.26

○ Natalya, du bist Informatikkauffrau. Wie sieht dein Tag aus? Arbeitest du viel am Computer?
● Ja, ich arbeite jeden Tag am Computer. Morgens lese und schreibe ich immer Emails. Oft beantworte ich dann auch Fragen am Telefon. Dann treffe ich meine Kollegen und wir planen zusammen neue Projekte. Gegen 12 Uhr mache ich Mittagspause. Ich betreue auch unsere Kunden. Nach dem Mittagessen berate ich sie und informiere sie über unsere Software. Am Nachmittag programmiere ich neue Software. Danach teste ich sie. Um 17 Uhr beende ich meine Arbeit.

Einheit 12: Essen und Trinken

3.27

○ Also Sophie, zuerst musst du die Pilze putzen und schneiden.
● Und dann?
○ Dann schneidest du die Zwiebeln klein. Du musst sie so 5 bis 10 Minuten mit Butter in der Pfanne braten.
● Und jetzt?
○ Danach gibst du die Pilze in die Pfanne. Du musst rühren. Immer weiter rühren.
● Und danach die Sahne?
○ Richtig. Die Sahne und etwas Pfeffer und Salz. Probier mal!
● Mmh, lecker.
○ Und jetzt kochst du die Nudeln, maximal 8 Minuten, und dann bist du fertig.

Einheit 12 Übungen

3.29

Bitte beachten Sie unsere Angebote in der Obst- und Gemüseabteilung. Die Tomaten kosten heute nur 2,49 Euro das Kilo und die Kartoffeln nur 1,49 Euro das Kilo. Auch die Paprika sind im Angebot: heute für nur 79 Cent das Stück.
Und jetzt das Obst: Ein Kilo Äpfel gibt es heute für nur 2,29 Euro und die Orangen kosten nur 1,89 Euro das Kilo.

HÖRTEXTE

3.30
- Ich gehe in den Supermarkt. Was brauchen wir?
- Zwei Gurken und ein Kilo Tomaten.
- Moment ... Ich schreibe einen Einkaufszettel.
- Also ... Zwei Gurken und ein Kilo Tomaten. Und sonst?
- 250 Gramm Käse und ein Liter Milch und zwei Flaschen Wasser.
- Schokolade?
- Ja. Zwei Tafeln!

3.31
- Welchen Salat machen wir am Wochenende?
- Salat Apollo.
- Super! Was brauchen wir?
- Wir brauchen Gurken, Tomaten, Zwiebeln, Oliven, Käse und Brot.

3.32
- Wir brauchen noch Tomaten.
- Welche Tomaten nehmen wir?
- Wir nehmen die Tomaten aus Italien.
- Dann eine Gurke.
- Welche Gurke nehmen wir?
- Die Salatgurke.
- Dann noch Oliven.
- Und welche Oliven nehmen wir?
- Die Oliven hier sehen lecker aus.
- Dann noch Käse und Brot.
- Hier, wir nehmen den Käse aus Spanien.
- Welches Brot nehmen wir?
- Das Weißbrot.
- Prima. Wir haben alles.

3.33
- Was muss ich zuerst machen?
- Zuerst musst du den Reis kochen.
- Gut. Und dann?
- Dann musst du die Zwiebeln, die Paprika und das Hähnchen klein schneiden.
- Und jetzt?
- Jetzt musst du das Öl in die Pfanne geben.
- Und dann die Zwiebeln anbraten?
- Richtig. Dann die Paprika und das Hähnchen dazugeben und auch anbraten.
- Genau.
- Und zum Schluss musst du den Reis dazugeben.

3.34
- Hallo. Ich bin Karim.
- Hallo. Karim. Was bist du von Beruf?
- Ich bin Koch.
- Bist du gerne Koch?
- Ja. Kochen ist mein Beruf und mein Hobby.
- Warum bist du gerne Koch?
- Ich arbeite gern mit Lebensmitteln und ich kann kreativ sein.
- Und was findest du nicht so gut?
- Ich muss oft am Abend und am Wochenende arbeiten. Meine Freunde haben dann frei.

Einheit 13 Übungen

4.07
- Guten Tag.
- Guten Tag, Frau Schütz. Wie geht es Ihnen?
- Nicht so gut. Ich habe Rückenschmerzen.
- Legen Sie sich mal hin. Tut das weh?
- Ja, sehr.
- Ich schaue mal. Ah ja, der Rücken, hier. Da gehen Sie zum Physiotherapeuten und machen bitte Gymnastik. Sie bekommen ein Rezept.
- Was kann ich noch machen?
- Sie können mehr Sport machen. Gehen Sie schwimmen. Schwimmen ist sehr gut für den Rücken. Oder Yoga? Probieren Sie doch mal Yoga!
- Soll ich noch einmal kommen?
- Ja. Kommen Sie nächste Woche noch einmal vorbei.
- Danke, Dr. Lange und auf Wiedersehen.
- Auf Wiedersehen und gute Besserung, Frau Schütz!

4.08
Yoga ist ein Trendsport. In jeder Stadt gibt es Yogastudios. Yoga ist gut für den Kopf und den Körper. Aber man muss ein paar Tipps beachten. Machen Sie einen Kurs. Dort lernen Sie Yoga richtig. Essen und trinken Sie zwei Stunden vor dem Kurs nichts. Das ist nicht gut für das Training. Und kombinieren Sie Yoga mit anderen Sportarten. Laufen Sie oder fahren Sie Rad. So trainieren Sie auch das Herz und die Lunge.

Einheit 14: Voll im Trend

4.09

Dialog 1
- Wie findest du den Rock?
- Welchen?
- Diesen. Ich finde die Farbe total schön!
- Ja, aber du hast doch schon zwei grüne Röcke.
- Stimmt. Aber einen blauen Rock habe ich noch nicht. Ich probiere den mal an.

Dialog 2
- Und? Passt das Hemd?
- Nein. Schau mal. Die Ärmel sind viel zu lang.
- Ah. Schade! Die Farbe ist so schön.
- Ja, aber es passt nicht.
- Aber es ist im Angebot, es kostet nur 29,99 Euro.
- Es passt nicht, Meike.

Dialog 3
- Das geht gar nicht. Der Pullover ist zu klein. Die Ärmel sind zu kurz, und er ist auch zu eng.
- Das trägt man jetzt aber so.
- Ich weiß nicht. Ich finde das nicht so schön.
- Haben Sie den Pullover auch in Größe L?
- Ja. Einen Moment.

Einheit 14 Übungen

4.12

- Hallo Mira. Du siehst schick aus.
- Danke … Das ist mein Outfit für die Arbeit.
- Sehr elegant … Bist du immer so elegant?
- Ja, bei der Arbeit immer. Aber zu Hause trage ich Jeans und T-Shirts. Und ich mag Turnschuhe.
- Ich trage Turnschuhe auch nur in der Freizeit.

4.13

- Guten Tag. Haben Sie einen Moment für ein paar Fragen zu Modetrends?
- Ja, klar.
- Welche Farbe ist diesen Sommer in?
- Das ist einfach: Grün! Grün kann man gut für die Arbeit aber auch für die Freizeit anziehen.
- Und wie finden Sie Grün? Ist das Ihre Lieblingsfarbe?
- Nein, ich mag Blau. Blau trage ich sehr oft.

4.14

Kleidung? Ja, das finde ich interessant. Ich trage gerne bunte Kleidung. Es muss immer schick sein. Auf Partys oder so. Dann ziehe ich oft eine schwarze Jeans und ein grünes T-Shirt an. Grün ist meine Lieblingsfarbe.

4.15

1. - Welcher Anzug ist schön?
   - Dieser? Ja, der ist schön.
2. - Welches Hemd ist sportlich?
   - Dieses? Na ja, ich weiß nicht.
3. - Welche Bluse ist in Größe S?
   - Diese? Bist du sicher?
4. - Welche Schuhe sind bequem?
   - Diese? Die sehen aber nicht bequem aus.
5. - Welchen Rock findest du schön?
   - Diesen? Ich meine, der ist zu groß.
6. - Welches T-Shirt nimmst du?
   - Dieses? Ist das nicht zu klein?
7. - Welche Hose findest du gut?
   - Diese? Ja, die sieht gut aus.
8. - Welche Stiefel möchtest du kaufen?
   - Diese? Sind die nicht zu teuer?

Einheit 15: Jahreszeiten und Feste

4.16

Dialog 1
- Woher kommt ihr?
- Aus Berlin, wir sind für das Wochenende hierhergekommen.
- Warum kommt ihr auf dieses Fest?
- Wir sind jedes Jahr hier. Das Fest ist immer toll. Wir lieben Spargel! Es gibt so viele Sorten hier und die Stimmung ist super.

Dialog 2
- Woher sind Sie?
- Aus Siegburg.
- Was ist für Sie das Highlight auf dem Fest?
- Ganz klar, das Feuerwerk am Rhein. Wir sitzen am Fluss und genießen den Sommerabend. Das Wasser und das Feuer – das ist einfach fantastisch! Wir sind zum dritten Mal hier.

Dialog 3
- Hallo von der Kieler Woche! Wir haben tolles Wetter an der Ostsee und einen guten Wind. Wir interviewen Besucher. Woher kommt ihr?
- Wir kommen aus Bremen.
- Warum kommt ihr nach Kiel?
- Wir machen das jedes Jahr. Wir treffen hier Freunde aus Leipzig und Potsdam. Wir grillen zusammen am Strand, machen Musik und schauen die Schiffe an.

HÖRTEXTE

Dialog 4
- 💬 Hallo, wir melden uns hier von der Parade der Kulturen. Es gibt hier überall Musik- und Tanzgruppen. Tausende Menschen in bunten Kostümen laufen durch die Stadt. Woher kommt ihr?
- 🔴 Wir sind vom kolumbianischen Kulturverein aus Berlin.
- 💬 Und eure Kleidung, woher kommt die?
- 🔴 Das ist traditionelle Kleidung aus Kolumbien.
- 💬 Und ihr?
- 🟣 Wir kommen aus Frankfurt.
- 💬 Und was tragt ihr?
- 🟣 Das ist traditionelle Kleidung von der Insel Java in Indonesien.

Einheit 15 Übungen

4.19
13 Uhr, und nun das Europawetter von heute. In Oslo regnet es. Es ist bewölkt, aber warm. Es sind 23 Grad. In Bremen regnerisch und windig bei 18 Grad. In München sind es 24 Grad und es gibt viel Sonne. In Lugano sonnig bei 28 Grad. Genauso warm wie in Faro und Rom mit ebenso 28 Grad. In Nizza und Athen trocken und sonnig bei 30 Grad. Und zum Schluss das Wetter in Filzmoos für unsere Wanderfreunde: 22 Grad und leicht bewölkt. Super Wanderwetter. Und das bleibt so. Freuen Sie sich also auf das Wochenende. Wir machen weiter mit Musik.

4.20
alt oder jung – warm oder kalt – lang oder kurz – klein oder groß – schnell oder langsam – altmodisch oder modern – praktisch oder unpraktisch – billig oder teuer – dunkel oder hell – leicht oder schwer – interessant oder uninteressant

4.21
Dialog 1
- 💬 Die Wohnung kostet nur 620 Euro im Monat.
- 🔴 Oh, das ist nicht billig! Ich finde das ist zu teuer.

Dialog 2
- 💬 Nur zwei Zimmer? Das ist wirklich nicht groß. Ich finde die Wohnung zu klein.
- 🔴 Ja, aber sie kostet nur 220 Euro! Das ist wirklich nicht zu teuer.

Dialog 3
- 💬 Die Wohnung hat nur ein Fenster. Ich finde, sie ist ziemlich dunkel.
- 🔴 Ja, aber das Fenster ist sehr groß. Ich finde die Wohnung ist ziemlich hell.

Dialog 4
- 💬 Ach, die Wohnung ist in der fünften Etage und es gibt keinen Fahrstuhl? Das ist ziemlich unpraktisch, oder?
- 🔴 Nein, das ist doch gar kein Problem, Sie sind doch nicht alt, Sie sind jung und sportlich.

4.22
1 Ich komme aus Chile. In meinem Land haben wir im Juni, Juli und August Winter und im Dezember, Januar und Februar ist Sommer.
2 Wir haben keinen Frühling, Sommer, Herbst und Winter wie in Europa. Wir haben eine Regenzeit und eine Trockenzeit in Indien. Der Monsun-Regen beginnt im Juni und geht bis August oder September.
3 Ich komme aus Russland, aus Sibirien. Wir haben fast das ganze Jahr nur Winter. Der Winter dauert bei uns fast neun Monate. Wir haben auch Frühling, Sommer und Herbst, aber diese Jahreszeiten sind sehr kurz.

4.23
1 windig – 2 wolkig – 3 italienisch – 4 sonnig – 5 neblig – 6 regnerisch – 7 sportlich – 8 richtig – 9 altmodisch – 10 unpraktisch – 11 günstig

Einheit 16: Ab in den Urlaub!

4.25
- 💬 Wir haben bald Urlaub. Was meinst du, fahren wir weg?
- 🟢 Klar! Ich bleibe im Urlaub doch nicht zu Hause!
- 💬 Und was möchtest du machen?
- 🟢 Ich möchte in der Sonne liegen, schwimmen, gut essen gehen, viel schlafen, lesen, …
- 💬 Das ist wieder typisch! Ich finde Urlaub am Strand total langweilig. Das weißt du doch!
- 🟢 Ach, was willst du denn machen?
- 💬 Ich möchte lieber Aktivurlaub machen. Ich möchte wandern, klettern, Radfahren, …
- 🟢 Oh.
- 💬 Genau.
- 🟢 Aber wir wollen doch zusammen Urlaub machen, oder?
- 💬 Na klar! Mal sehen. Wo kannst du in der Sonne liegen und ich Sport machen? Wir finden ganz sicher etwas.

4.26

- Das gibt's doch nicht! Ich kann meine Sonnenbrille nicht finden. Hast du sie gesehen?
- Deine Sonnenbrille? Nein. Gestern hattest du sie doch noch. Ist sie vielleicht in deiner Tasche?
- Stimmt. Hier ist sie. Und mein E-Reader …?
- … liegt im Wohnzimmer auf dem Sofa. Dort habe ich ihn zuletzt gesehen.
- Aha. Ja, hier ist er.
- Bist du bald fertig? Wir müssen zum Bahnhof …
- Mach jetzt bitte keinen Stress! Ich muss noch mein Kleid einpacken.
- Aha. Kannst du es jetzt auch nicht finden?
- Doch. Hier ist es. So, ich habe den Reiseführer für Norditalien, den E-Reader, die Sonnenbrille, das Kleid, die Hosen, die T-Shirts, meine Schuhe, … Hm.
- Na gut. Hast du die Tickets und die Hotelreservierung?
- Ich? Nein, ich habe sie nicht. Sie sind ganz sicher in deiner Mailbox. Schau mal nach. Du hast doch die Reise gebucht! Und jetzt komm endlich! Der Zug wartet nicht!

Einheit 16 Übungen

4.27

- Mensch Paula, hallo. Wie war dein Urlaub?
  Super! Das Wetter war toll, wir hatten viel Schnee und Sonne.
- Hast du Fotos gemacht?
- Klar!
- Zeig mal.
- Hier. Das Foto finde ich toll! Wir sind den ganzen Tag Ski gefahren. Das war am Montag.
- Echt schön! Und wann war das?
- Ach, das war am Mittwoch. Ich bin mit einer Gruppe aus Italien gewandert. Eine ganze Woche Skifahren ist zu viel für mich! So fit bin ich leider nicht.
- Ja, das kann ich gut verstehen. Und Wandern macht auch Spaß!

Dialog 2

- Na, wie war dein Wochenende?
- Ich bin noch total müde. Ich war in Prag. Die Stadt ist sehr interessant!
- In Prag? Was hast du denn dort gemacht?
- Ich bin in die Stadt gegangen und habe viel fotografiert. Schau mal hier.
- Welches Museum ist das?
- Das ist kein Museum. Das ist ein Kulturverein. Dort war eine sehr interessante Ausstellung.

Dialog 3

- Guten Morgen!
- Guten Morgen, Martin. Du siehst gut aus. Warst du im Urlaub?
- Ja, wir waren wieder in Kroatien.
- Seid ihr geflogen?
- Nein, wir fahren immer mit dem Auto.
- Finden eure Kinder das nicht zu weit?
- Nee, die kennen das schon. Kein Problem.
- Und was habt ihr in Kroatien gemacht?
- Wir sind jeden Tag an den Strand gegangen und haben viel Volleyball gespielt. Schau mal, ich habe hier ein paar Fotos.
- Wie schön! Seid ihr jeden Tag an den Strand gegangen?
- Natürlich nicht, wir haben auch ein paar Sehenswürdigkeiten besichtigt.

4.28

- Ohje, ich finde meinen Rucksack nicht …
- Du hast deine Sachen noch nicht gepackt? Das Konzert fängt um 20 Uhr an!
- Hilf mir doch … Hast du ihn gesehen oder nicht?
- Dein Rucksack ist auf dem Küchentisch …
- Danke. Und mein schwarzes T-Shirt?
- Gestern hattest du es noch. Es muss im Schlafzimmer sein.
- Stimmt! Hast du die Konzertkarten dabei? Sie waren gestern …
- Ja, ich habe sie schon eingepackt. Und wo ist jetzt meine Kamera?
- Ich habe sie gefunden! Sie war im Wohnzimmer.
- Perfekt! Schnell, die Bahn wartet nicht!
- Ok, ich bin fertig. Los geht's.

Plateau 4

4.29

1 Und jetzt das Wetter: Heute ist es noch sonnig, aber mit Temperaturen zwischen acht und 14 Grad schon ziemlich kalt. Am Abend regnet es im Norden und im Osten. In der Nacht fallen die Temperaturen an der Nordsee und in den Bergen auf drei bis sechs Grad.

2 Und jetzt der Wetterbericht für morgen, Freitag. In der Nacht und am Vormittag regnet es bei Temperaturen zwischen sieben und zehn Grad. Am Nachmittag bleibt es bewölkt bei zehn bis zwölf Grad. Am Abend bringt der Wind aus nördlicher Richtung viel Regen für die Nacht mit.

HÖRTEXTE

4.30
Die Füße schließen, geradestehen, tief ein- und ausatmen. Die Arme zur Seite ausstrecken, den linken Fuß anheben, das Knie nach links drehen und den Fuß an das rechte Bein legen. Die Arme strecken, die Hände schließen, den Bauch anspannen und alles 15 Sekunden halten. Die Arme, die Beine und den Bauch langsam lösen und die Übung mit dem anderen Bein wiederholen.

4.31
Grün, grün, grün sind alle meine Kleider;
grün, grün, grün ist alles was ich hab.
Darum lieb ich alles, was so grün ist,
weil mein Schatz ein Jäger, Jäger ist.

Rot, rot, rot sind alle meine Kleider,
rot, rot, rot ist alles was ich hab.
Darum lieb ich alles was so rot ist,
weil mein Schatz ein Reiter, Reiter ist.

Schwarz, schwarz, schwarz sind alle meine Kleider,
schwarz, schwarz, schwarz ist alles was ich hab.
Darum lieb ich alles was so schwarz ist,
weil mein Schatz ein Schornsteinfeger ist.

Weiß, weiß, weiß sind alle meine Kleider,
weiß, weiß, weiß ist alles was ich hab.
Darum lieb ich alles was so weiß ist,
weil mein Schatz ein Müller, Müller ist.

Bunt, bunt, bunt sind alle meine Kleider,
bunt, bunt, bunt ist alles was ich hab.
Darum lieb ich alles was so bunt ist,
weil mein Schatz ein Maler, Maler ist.

4.32
Popocatépetl
Ouagadougou
Chichicastenango

VIDEOTEXTE

Einheit 9: Zuhause

Clip 2.01

Freund: Mensch, Jannis! Ist das die Wohnung?
Jannis: Ja, genau. Die Wohnung hat zwei Zimmer und wir haben einen Balkon. Komm, ich zeige sie dir mal. Also, das ist sie, die Wohnung in Bonn.
Freund: Ist das das Wohnzimmer?
Jannis: Ja. Es ist sehr hell. Der Schreibtisch steht auch hier. Wir haben kein Arbeitszimmer. Ich arbeite im Wohnzimmer. Hier, das ist das Sofa, echt gemütlich.
Freund: Cool. Ach, und da ist auch der Sessel von Anna.
Jannis: Ja, ich weiß. Er ist zu groß und auch nicht bequem.
Freund: Na ja.
Jannis: Aber egal. Anna mag den Sessel.
Freund: Oh ja. Und die Küche?
Jannis: Tada. Hier ist die Küche. Hier ist Platz für einen Tisch und zwei Stühle. Die sind noch nicht da. Aber die Spüle und den Herd haben wir schon.
Freund: Gefällt mir.
Jannis: Und hier ist unser Schlafzimmer.
Freund: Klein, aber gemütlich. Habt ihr schon alle Möbel?
Jannis: Nein, nicht alle. Wir haben schon ein Bett und einen Schrank, aber wir brauchen noch eine Kommode. Und dann gibt es noch ein Badezimmer mit Waschmaschine. Und wir haben noch einen Balkon.
Anna: Hallo!

Clip 2.02

Anna: Herzlich willkommen in unserer neuen Wohnung. Komm, ich zeige sie dir!
Lerner*in: Ja, gern.
Anna: Also, hier ist unsere Küche. Sie ist groß und gemütlich.
Lerner*in: Wow! Die Küche ist sehr schön und hell.
Anna: Ja, das stimmt.
Lerner*in: Und einen Balkon habt ihr auch?
Anna: Ja, komm mal mit! Hier sitzen wir gerne nach der Arbeit.
Lerner*in: Cool. Habt ihr schon alle Möbel?
Anna: Nein, hier im Schlafzimmer brauchen wir noch eine Kommode.
Lerner*in: Ich mag den Schrank. Er ist so groß und praktisch.
Anna: Und nun zeige ich dir das Wohnzimmer. Hier ist mein Sessel.
Lerner*in: Wow, das Wohnzimmer ist ja toll.
Anna: Ja, finde ich auch!

Einheit 10: Familie Schumann

Clip 2.03

Tina: Hallo! Hier ist wieder eure Tina. In den letzten Wochen habe ich eine kleine Video-Pause gemacht. Die Kinder waren zuhause, und ich habe viel im Betrieb gearbeitet. Ohne Großeltern geht das natürlich nicht! Schon klar. Aber das ist heute nicht mein Thema. Mein Thema heute ist: Tina, also ich. Ihr habt viele Fragen gepostet. Die beantworte ich heute mal. Zum Beispiel fragt Natalie aus Münster: „Hast du schon immer in Oldenburg gelebt?" Also, liebe Natalie, die Antwort ist: Nein. Ich habe früher in Hamburg gewohnt und dort von 2007 bis 2010 meinen Beruf gelernt. Ich bin Bankkauffrau und lebe seit 2013 hier in Oldenburg.
Und Eva aus Münster fragt: „Wann hast du deine erste Wohnung gemietet?" Also, liebe Eva, 2011 hatte ich endlich meine erste Wohnung in Hamburg. Die habe ich natürlich gemietet. Das war nicht billig!
Und Jonas aus Stuttgart möchte wissen: „Warum lebst du nicht mehr in Hamburg? Die Stadt ist doch total cool!" Ja, lieber Jonas, Hamburg ist wirklich super! Aber jeden Tag in der Bank arbeiten? Das war nicht mein Ding! Ich habe eine andere Arbeit gesucht und hatte in Oldenburg Glück! Von 2013 bis 2016 habe ich in einem Designbüro gearbeitet. Das hat mir total Spaß gemacht!
Und hier noch eine Frage von Lisa aus Dresden: „Wann hast du geheiratet?" Ich habe Sebastian 2015 geheiratet. Ein paar Monate später waren wir Eltern und seit 2017 leiten wir zusammen unsere Bäckerei. So, jetzt wisst ihr alles. Und das war's auch schon für heute. Im nächsten Video gebe ich wieder Tipps für den Alltag mit Kindern und Beruf. Macht's gut! Eure Tina.

Clip 2.04

Sabine: Hallo. Na, wie geht's?
Lerner*in: Hi Sabine. Gut, danke. Und dir?
Sabine: Auch gut. Meine Eltern kommen am Wochenende. Ich freue mich schon!
Lerner*in: Ach, wie schön! Kommt deine Schwester auch?
Sabine: Leider nicht, sie hat keine Zeit. Ich sehe sie auch nicht so oft.
Lerner*in: Und dein Bruder? Er wohnt jetzt in Brasilien, oder?
Sabine: Ja, genau. Er hat 2013 eine Brasilianerin geheiratet. Sie haben ein Kind, Bruno. Er ist 4.
Lerner*in: Toll! Und siehst du deinen Neffen manchmal?
Sabine: Ja, wir skypen jede Woche.

VIDEOTEXTE

Einheit 11: Viel Arbeit

Clip 2.05

Ben: Hey, mein Name ist Ben Sommer. Ich bin 24 und Game-Designer. Wir entwickeln Computerspiele. Im Büro ist alles ziemlich locker. Wir tragen eigentlich alle Jeans und T-Shirts und duzen uns, auch unsere Chefs. Wir sagen auch gleich zu neuen Kolleginnen und Kollegen du, also „Hey, wir haben uns noch nicht kennengelernt – ich bin Ben, und du?" Aber Präsentationen sind formell. Dann sage ich: „Guten Tag, mein Name ist Ben Sommer. Ich bin Game-Designer bei Lira-Entertain in Köln." Das ist sehr formell. Manchmal mache ich auch einen Witz und sage: „Mein Name ist Sommer, wie der Winter" – dann lachen alle, und das hilft.

Clip 2.06

Rebecca: Ich bin Rebecca Simmel. Ich bin 25 und arbeite bei der Süd-Bank. Ich bin Bankkauffrau. Alles ist formell in einer Bank. Wir sagen zu unserer Chefin nicht du. Wir Kolleginnen und Kollegen duzen uns aber. Am Anfang sind wir noch per Sie und sagen ganz formell: „Guten Morgen, Herr Otto". Nach zwei Wochen bieten wir dann oft das Du an: „Sagen wir du? Ich bin Rebecca". Mit den Kundinnen und Kunden ist es aber immer formell, also: „Guten Tag, Herr und Frau Roth. Ich bin Rebecca Simmel, wie kann ich Ihnen helfen?"

Clip 2.07

Rebecca: Hey.
Lerner*in: Hey Rebecca. Du bist doch Bankkauffrau, oder? Ich habe da ein paar Fragen.
Rebecca: Klar, was möchtest du denn wissen?
Lerner*in: Sag mal, wie lange dauert die Ausbildung?
Rebecca: Drei Jahre.
Lerner*in: Und was hast du in der Ausbildung gemacht?
Rebecca: Ich bin zur Berufsschule gegangen und habe auch in der Bank gearbeitet.
Lerner*in: Und was hast du da gemacht?
Rebecca: Ich habe mit Kundinnen und Kunden gesprochen und natürlich viel im Büro am Computer gearbeitet.
Lerner*in: Ach so, und machst du die Arbeit gern?
Rebecca: Ja. Meine Kolleginnen und Kollegen sind auch sehr nett.

Einheit 12: Essen und Trinken

Clip 2.08

Verkäufer: Guten Tag. Was darf es denn sein?
Kundin: Ich hätte gern zwei Gurken und ein Kilo Tomaten.
Verkäufer: Welche Tomaten? Die Tomaten aus Deutschland oder die Tomaten aus Italien?
Kundin: Lieber die Tomaten aus Deutschland. Und was kostet der Salat?
Verkäufer: Welchen Salat meinen Sie?
Kunde: Diesen Salat hier.
Verkäufer: Der kostet 1,50 Euro. Haben Sie noch einen Wunsch?
Kunde: Nein, danke.
Verkäufer: So, zwei Gurken, ein Kilo Tomaten und der Salat …
Kunde: Was macht das?
Verkäufer: Das macht zusammen 7,10 Euro.

Clip 2.09

Verkäufer: Guten Tag. Was darf es sein?
Lerner*in: Ich hätte gern 1 Kilo Äpfel.
Verkäufer: 1 Kilo Äpfel. Darf es noch etwas sein?
Lerner*in: Ja, noch 500 Gramm Tomaten, bitte.
Verkäufer: Diese hier?
Lerner*in: Ja, bitte die Tomaten aus Italien.
Verkäufer: Ah ja, die Tomaten für 2,70 Euro das Kilo. Ist das alles?
Lerner*in: Nein, ich hätte gerne noch Salat.
Verkäufer: Gerne. Wie viel?
Lerner*in: Oh, der ist groß! Dann nehme ich nur einen. Das ist alles, danke.
Verkäufer: O. k. Das macht dann 6,30 Euro.

Plateau 3

Clip 2.10

Inge: Du musst die Schuhe nicht ausziehen. Komm rein! Der Flur ist so kalt.
Selma: Danke. Ist Nico da?
Inge: Ja, sicher. Nico?
Selma: Ich suche nur mein Portemonnaie. Ich glaube, Nico hat es noch.
Inge: Erzähl mal, woher kommst du? Du kommst nicht aus Deutschland, oder?
Selma: Nein, ich komme aus Syrien und lebe seit fast einem Jahr in Deutschland.
Inge: Bist du alleine in Deutschland?
Selma: Nein, ich bin mit meinen Eltern hier.
Inge: Und hast du Geschwister?

Selma: Ja, ich habe zwei ältere Brüder. Die leben in Hamburg.
Inge: Und deine Großeltern?
Selma: Meine Großeltern leben noch in Syrien.
Nico: Das braune Portemonnaie gehört dir, oder?
Selma: Ja, danke.

Clip 2.11
Nico: Max?
Max: Ja?
Nico: Was muss ein Bankkaufmann machen?
Max: Ein Bankkaufmann? Äh.
Nico: Geld zählen?
Max: Ja, manchmal muss ein Bankkaufmann auch Geld zählen. Und ein Bankkaufmann muss Kunden beraten, er muss Finanzen überprüfen und Termine mit Kunden organisieren.
Nico: Ah, o. k.
Max: Es ist viel Büroarbeit.
Nico: Büroarbeit?
Max: Ja, Büroarbeit. Du musst zum Beispiel E-Mails schreiben und Verträge unterschreiben. Und natürlich immer schön freundlich sein!
Tarek: Das müssen wir im Restaurant auch.
Max: Ja, aber nicht immer.
Nico: Und ein Elektriker?
Tarek: Ein Elektriker muss Geräte installieren oder er repariert etwas.
Nico: Das klingt cool.
Tarek: Das ist es auch. Aber Max hat Recht. Hier sind wir die Chefs. Das ist besser. Das mag ich.
Max: Ja. Wir müssen viel arbeiten, aber die Arbeit ist super.
Nico: Cool.
Max: Was ist das denn? Oh nein. Das ist Lisas Mappe. Die braucht sie. Komm!

Clip 2.12
Nico: Hallo, guten Tag. Ich suche Lisa Brunner.
Mitarbeiter: Entschuldigung, wen suchen Sie?
Nico: Lisa Brunner.
Max: Hallo, Max Stöpel mein Name. Wir suchen eine Lisa Brunner. Sie hat hier um 14 Uhr ein Bewerbungsgespräch.
Mitarbeiter: Also, die Bewerbungsgespräche finden normalerweise im Besprechungsraum statt.
Max: Wo ... Ey ... Wo finden wir den Besprechungsraum?
Mitarbeiter: In der dritten Etage. Aber nein, warten Sie! Ich glaube, heute finden die Bewerbungsgespräche in der vierten Etage neben der Kantine statt.
Max: Aha.
Mitarbeiter: Sie nehmen den Aufzug, fahren in die vierte Etage. Da gehen Sie links, dann rechts und wieder links. Der Besprechungsraum ist rechts. Zimmer 431.
Max: 431. Vielen Dank!
Nico: 431, 431 ... wo ist die 431?
Max: Hier lang.
Nico: Nein, da lang. Lisa!
Max: Du hast deine Bewerbungsunterlagen vergessen.
Lisa: Oh mein Gott! Ihr seid meine Retter! Danke, danke, danke, danke!

Max: Du bist so still. Was ist denn?
Nico: Ich will nicht mehr studieren. Nie wieder. Ich hasse es.
Max: Aber?
Nico: Aber meine Eltern wollen das. Mein Vater sagt immer, ich muss studieren.
Max: Bist du deshalb in Deutschland?
Nico: Ich will weg von zu Hause. Weit weg!
Max: Und was willst du hier machen?
Max + Nico: Und?
Lisa: Ich habe den Job!
Max: Ja?

Clip 2.13
Inge: So! Ich glaube, der Kühlschrank ist zu klein für all das. Jetzt, das hier ist das Obst. Die Äpfel, die Orangen und die Birnen kommen auf den Teller. Das Fleisch kommt hier oben hin. Was ist das? Ach, der Käse. So! Jetzt die Sachen für das Frühstück: Die Marmelade, die Butter, der Quark und der Schinken.

Einheit 13: Fit und Gesund

Clip 2.14
Florian: Sport hilft bei so vielen Sachen: Man ist weniger erkältet. Mit Sport kann man abnehmen, er ist super für die Figur und man kann abschalten. Man ist nicht im Stress. Viele Leute wollen mehr Sport machen. Das Problem ist: Sie müssen ihn einplanen und das ist oft nicht ganz einfach mit Job, Familie, Freunden und so. Aber ich habe ein paar Tipps für euch. Sport muss euch Spaß machen. Es gibt so viele Sportarten. Probiert einfach was aus! Fußball spielen, schwimmen, Ballett tanzen? Egal, das Training soll euch Spaß machen. Ja, und plant eure Sporttermine! Packt die Sportsachen am Abend ein und nehmt sie mit zur Arbeit. Trainiert mit anderen! Nehmt eure Freunde mit und macht Termine zum Sport. Auch das Handy kann helfen:

VIDEOTEXTE

Nehmt eine App und zählt die Schritte. 10.000 Schritte am Tag sind super! Also, geht spazieren, wandert oder lauft. Nee, nicht gleich einen Marathon! Na ja, ein Marathon kann schon ein super Ziel sein!

Clip 2.15

Frau: Hallo, wie geht es dir?
Lerner*in: Mir geht's gut. Und dir?
Frau: Na ja, ich hatte letzte Woche einen Unfall.
Lerner*in: Oh nein. Was ist passiert?
Frau: Ich bin beim Laufen hingefallen und dann hat der Arm wehgetan.
Lerner*in: Warst du schon beim Arzt?
Frau: Ja, bei Dr. Schneider. Ich soll den Arm nicht bewegen und keinen Sport machen.
Lerner*in: Das hilft sicher.
Frau: Ja, aber das ist sehr langweilig.
Lerner*in: Wir können gern morgen einen Kaffee trinken, o. k.?
Frau: Oh ja, sehr gern.
Lerner*in: Gute Besserung.

Einheit 14: Voll im Trend

Clip 2.16

Interessierst du dich für Mode?
Frieda: Für Mode? Nee, nicht so richtig.
Erik: Ja, definitiv. Ich finde Mode interessant. Ich gehe gern shoppen, oft mit meiner Schwester oder Freunden. Und ich folge vielen Designern auf Social Media.

Was trägst du gern?
Lorenzo: Ich mag einen Mix aus sportlich und elegant. Und nicht zu langweilig. Ich trage zum Beispiel gerne rote T-Shirts, grüne Hemden oder blaue Pullover und nicht nur Schwarz oder Grau.
Patrizia: Bei der Arbeit bin ich gern elegant. Ich mag schicke Kleider oder auch Hosenanzüge. In der Freizeit trage ich auch gern schicke Röcke oder Hosen mit Blusen. Und ich liebe elegante schwarze Schuhe. Ich mag keine Turnschuhe.

Was ist aktuell im Trend?
Lorenzo: Viele Farben. Aktuell ist die Mode sehr bunt. Mir gefällt das gut.
Erik: Für Männer sind sportliche Anzüge total im Trend. Kombiniert mit Turnschuhen, das ist cool und professionell. Das gefällt mir super.
Frieda: Hm, keine Ahnung. Interessiert mich auch nicht. Trends sind mir egal.

Patrizia: Übergrößen sind gerade im Trend: Alles ist zu groß. Alles ist in XXL. Das gefällt mir nicht so gut. Warum muss alles so groß sein? Diesen Trend mag ich nicht.

Clip 2.17

Jannis: Ich gehe heute zu einer Geburtstagsparty. Was soll ich anziehen? Kannst du mir helfen?
Lerner*in: Ja klar. Was ziehst du an? Zeig mal!
Jannis: Ja. Einen Moment.
Lerner*in: Nein, das ist zu groß.
Jannis: O. k., ich habe noch ein T-Shirt. Das ist cool.
Lerner*in: Also Jannis, das ist viel zu klein. Das ist nicht deine Größe.
Jannis: O. k., ich habe noch eins.
Lerner*in: Hm. Das Hemd ist o. k., aber sehr bunt. Das ist nicht so schön. Hast du noch ein Hemd?
Jannis: Ja, ein Hemd von Opa. Warte mal.
Lerner*in: Wow, Jannis! Das ist super!
Jannis: Echt, bist du sicher?

Einheit 15: Sommerfeste

Clip 2.18

Ben: Na, warst du dieses Wochenende auch beim Stadtfest?
Lerner*in: Stadtfest? Welches Stadtfest?
Ben: Hast du das nicht gesehen? Die ganze Stadt war dekoriert.
Lerner*in: Ach, das! Nein, ich habe am Wochenende meine Familie besucht. Wie war es denn?
Ben: Super! Es gab viele Konzerte und total leckeres Essen.
Lerner*in: Nicht schlecht! Nächstes Jahr gehen wir zusammen, ok?
Ben: Na klar, sehr gerne.

Einheit 16: Ab in den Urlaub!

Clip 2.19

Tina: Hallo, wie geht's?
Lerner*in: Gut, danke. Ihr wart doch im Urlaub. Wie war es denn?
Tina: Einfach nur super! Viel Sonne, viel Sport und viel Natur.
Lerner*in: Wo wart ihr? In Österreich, oder?
Tina: Wir waren auf einem Bauernhof. Dieses Jahr haben die Kinder das Reiseziel gewählt. Sie sind morgens immer früh aufgestanden. Sie haben mit dem Bauern die Pferde und die Kühe gefüttert, Eier gesucht und den Katzen Wasser gegeben.

Lerner*in: Wie war das Wetter?
Tina: Das Wetter war super! Wir hatten zwischen 20 und 25 Grad und viel Sonne!
Lerner*in: Toll! Seid ihr auch gewandert?
Tina: Ja, klar. Und wir sind jeden Tag geschwommen. Wir hatten einen See in der Nähe.
Lerner*in: Und wie war das Essen?
Tina: Ein Traum! Die Bäuerin hat jeden Tag Brot gebacken. Wir haben Gemüse und Obst aus dem Garten gegessen. Es war alles sehr lecker.
Lerner*in: Hast du auch Fotos gemacht?
Tina: Na klar, ganz viele. Ich habe sie hier auf dem Handy. Guck mal, hier sind sie.

Plateau 4

Clip 2.20

Selma: So. Das Hemd ist toll.
Nico: Ja, das gefällt mir.
Selma: Die Jacke auch?
Nico: Super.
Selma: Nein, die ist besser. Wie süß! Wie findest du die Farbe? Für mich! Wie findest du das Hemd?
Nico: Wie viel kostet das?
Selma: … 25 Euro. Ist das o. k.?
Nico: Ja, das ist o. k.
Selma: Super! Das steht dir gut!
Nico: Ja, das passt auch. Wie findest du den Pullover?
Selma: Schön. Probier mal das andere Hemd an. Welche Größe ist das?
Nico: Ich weiß nicht.
Selma: L. Probier mal M an. Das ist zu groß. Ja, die Jacke steht dir sehr gut. Das finde ich schön. So! Bitteschön.
Verkäuferin: Vielen Dank!
Selma: Eigentlich wollte ich gar nichts kaufen.
Nico: Aber die Jacke, die Jacke steht dir sehr gut.
Selma: Das hat Spaß gemacht. Gib mal deine Hand! Nein.

Clip 2.21

Max: Toll! Waren die Fußbälle teuer?
Tarek: Nein, die waren super billig. Ein Ball hat 4,99 Euro gekostet, weniger als die Getränke.
Max: Hey Nico. Bist du bereit?
Nico: Na ja, ich habe keine Fußballschuhe mit, aber es geht schon.
Max: Welche Schuhgröße hast du?
Nico: Äh?
Tarek: Warte! Warte!
Max: Hey, nicht schlecht. Du bist ja viel zu gut für uns.
Tarek: Probier die mal. Eins, zwei.
Nico: Die Schuhe passen. Vielen Dank!
Max: Perfekt! Ich finde es super, dass du mitkommst.
Tarek: Es geht los.

Max: O. k. Wir müssen besser und schneller spielen. Du lachst. Wir machen gleich weiter mit Sprints.
Tarek: Ja, Max, wir wissen Bescheid. Du bist der Schnellste. Ja, ja, ich muss mich trotzdem erst mal ausruhen.
Max: Ausruhen? Gute Sportler machen dreimal pro Woche Training.
Tarek: Yanis! Iss nicht so viele Süßigkeiten! Iss lieber mehr Obst!
Yanis: Es ist kein Obst da!
Tarek: Wer sollte Obst kaufen?
Max: Yanis!
Yanis: Oh, stimmt. Ich wollte Äpfel, Bananen und Birnen kaufen, aber ich habe es vergessen. Aber Fleisch und Gemüse vom Grill sind doch auch gesund. Und dazu so ein leckerer Kartoffelsalat.
Tarek: Hm, ja. Kartoffelsalat macht auch gar nicht dick.
Yanis: Ab morgen essen wir gesund!
Nico: Ah!

Clip 2.22

Lisa: Vorsicht. Ja. Gut.
Inge: Ach herrje. Was ist denn mit dir passiert?
Nico: Es ist nichts, nur ein kleiner Unfall.
Inge: So sieht es aber nicht aus. Hallo Lisa!
Lisa: Hallo. Wie geht es Ihnen?
Inge: Mir geht es gut. Aber Nico …
Lisa: Dr. Gruber hat Nico Schmerztabletten und eine Salbe verschrieben. Wir waren mit dem Rezept schon bei der Apotheke. Nico, du darfst dein Bein nicht bewegen, o. k.? Nimm die Tabletten dreimal täglich. Und die Salbe sollst du abends vor dem Schlafengehen benutzen. O. k.?
Nico: O. k.
Inge: Das machen wir. Soll er die Tabletten morgens, mittags und abends vor oder nach dem Essen nehmen?
Lisa: Nach dem Essen. Danke für Ihre Hilfe. Ich muss jetzt gehen. Aber wir sehen uns nachher, o. k.?
Nico: Ja, gerne!
Inge: Ich komme mit und besorge uns etwas zu essen.
Nico: Darf ich mitkommen?
Inge + Lisa: Du musst dich ausruhen!
Lisa: Tschüss!
Nico: Tschüss!

VIDEOTEXTE

Clip 2.23

Nico: Ich hätte gern einen eigenen Laden.
Tarek: Ja, ich habe auch immer von meinem eigenen Laden geträumt, von meinem eigenen Restaurant. Und jetzt habe ich eins. Du musst nur immer fleißig und hart arbeiten, dann funktioniert das auch.
Nico: Warum ist dein Fahrrad hier?
Tarek: ... Es ist kaputt.
Nico: Kaputt?
Tarek: Ja, die Bremse hinten funktioniert nicht.
Nico: Einen Moment. So. Fertig.
Tarek: Nico! Krass!
Yara: Wie fährst du denn? Und dann auch noch hupen! Lern doch mal richtig Auto fahren! Nico?
Nico: Yara.
Yara: Was machst du hier?

WORTLISTE

Die alphabetische Wortliste enthält den Wortschatz der Einheiten. Zahlen, grammatische Begriffe sowie Namen von Personen, Städten und Ländern sind nicht in der Liste enthalten. Wörter, die nicht zum Zertifikatswortschatz gehören, sind kursiv ausgezeichnet.

Die Zahlen geben an, wo die Wörter das erste Mal vorkommen – 10/1b bedeutet zum Beispiel Seite 10, Aufgabe 1b.

Die . oder ein _ unter Buchstaben des Worts zeigen den Wortakzent:
a = ein kurzer Vokal; a = ein langer Vokal.

Bei den Verben ist immer der Infinitiv aufgenommen. Bei Nomen finden Sie immer den Artikel und die Pluralform.
(Sg.) = Dieses Wort gibt es (meistens) nur im Singular.
(Pl.) = Dieses Wort gibt es (meistens) nur im Plural.

A

	ab	84/1a
	abbiegen, er biegt ab, er ist abgebogen	86/1a
das	Abc, die Abcs	12/1a
der	Abend, die Abende	74/1a
	abends	181/5c
	aber	28
	abfahren, er fährt ab, er ist abgefahren	72/2a
	abholen, er holt ab, er hat abgeholt	73/5d
der/die	Absender/in, Absender / die Absenderinnen	28
	absolut	83
die	Adresse, die Adressen	28
die	*Agentur, die Agenturen*	95
die	Ahnung, die Ahnungen	13/1a
	aktiv	179
die	Aktivität, die Aktivitäten	202/1b
der	*Aktivurlaub, die Aktivurlaube*	214
	aktuell	195/4a
	alle	108/1a
	allein(e)	216/1a
	alles	55/4b
der	Alltag (Sg.)	149
	als	41
	also	85/4a
	alt	107
die	*Altenpflege (Sg.)*	150/2a
der/die	*Altenpfleger/in, die Altenpfleger / die Altenpflegerinnen*	149
das	Alter (Sg.)	137
	altmodisch	193/5a
die	Altstadt, die Altstädte	107
	am besten	202
	am liebsten	164/1
	an	13/1a
die	*Ananas, die Ananasse*	56/1a
	anderer, anderes, andere	53
der/die	Anfänger/in, die Anfänger / die Anfängerinnen	182/1b
	angeben, er gibt an, er hat angegeben	160
das	Angebot, die Angebote	107
der/die	Angestellte, die Angestellten	138/1a
	ankommen, er kommt an, er ist angekommen	85/3
	anprobieren, er probiert an, er hat anprobiert	194/1c
die	Anrede, die Anreden	219/2a
	anrufen, er ruft an, er hat angerufen	73/5d
	anschauen, er schaut an, er hat angeschaut	150/2a
die	Antwort, die Antworten	30/2b
	antworten, er antwortet, er hat geantwortet	15/1a
	anziehen (sich), er zieht (sich) an, er hat (sich) angezogen	149
der	Anzug, die Anzüge	190
der	Apfel, die Äpfel	162/1
der	*Apfelsaft, die Apfelsäfte*	43/5a
die	*Apotheke, die Apotheken*	180/LaKu
die	*App, die Apps*	150/1
der	April (Sg.)	97/4a
die	Arbeit, die Arbeiten	28
	arbeiten, er arbeitet, er hat gearbeitet	41
der	Arbeitsort, die Arbeitsorte	148
der	Arbeitsplatz, die Arbeitsplätze	41
der	Arbeitstag, die Arbeitstage	95
das	Arbeitszimmer, die Arbeitszimmer	124
der/die	Architekt/in, die Architekten / die Architektinnen	151/3b
der	Arm, die Arme	178
die	Armbanduhr, die Armbanduhren	70
der	*Ärmel, die Ärmel*	194/1a
der/die	Arzt/Ärztin, die Ärzte / die Ärztinnen	149
die	*Arztkosten (Pl.)*	180/LaKu
	asiatisch	207/1a
der/die	*Assistent/in, die Assistenten / die Assistentinnen*	95
die	*Atmosphäre, die Atmosphären*	41
	attraktiv	107
	auch	18/1a

WORTLISTE

	auf	13/1a
	Auf Wiederhören!	72/1b
	Auf Wiedersehen!	68/3
die	Aufgabe, die Aufgaben	95
	aufschreiben, er schreibt auf, er hat aufgeschrieben	152/1a
	aufstehen, er steht auf, er ist aufgestanden	75/3b
	auftragen, er trägt auf, er hat aufgetragen	181/5c
	aufwachen, er wacht auf, er ist aufgewacht	180/3a
der	Aufzug, die Aufzüge	82
das	Auge, die Augen	215
der	August (Sg.)	202
	aus	10
die	Ausbildung, die Ausbildungen	148
	ausfallen, er fällt aus, er ist ausgefallen	72/1b
der	Ausgang, die Ausgänge	96/3
	ausgehen, er geht aus, er ist ausgegangen	108/1a
das	Ausland (Sg.)	107
	ausmachen, er macht aus, er hat ausgemacht	182/1b
	ausprobieren, er probiert aus, er hat ausprobiert	150/1
	ausruhen (sich), er ruht sich aus, er hat sich ausgeruht	181/7
die	Aussage, die Aussagen	46/2
	ausschlafen, er schläft aus, er hat ausgeschlafen	73/5a
	aussehen, er sieht aus, er hat ausgesehen	52
der/die	Aussteller/in, die Aussteller/die Ausstellerinnen	179
die	Ausstellung, die Ausstellungen	216/1a
	aussteigen, er steigt aus, er ist ausgestiegen	90/8a
	aussuchen, er sucht aus, er hat ausgesucht	160
	ausziehen (sich), er zieht (sich) aus, er hat (sich) ausgezogen	149
das	Auto, die Autos	73/5d
das	Autohaus, die Autohäuser	151/3b
der/die	*Automobilkaufmann/-frau*, die Automobilkaufleute	148

B

	backen, er backt, er hat gebacken	75/3b
der/die	*Bäcker/in*, die Bäcker/die Bäckerinnen	154/3b
die	Bäckerei, die Bäckereien	138/1a
der	Backshop, die Backshops	138/1a
das	Badezimmer, die Badezimmer	124
das	Baguette, die Baguettes	54/1a
die	Bahn, die Bahnen	216/1a
der	Bahnhof, die Bahnhöfe	138/1a
die	Balance (Sg.)	178
der	Balkon, die Balkons/die Balkone	124
das	Ballett (Sg.)	183/6b
die	Ballettstange, die Ballettstangen	178
der	Ballspielverein, die Ballspielvereine	32/1a
die	Banane, die Bananen	162/1
die	Band, die Bands [bænd]	44/1a
das	Band, die Bänder	178
die	Bandnudel, die Bandnudeln	164/2a
die	Bank, die Banken	190
der/die	Bankkaufmann/Bankkauffrau, die Bankkaufmänner/die Bankkauffrauen	139/3a
die	Bar, die Bars	44/1a
der	Bauch, die Bäuche	178
	bauen, er baut, er hat gebaut	138/1a
der	Bauernhof, die Bauernhöfe	214
der	Baum, die Bäume	178
die	Baustelle, die Baustellen	150/2a
	beantworten, er beantwortet, er hat beantwortet	97/4b
	beenden, er beendet, er hat beendet	150/2a
	beginnen, er beginnt, er hat begonnen	203
	begrüßen, er begrüßt, er hat begrüßt	95
die	Begrüßung, die Begrüßungen	17
	bei	32/1a
	beige	192/1a
das	Bein, die Beine	178
das	Beispiel, die Beispiele	57/6
	bekommen, er bekommt, er hat bekommen	164/1
	beliebt	214
	benutzen, er benutzt, er hat benutzt	215
	beobachten, er beobachtet, er hat beobachtet	150/2a
	beraten, er berät, er hat beraten	152/1a
der/die	Berater/in, die Berater/die Beraterinnen	190
der	Berg, die Berge	107
die	Bergbahn, die Bergbahnen	107
	berichten, er berichtet, er hat berichtet	83
der	Beruf, die Berufe	138/1a
	beruflich	148
die	Berufsfachschule, die Berufsfachschulen	149
die	Berufsschule, die Berufsschulen	150/2a
	berühmt	202
	besichtigen, er besichtigt, er hat besichtigt	217/2
	besonders	182/1b
	besser (als)	148
	bestellen, er bestellt, er hat bestellt	42/1c
	besuchen, er besucht, er hat besucht	83

WORTLISTE

der/die **Besucher/in**, die Besucher / die Besucherinnen	179
der **Beton**, die Betons	150/2a
betreuen, er betreut, er hat betreut	151/3b
der **Betrieb**, die Betriebe	138/1a
das **Bett**, die Betten	75/3b
die **Bewegung**, die Bewegungen	178
die **Bewerbung**, die Bewerbungen	150/2a
bewölkt	204/1b
bezahlen, er bezahlt, er hat bezahlt	180/LaKu
die **Bibliothek**, die Bibliotheken	94
der **Bigos** (Sg.)	165/5b
das **Bild**, die Bilder	98/1a
die **Biologie** (Sg.)	108/1a
die **Birne**, die Birnen	162/1
bis	84/1a
Bis dann!	44/1a
Bis gleich!	45/6a
Bis morgen!	45/6b
Bis später!	45/6b
bisher	97/5a
bisschen	41
bitte	12/3a
die **Bitte**, die Bitten	13/2a
das **Blatt**, die Blätter	206/2
blau	191
der **Blazer**, die Blazer	191
bleiben, er bleibt, er ist geblieben	180/3a
der **Bleistift**, die Bleistifte	14/4a
blitzen, es blitzt, es hat geblitzt	206/3
der **Blog**, die Blogs	57/6
der/die **Blogger/in**, die Blogger / die Bloggerinnen	139/3a
die **Blume**, die Blumen	206/2
die **Bluse**, die Blusen	191
boxen, er boxt, er hat geboxt	179
braten, er brät, er hat gebraten	164/2a
brauchen, er braucht, er hat gebraucht	41
braun	192/1a
breit	178
der **Brief**, die Briefe	28
der **Briefkasten**, die Briefkästen	30/1
die **Brille**, die Brillen	41
bringen, er bringt, er hat gebracht	149
der **Brokkoli**, die Brokkolis	182/1b
das **Brot**, die Brote	160
das **Brötchen**, die Brötchen	14/4a
der **Bruder**, die Brüder	136
das **Buch**, die Bücher	13/2a
buchen, er bucht, er hat gebucht	214
das **Bücherregal**, die Bücherregale	126/1a
buchstabieren, er buchstabiert, er hat buchstabiert	13/1a
die **Bühne**, die Bühnen	203
bunt	192/1a
das **Büro**, die Büros	94
der **Bus**, die Busse	72/1b
die **Buslinie**, die Buslinien	75/5a
die **Butter** (Sg.)	160

C

das **Café**, die Cafés	41
der/die **Camper/in**, die Camper / die Camperinnen	214
der **Campingplatz**, die Campingplätze	214
der **Campus**, die Campus	107
das **Campusradio**, die Campusradios	108/1a
der **Cappuccino**, die Cappuccinos	40
der **Chai**, die Chais	43/5a
der **Check**, die Checks	148
der/die **Chef/in**, die Chefs / die Chefinnen	153/4a
das **Chinesisch** (Sg.)	18/2a
die **Chipkarte**, die Chipkarten	180/2
die **Club-Szene**, die Club-Szenen	108/1a
die/das **Cola**, die Colas	43/5a
der **Computer**, die Computer	73/5d
das **Computerspiel**, die Computerspiele	150/1
cool	18/1a
der/die **Cousin/Cousine**, die Cousins / die Cousinen	136
das **Croissant**, die Croissants	45/4b
die **Currywurst**, die Currywürste	54/3

D

da	12/3a
da sein, er ist da, er war da	12/3a
dabeihaben, er hat dabei, er hat dabei gehabt	180/2
danach	150/2a
der **Dank** (Sg.)	57/6
danke	12/3a
dann	72/1b
dauern, es dauert, es hat gedauert	70
dazu	164/2a
dazutun, er tut dazu, er hat dazu getan	164/2a
denken, er denkt, er hat gedacht	56/1b
denn	12/3a
die **Design-Agentur**, die Design-Agenturen	95
das **Deutsch** (Sg.)	13/1a
deutsch	28
der/die **Deutsche**, die Deutschen	70
der **Deutschkurs**, die Deutschkurse	84/2a
das **Deutschland** (Sg.)	160

WORTLISTE

der	Dezember (Sg.)	206/1a
der	Dialog, die Dialoge	15/1a
	dick	181/5c
der	Dienstag, die Dienstage	73/5a
der	Dienstagnachmittag, die Dienstagnachmittage	74/2b
	dieser, dieses, diese	162/3a
das	Ding, die Dinge	150/2a
	direkt	202
die	Direktverbindung, die Direktverbindungen	85/3
die	Distanz, die Distanzen	70
	doch	52
das	Dokument, die Dokumente	97/4b
	donnern, es donnert, es hat gedonnert	206/3
der	Donnerstag, die Donnerstage	73/5a
das	Dorf, die Dörfer	32/1a
	dort	82
die	Dose, die Dosen	160
	draußen	124
	dreimal	181/5c
der	Dresscode, die Dresscodes	190
	drinnen	214
	dunkel	128/1a
	durch	70
	dürfen, er darf, er durfte	162/3
	duschen, er duscht, er hat geduscht	149

E

die	E-Card, die E-Cards	180/LaKu
	echt	57/6
	egal	75/5a
	eher	207/1a
das	Ei, die Eier	70
	eigentlich	149
	einfach	41
der	Eingang, die Eingänge	96/3
	einkaufen, er kauft ein, er hat eingekauft	70
	einladen, er lädt ein, er hat eingeladen	75/5a
	einmal	52
	einpacken, er packt ein, er hat eingepackt	183/5a
das	Eis (Sg.)	42/2c
das	Eisen (Sg.)	150/2a
das	Eishockey (Sg.)	179
der/die	Eishockeyspieler/in, die Eishockeyspieler / die Eishockeyspielerinnen	179
das	Eisklettern (Sg.)	107
	eislaufen, er läuft eis, er ist eisgelaufen	108/1a
der	Eistee, die Eistees	41
	elastisch	178
	elegant	129/1a
die	Eltern (Pl.)	136
die	E-Mail, die E-Mails	95
der/die	Empfänger/in, die Empfänger / die Empfängerinnen	28
die	Empfangshalle, die Empfangshallen	95
das	Ende, die Enden	84/1a
	endlich	52
die	Energie, die Energien	182/1b
das	Englisch (Sg.)	17
	englisch	207/1a
der/die	Enkel/in, die Enkel / die Enkelinnen	137
das	Enkelkind, die Enkelkinder	137
	entschuldigen (sich), er entschuldigt sich, er hat sich entschuldigt	96/1b
die	Entschuldigung, die Entschuldigungen	13/2a
	entspannen (sich), er entspannt (sich), er hat (sich) entspannt	124
die	Entspannung, die Entspannungen	182/1b
der/die	Entwickler/in, die Entwickler / die Entwicklerinnen	97/5a
das	Erdbeerfest, die Erdbeerfeste	203
die	Erdbeermarmelade, die Erdbeermarmeladen	161
das	Erdgeschoss, die Erdgeschosse	96/3
die	Erdnuss, die Erdnüsse	160
der	E-Reader, die E-Reader	215
der	Erfolg, die Erfolge	150/2a
das	Erfolgsrezept, die Erfolgsrezepte	138, 1a
	ergänzen, er ergänzt, er hat ergänzt	15/1a
das	Erinnerungsfoto, die Erinnerungsfotos	219/1a
die	Erkältung	182/1b
	erklären, er erklärt, er hat erklärt	97/4b
die	Ernährung, die Ernährungen	182/1b
der	E-Roller, die E-Roller	84/2b
die	Erste-Hilfe-Tasche, die Erste-Hilfe-Taschen	214
der/die	Erwachsene, die Erwachsenen	202
	erwarten, er erwartet, er hat erwartet	203
	erzählen, er erzählt, er hat erzählt	207/1a
der	Espresso, die Espressos	40
	essen, er isst, er hat gegessen	52
das	Essen, die Essen	52
die	Etage, die Etagen	96/1a
	etwas	164/2a
das	Europa (Sg.)	206/1a
der/die	Experte/Expertin, die Experten / die Expertinnen	214

F

	fahren, er fährt, er ist gefahren	75/3b
der	Fahrplan, die Fahrpläne	71
das	Fahrrad, die Fahrräder	82

WORTLISTE

der Fahrstuhl, die Fahrstühle	96/3
die Familie, die Familien	138/1a
der Familienname, die Familiennamen	28
der Familienstand (Sg.)	137
der Fan, die Fans	178
fantastisch	207/1a
die Farbe, die Farben	178
farbig	190
das Farsi (Sg.)	17
fast	55/4b
faul	179
der Favorit, die Favoriten	83
der Februar (Sg.)	206/1a
feiern, er feiert, er hat gefeiert	202
die Feige, die Feigen	162/1
das Fenster, die Fenster	98/1a
die Ferien (Pl.)	107
fernsehen, er sieht fern, er hat ferngesehen	70
der Fernseher, die Fernseher	125
das Fest, die Feste	202
der Festplatz, die Festplätze	202
das Feuerwerk, die Feuerwerke	203
das Figln (Sg.)	108/1a
der Film, die Filme	125
finden, er findet, er fand (Prät.)	53
finden (etw. gut/... finden), er findet, er hat gefunden	57/6
die Firma, die Firmen	96
der Fisch, die Fische	52
fit	178
die Fitness (Sg.)	108/1a
das Fitnessprogramm, die Fitnessprogramme	179
der/die Fitnesstrainer/in, die Fitnesstrainer / die Fitnesstrainerinnen	179
die Flamme, die Flammen	203
die Flasche, die Flaschen	161
das Fleisch (Sg.)	52
fliegen, er fliegt, er ist geflogen	216/1a
der Flughafen, die Flughäfen	219/1b
der Flur, die Flure	125
der Fluss, die Flüsse	203
der/die Food Blogger/in, die Food Blogger / die Food Bloggerinnen	53
die Foodbox, die Foodboxen	160
formell	97/5a
das Foto, die Fotos	53
der/die Fotograf/in, die Fotografen / die Fotografinnen	95
fotografieren, er fotografiert, er hat fotografiert	53
der/die Fotojournalist/in, die Fotojournalisten / die Fotojournalistinnen	82
der Fotostopp, die Fotostopps	84/1a
die Frage, die Fragen	13/2a
fragen, er fragt, er hat gefragt	15/1a
das Französisch (Sg.)	17
die Frau, die Frauen	12/3a
frei	74/1b
frei haben, er hat frei, er hat frei gehabt	110/2b
der Freitag, die Freitage	73/5a
die Freizeit (Sg.)	107
freuen (sich), er freut sich, er hat sich gefreut	45/6a
der/die Freund/in, die Freunde / die Freundinnen	53
frisch	160
früh	152/1a
früher	149
das Frühjahr, die Frühjahre	217/3
der Frühling, die Frühlinge	206/1a
die Frühschicht, die Frühschichten	150/2a
das Frühstück, die Frühstücke	149
frühstücken, er frühstückt, er hat gefrühstückt	75/3b
führen, er führt, er hat geführt	70
für	28
furchtbar	207/1a
der Fuß, die Füße	179
der Fußball (Sg.)	45/7
füttern, er füttert, er hat gefüttert	214

G

ganz	82
garantiert	214
der Garten, die Gärten	10
der Gast, die Gäste	75/5a
das Gebäude, die Gebäude	95
geben, er gibt, er hat gegeben	32/1a
der Geburtstag, die Geburtstage	110/2b
gefallen, es gefällt, es hat gefallen	194/1c
gegen	179
gehen, er geht, er ist gegangen	41
gehören, es gehört, es hat gehört	87/2a
gelb	191
das Geld (Sg.)	207/1a
das Gemüse (Sg.)	54/1a
das Gemüsecurry, die Gemüsecurrys	54/1a
gemütlich	124
genau	138/1a
genauso	205/1b
die Generation, die Generationen	138/1a
genießen, er genießt, er hat genossen	215

WORTLISTE

	geöffnet	160
	geradeaus	86/1a
das	Gericht, die Gerichte	160
die	Germanistik *(Sg.)*	108/1a
	gern(e)	13/1a
	geschieden	137
die	Geschwister *(Pl.)*	137
das	Gespräch, die Gespräche	153/4c
	gestern	110/2b
	gesund	182/1b
die	Gesundheit *(Sg.)*	179
die	Gesundheitskarte, die Gesundheitskarten	180/LaKu
das	Getränk, die Getränke	53
das	Gewässer, die Gewässer	216/1c
das	Gewitter, die Gewitter	204/1b
	gießen, er gießt, er hat gegossen	164/2a
die	Gitarre, die Gitarren	106
das	Glas, die Gläser	161
	glauben, er glaubt, er hat geglaubt	55/4b
	gleich	179
das	Glück *(Sg.)*	57/6
der	Grad, die Grade	204/2b
der/die	Grafikdesigner/in, die Grafikdesigner / die Grafikdesignerinnen	41
das	Gramm, die Gramm	160
	grau	192/1a
	grillen, er grillt, er hat gegrillt	204/1b
	groß	28
die	Großbäckerei, die Großbäckereien	138/1a
die	Größe, die Größen	194/1a
die	Großeltern *(Pl.)*	136
die	Großmutter, die Großmütter	137
der	Großvater, die Großväter	138/1a
	grüezi,	10
	grün	192/1a
	gründen, er gründet, er hat gegründet	138/1a
die	Gruppe, die Gruppen	82
der	Gruß, die Grüße	10
	günstig	128/1a
die	Gurke, die Gurken	162/1
der	Gurkensalat, die Gurkensalate	163/5a
	gut	55/4b
	Gute Besserung!	181/5c
	Gute Idee!	56/1b
	Gute Nacht!	74/1a
	Guten Abend!	74/1a
	Guten Morgen!	29
	Guten Tag!	12/3a
der	Gymnastik-Kurs, die Gymnastik-Kurse	152/1a

H

	haben, er hat, er hatte	13/3
der	Hafen, die Häfen	10
das	Hähnchen, die Hähnchen	54/1a
	halb	72/1b
	hallo	16
der	Hals, die Hälse	178
die	Halsschmerzen *(Pl.)*	181/7b
die	Halstablette, die Halstabletten	181/7b
die	Haltestelle, die Haltestellen	85/3
der	Hamburger, die Hamburger	54/1a
die	Hand, die Hände	97/5c
das	Handball *(Sg.)*	181/7b
das	Handlettering *(Sg.)*	106
das	Handy, die Handys	14/4a
die	Handynummer, die Handynummern	33/6a
	hängen, es hängt, es hat gehangen	99/2a
der	Hauptbahnhof, die Hauptbahnhöfe	82
das	Hauptgericht, die Hauptgerichte	54/1a
die	Hauptsache, die Hauptsachen	182/1b
das	Haus, die Häuser	124
der	Haushalt, die Haushalte	140/1d
die	Hausnummer, die Hausnummern	30/1b
das	Heft, die Hefte	14/4a
die	Heimat, die Heimaten	32/1a
	heiraten, er heiratet, er hat geheiratet	138/1a
	heiß	182/1b
	heißen, er heißt, er hat geheißen	13/1a
	helfen, er hilft, er hat geholfen	85/4a
	hell	124
das	Hemd, die Hemden	190
der	Herbst, die Herbste	203
der	Herd, die Herde	126/1a
der	Herr, die Herren	12/3a
das	Herz, die Herzen	178
	herzlich	33/3a
	Herzlich willkommen!	33/3a
	heute	44/1a
	hey	45/6b
	hier	12/3a
das	Highlight, die Highlights	203
die	Hilfe, die Hilfen	150/2a
	hinfallen, er fällt hin, er ist hingefallen	180/3a
	hinlegen (sich), er legt (sich) hin, er hat (sich) hingelegt	181/5a
	hinter	127/5a
das	Hobby, die Hobbys	107
der	Hobbykoch / die Hobbyköchin, die Hobbyköche / die Hobbyköchinnen	57/6
der	Hobbykurs, die Hobbykurse	107

WORTLISTE

	hochlegen, er legt hoch, er hat hochgelegt	181/5c
das	Homeoffice, die Homeoffices	124
der	Honig, die Honige	161
	hören, er hört, er hat gehört	14/4b
die	Hose, die Hosen	190
der	Hosenanzug, die Hosenanzüge	191
das	Hotel, die Hotels	216/1a
das	Huhn, die Hühner	54/1a
der	Hund, die Hunde	28
der	Hunger (Sg.)	56/1b
der	Husten (Sg.)	181/7b
der	Hustensaft, die Hustensäfte	181/7b
der	Hut, die Hüte	193/4b

I

	ideal	107
die	Idee, die Ideen	56/1b
	immer	84/2b
das	Immunsystem, die Immunsysteme	182/1b
	in	17
	in sein, das ist in, das war in	41
	indisch	164/1
das	Indonesisch (Sg.)	18/2a
die	Info, die Infos	84/1a
der/die	Informatikkaufmann/-frau, die Informatikkaufmänner/ die Informatikkauffrauen	148
die	Information, die Informationen	97/4a
	informell	97/5a
	informieren (sich), er informiert (sich), er hat (sich) informiert	152/1a
	installieren, er installiert, er hat installiert	150/1
	intensiv	178
	interessant	53
das	Interesse, die Interessen	148
	interessieren (sich), er interessiert (sich), er hat (sich) interessiert	195/4a
	international,	17
das	Internet (Sg.)	41
das	Interview, die Interviews	70
das	Intranet, die Intranets	97/4a
das	Italienisch (Sg.)	17
	italienisch	207/1a

J

	ja	13/1a
die	Jacke, die Jacken	192/1a
das	Jackett, die Jacketts	190
das	Jahr, die Jahre	70
die	Jahreszeit, die Jahreszeiten	206/1a
der	Januar (Sg.)	206/2
das	Japanisch (Sg.)	18/2a
die	Jeans (Pl.)	190
	jeder, jedes, jede	125
	jetzt	17
der	Job, die Jobs	140/1b
	joggen, er joggt, er ist gejoggt	272
der/die	Journalist/in, die Journalisten/ die Journalistinnen	148
der	Juli (Sg.)	202
der	Juni (Sg.)	202

K

der	Kaffee, die Kaffees	14/4a
der	Kaffeeklatsch (Sg.)	140/1b
der	Kakao, die Kakaos	40
das	Kalbfleisch (Sg.)	57/5a
der	Kalender, die Kalender	73/6a
	kalt	182/1b
das	Kamtok (Sg.)	18/1a
die	Kantine, die Kantinen	95
	kaputt	110/3a
die	Karte, die Karten	44/1a
die	Kartoffel, die Kartoffeln	54/1a
der	Kartoffelsalat, die Kartoffelsalate	54/1a
der	Käse, die Käse	54/1a
die	Kasse, die Kassen	207/1a
die	Katze, die Katzen	127/5a
	kaufen, er kauft, er hat gekauft	97/4b
	Kein Problem!	44/1a
	kein	13/1a
	Keine Ahnung!	13/1a
	Keine Sorge!	178
der/die	Kellner/in, die Kellner/die Kellnerinnen	41
	kennen, er kennt, er hat gekannt	56/1b
	kennen lernen, er lernt kennen, er hat kennengelernt	41
das	Kilo(gramm), die Kilogramm / die Kilos	160
der	Kilometer, die Kilometer	70
das	Kind, die Kinder	137
das	Kinderzimmer, die Kinderzimmer	124
das	Kino, die Kinos	207/1a
das	Kirschfest, die Kirschfeste	203
	klar	13/1a
	klasse	83
das	Kleid, die Kleider	191
die	Kleidung (Sg.)	190
	klein	124
das	Kleingeld (Sg.)	215
der	Kletterkurs, die Kletterkurse	106
	klettern, er klettert, er ist geklettert	106
die	Kletterwand, die Kletterwände	202

WORTLISTE

die **Klingel**, die Klingeln	28
das **Knie**, die Knie	179
der/die **Koch/in**, die Köche / die Köchinnen	164/1
kochen, er kocht, er hat gekocht	70
der **Kochkurs**, die Kochkurse	164/1
der **Koffer**, die Koffer	215/5
der/die **Kollege/in**, die Kollegen / die Kolleginnen	97/5c
die **Kombination**, die Kombinationen	107
kombinieren, er kombiniert, er hat kombiniert	108/1a
kommen, er kommt, er ist gekommen	17
der **Kommentar**, die Kommentare	53
die **Kommode**, die Kommoden	126/1a
komplett	12/1a
die **Konferenz**, die Konferenzen	97/4b
der **Konferenzraum**, die Konferenzräume	95
können, er kann, er konnte	13/1a
der **Kontakt**, die Kontakte	108/1a
kontra	53
kontrollieren, er kontrolliert, er hat kontrolliert	178
die **Konzentration** (Sg.)	178
das **Konzert**, die Konzerte	44/1a
die **Koordination** (Sg.)	178
der **Kopf**, die Köpfe	179
der **Kopfhörer**, die Kopfhörer	41
der **Kopfsalat**, die Kopfsalate	163/5c
die **Kopfschmerzen** (Pl.)	181/7b
kopieren, er kopiert, er hat kopiert	97/4b
der **Kopierraum**, die Kopierräume	95
der **Körper**, die Körper	182/1b
der/die **Kosmetiker/in**, die Kosmetiker / die Kosmetikerinnen	150/2a
der **Kosmetiksalon**, die Kosmetiksalons	150/2a
kosten, es kostet, es hat gekostet	162/3a
das **Krankenhaus**, die Krankenhäuser	151/3b
die **Krankenversicherung**, die Krankenversicherungen	180/LaKu
krankschreiben, er schreibt krank, er hat krankgeschrieben	181/5a
die **Krawatte**, die Krawatten	190
die **Küche**, die Küchen	94
der **Kuchen**, die Kuchen	54/2
die **Küchenuhr**, die Küchenuhren	126/3a
die **Kuh**, die Kühe	214
kühl	205/1b
der **Kühlschrank**, die Kühlschränke	126/1a
der **Kuli**, die Kulis	14/4a
die **Kultur**, die Kulturen	53
der **Kulturverein**, die Kulturvereine	203
der/die **Kunde/Kundin**, die Kunden / die Kundinnen	152/1a
die **Kuppel**, die Kuppeln	82
der **Kurs**, die Kurse	17
kurz	72/3a
der **Kurz-Ski**, die Kurz-Ski	108/1a

L

lachen, er lacht, er hat gelacht	138/1a
die **Lampe**, die Lampen	98/1a
das **Land**, die Länder	17
lang(e)	70
langsam	13/3
langweilig	150/2a
der **Laptop**, die Laptops	14/4a
der **Latte Macchiato**, die Latte Macchiatos	40
laufen, er läuft, er ist gelaufen	178
der/die **Läufer/in**, die Läufer/die Läuferinnen	178
laut	15/1a
leben, er lebt, er hat gelebt	17
das **Leben**, die Leben	53
das **Lebensmittel**, die Lebensmittel	160
lecker	41
der **Lederschuh**, die Lederschuhe	190
ledig	137
legen, er legt, er hat gelegt	67/6
der/die **Lehrer/in**, die Lehrer/die Lehrerinnen	33/3a
das **Lehrerzimmer**, die Lehrerzimmer	96/3
leicht	128/1a
leider	57/6
leidtun, es tut leid, es hat leidgetan	72/1b
leise	182/2b
leiten, er leitet, er hat geleitet	138/1a
lernen, er lernt, er hat gelernt	17
lesen, er liest, er hat gelesen	13/3
der **Leserbrief**, die Leserbriefe	148
letzter, letztes, letzte	207/1a
die **Leute** (Pl.)	41
liebe …, lieber … (Name)	219/2a
lieben, er liebt, er hat geliebt	57/6
lieber	42/1d
das **Lieblingsbuch**, die Lieblingsbücher	215
die **Lieblingsfarbe**, die Lieblingsfarben	191
das **Lieblingskleidungsstück**, die Lieblingskleidungsstücke	195/4a
das **Lieblingsoutfit**, die Lieblingsoutfits	191
der **Lieblingsurlaub**, die Lieblingsurlaube	216/1a
liegen, er liegt, er hat gelegen	99/2a
lila	192/1a
die **Limette**, die Limetten	162/1
die **Limonade**, die Limonaden	43/5a
links	86/1a

WORTLISTE

die Linie, die Linien		72/2a
der Liter, die Liter		161
die Lunge, die Lungen		178
die Lust (Sg.)		44/1a

M

machen, er macht, er hat gemacht		14/4b
das Magazin, die Magazine		98/1a
der Mai (Sg.)		202
mal		55/4b
malen, er malt, er hat gemalt		107
die Mama, die Mamas		141/1a
manche		116/5a
manchmal		84/2b
die Mandarine, die Mandarinen		162/1
der Mann, die Männer		70
die Mannschaft, die Mannschaften		32/1a
der Mantel, die Mäntel		192/2
der Marathon, die Marathons		70
das Marketing (Sg.)		41
markieren, er markiert, er hat markiert		15/1a
der Markt, die Märkte		202
der Marktstand, die Marktstände		162/1
die Marmelade, die Marmeladen		161
der März (Sg.)		84/1a
massieren, er massiert, er hat massiert		152/1a
der/die Maurer/in, die Maurer / die Maurerinnen		150/2a
die Maus, die Mäuse		98/1a
der/die Mechatroniker/in, die Mechatroniker / die Mechatronikerinnen		148
das Medikament, die Medikamente		149
das Meer, die Meere		214
mehr		97/4a
meinen, er meint, er hat gemeint		148
die Meinung, die Meinungen		207/1a
meist		204/2a
meisten		66/5
meistens		203
die Mensa, die Mensas/Mensen		106
der Mensch, die Menschen		32/2c
die Messe, die Messen		179
mieten, er mietet, er hat gemietet		139/3a
die Milch (Sg.)		10
der Milchkaffee, die Milchkaffees		45/4b
das Milchprodukt, die Milchprodukte		160
die Million, die Millionen		160
das Mineralwasser, die Mineralwasser		42/1d
die Mini-Tomate, Mini-Tomaten		162/1
die Minute, die Minuten		70
Mist!		204/1b
das Mistwetter (Sg.)		207/1a
mit		12/4a
der/die Mitarbeiter/in, die Mitarbeiter/ die Mitarbeiterinnen		95
mitbringen, er bringt mit, er hat mitgebracht		75/5a
mitkommen, er kommt mit, er ist mitgekommen		216/1a
mitmachen, er macht mit, er hat mitgemacht		149
mitnehmen, er nimmt mit, er hat mitgenommen		183/5a
der Mittag, die Mittage		74/1a
das Mittagessen, die Mittagessen		119/2b
mittags		170/13
die Mittagspause, die Mittagspausen		152/1c
das Mitteleuropa (Sg.)		205/4
der Mittwoch, die Mittwoche		73/5a
das Möbel, die Möbel		127/4a
mobil		129/1a
möchten, er möchte, er mochte (Prät.)		42/1b
die Mode, die Moden		195/4a
der/die Moderator/in, die Moderatoren / die Moderatorinnen		108/1a
modern		83
mögen, er mag, er mochte (Prät.)		28
die Möhre, die Möhren		162/1
der Moment, die Momente		12/3a
der Monat, die Monate		70
der Montag, die Montage		73/5a
morgen		44/2
der Morgen, die Morgen		74/1a
das Motorrad, die Motorräder		84/2b
der Motor, die Motoren		156/9b
das Motto, die Mottos		203
müde		182/1b
das Museum, die Museen		10
die Musik (Sg.)		11
müssen, er muss, er musste (Prät.)		160
die Mutter, die Mütter		140/1a
die Muttersprache, die Muttersprachen		17
die Mutti, die Muttis		141/1a

N

nach		72/3a
nach Hause		160
der/die Nachbar/in, die Nachbarn / die Nachbarinnen		124
der Nachmittag, die Nachmittage		74/1a
der Nachname, die Nachnamen		30/1b
nachsehen, er sieht nach, er hat nachgesehen		85/4a
nächster, nächstes, nächste		181/7b

zweihundertfünfundsiebzig 275

WORTLISTE

	nachts	204/2b
die	Nacht, die Nächte	74/1a
die	Nachtschicht, die Nachtschichten	150/2a
der	Name, die Namen	12/4a
die	Nase, die Nasen	182/1b
	nass	108/1a
die	Nation, die Nationen	203
der/die	Nationalspieler, die Nationalspieler / die Nationalspielerinnen	32/1a
die	Natur (Sg.)	10
	naturell	161
	natürlich	202
der	Naturpark, die Naturparks	216/1a
	neben	99/2a
der	Neffe, die Neffen	136
	negativ	207/1a
	nehmen, er nimmt, er hat genommen	42/1b
	nein,	18/1a
	nennen, er nennt, er hat genannt	141/1b
	nerven, er nervt, er hat genervt	53
	nett	124
	neu	95
	neutral	207/1a
	nicht	13/2a
die	Nichte, die Nichten	136
	nichts	160
das	Nichts-Sagen (Sg.)	207/1a
	nie	82
der/die	Niederländer/in, die Niederländer/ die Niederländerinnen	216/1a
das	Niederländisch (Sg.)	18/2a
	niemals	207/1a
	noch	52
	nördlich	202/2
	normal	108/1a
das	Norwegisch (Sg.)	18/2a
die	Notiz, die Notizen	215
der	Notizblock, die Notizblöcke	98/1a
das	Notizbuch, die Notizbücher	215
der	November (Sg.)	206/2
die	Nudel, die Nudeln	160
die	Nummer, die Nummern	254/1.25
	nur	32/1a
	nutzen, er nutzt, er hat genutzt	70

O

	o. k.	72/1b
das	Obst (Sg.)	160
	oder	28
	oft	32/1a
	ohne	42/2a
der	Oktober (Sg.)	84/1a
die	Olive, die Oliven	54/1a
die	Oma, die Omas	141/1a
der	Onkel, die Onkel	136
der	Online-Supermarkt, die Online-Supermärkte	160
der	Opa, die Opas	141/1a
das	Opernhaus, die Opernhäuser	10
die	Orange, die Orangen	162/1
	orange	192/1a
der	Orangensaft, die Orangensäfte	41
	ordnen, er ordnet, er hat geordnet	13/3
der	Ordner, die Ordner	98/1a
die	Organisation (in dieser Bedeutung: Sg.)	97/4a
	organisieren, er organisiert, er hat organisiert	95
die	Orientierung, die Orientierungen	86/1
der	Ort, die Orte	203
das	Österreich (Sg.)	20/2
	östlich	202/2
das	Outfit, die Outfits	190

P

	paar	180/3a
	packen, er packt, er hat gepackt	215/5
die	Packung, die Packungen	161
das	Paket, die Pakete	28
das	Panorama, die Panoramas	82
der	Papa, die Papas	141/1a
der	Papi, die Papis	141/1a
der	Papierkorb, die Papierkörbe	98/1a
die	Paprika, die Paprikas	161
die	Parade, die Paraden	203
der	Park, die Parks	41
der/die	Partner/in, die Partner / die Partnerinnen	30/2b
die	Party, die Partys	125
der	Pass, die Pässe	64/1a
	passen, es passt, es hat gepasst	46/1
	passieren es passiert, es ist passiert	180/3a
die	Pasta (Sg.)	75/5a
der/die	Patient/in, die Patienten / die Patientinnen	151/3b
die	Pause, die Pausen	14/4b
	perfekt	44/1a
die	Person, die Personen	148
die	Personenanzahl (Sg.)	160
der	Pfeffer, die Pfeffer	164/2a
das	Pferd, die Pferde	214
die	Pflanze, die Pflanzen	98/1a
der/die	Physiotherapeut/in, die Physiotherapeuten / die Physiotherapeutinnen	152/1a

WORTLISTE

der Pilz, die Pilze	162/1
die Pizza, die Pizzas / die Pizzen	56/1a
das Plakat, die Plakate	14/4a
der Plan, die Pläne	216/1a
planen, er plant, er hat geplant	151/3b
das Planungsbüro, die Planungsbüros	151/3b
der Platz (Sg.)	215
der Platz, die Plätze	216/1c
Platz nehmen, er nimmt Platz, er hat Platz genommen	180/2
der Podcast, die Podcasts	97/4a
die Politik, die Politiken	207/1a
das Polnisch (Sg.)	84/1a
die Pommes (Frites) (Pl.)	54/1a
das Portemonnaie, die Portemonnaies	43/4a
das Portugiesisch (Sg.)	17
positiv	207/1a
posten, er postet, er hat gepostet	53
die Postkarte, die Postkarten	30/2a
die Postleitzahl, die Postleitzahlen	30/1b
das Praktikum, die Praktika	150/2a
praktisch	215
die Präsentation, die Präsentationen	97/4b
präsentieren, er präsentiert, er hat präsentiert	179
die Praxis, die Praxen	152/1d
prima	74/2b
privat	138/1a
pro	53
probieren, er probiert, er hat probiert	57/6
das Problem, die Probleme	28
das Produkt, die Produkte	203
der/die Professor/in, die Professoren / die Professorinnen	107
der Profi, die Profis	182/1b
der Profi-Fußball (Sg.)	32/1a
die Profimannschaft, die Profimannschaften	32/1a
das Programm, die Programme	108/1a
der/die Programmierer/in, die Programmierer / die Programmiererinnen	95
das Projekt, die Projekte	97/4b
der/die Projektmanager/in, die Projektmanager / die Projektmanagerinnen	191
der Pullover, die Pullover	190
pünktlich	82
das Puppentheater, die Puppentheater	202
putzen, er putzt, er hat geputzt	164/2a

Q

das Quiz, die Quiz	70

R

das Rad, die Räder	84/1a
der Radiergummi, die Radiergummis	14/5
das Radio, die Radios	108/1a
die Radtour, die Radtouren	214
der Raum, die Räume	94/2b
die Rechnung, die Rechnungen	45/4a
rechts	85/4b
die Redaktion, die Redaktionen	148
reden, er redet, er hat geredet	124
das Regal, die Regale	98/1a
die Regel, die Regeln	190
der Regen, die Regen	206/2
das Regenwetter (Sg.)	206/3
die Regenzeit, die Regenzeiten	206/1a
die Region, die Region	32/2c
regional	202
regnen, es regnet, es hat geregnet	204/1b
der Reis (Sg.)	54/1a
die Reise, die Reisen	216/1a
der Reiseführer, die Reiseführer	218/2b
der/die Reiseführer/in, die Reiseführer / die Reiseführerinnen	82
reisen, er reist, er ist gereist	215
die Reisnudel, die Reisnudeln	57/6
renoviert	124
reparieren, er repariert, er hat repariert	148
die Reservierung, die Reservierungen	84/1a
das Restaurant, die Restaurants	41
das Rezept, die Rezepte	57/6
richtig	183/5a
die Richtung, die Richtungen	86/1a
das Rind, die Rinder	54/1a
der Rock, die Röcke	191
rodeln, er rodelt, er ist gerodelt	108/1a
rosa	192/1a
das Rösti (Sg.)	57/5a
rot	192/1a
das Rot (Sg.)	192/1b
die Route, die Routen	215
der Rücken, die Rücken	178
der Rucksack, die Rucksäcke	215
die Rucksacktour, die Rucksacktouren	216/1a
der Rucksackurlaub, die Rucksackurlaube	215
rufen, er ruft, er hat gerufen	180/2
rühren, er rührt, er hat gerührt	164/2a
das Rumänisch (Sg.)	205/3a
das Russisch (Sg.)	18/2a

WORTLISTE

S

der	Saft, die Säfte	42/1d
	sagen, er sagt, er hat gesagt	28
die	Sahne, die Sahnen	164/2a
die	Salami, die Salamis	160
der	Salat, die Salate	54/1a
die	*Salbe, die Salben*	181/5c
der	*Sale, die Sales*	194/1c
das	Salz, die Salze	164/2a
	sammeln, er sammelt, er hat gesammelt	15/1b
der	Samstag, die Samstage	73/5a
die	*Sandale, die Sandalen*	190
der	Satz, die Sätze	207/1a
der	*Satzakzent, die Satzakzente*	30/2b
die	*Sauna, die Saunas/Saunen*	182/1b
die	*S-Bahn, die S-Bahnen*	72/1b
	scharf	54/2
der	Schichtdienst (Sg.)	150/2a
	schick	190
	schicken, er schickt, er hat geschickt	44/1a
der	Schinken, die Schinken	56/1b
der	Schirm, die Schirme	204/1b
	schlafen, er schläft, er hat geschlafen	70
der	*Schlafsack, die Schlafsäcke*	214
das	Schlafzimmer, die Schlafzimmer	126/2a
	schlecht	180/3a
	schleppen, er schleppt, er hat geschleppt	160
	schließen, er schließt, er hat geschlossen	215
	schlimm	180/3a
der	Schluss, die Schlüssel	87/1b
der	Schlüssel (Sg.)	87/1b
	schmecken, er schmeckt, er hat geschmeckt	202
der	Schmerz, die Schmerzen	181/5c
der	Schnee (Sg.)	108/1a
	schneiden, er schneidet, er hat geschnitten	164/2a
	schneien, es schneit, er hat geschneit	210/5b
	schnell	12/1b
das	Schnitzel, die Schnitzel	54/1a
der	Schnupfen, die Schnupfen	182/1b
die	Schokolade die Schokoladen	10
	schon	108/1a
	schön	86/2a
der	Schrank, die Schränke	126/1a
	schreiben, er schreibt, er hat geschrieben	12/4a
der	Schreibtisch, die Schreibtische	124
der	*Schritt, die Schritte*	180/3a
der	Schuh, die Schuhe	190
die	Schule, die Schulen	214
der/die	Schüler/in, die Schüler / die Schülerinnen	152/1a
die	Schulter, die Schultern	178
	schwarz	42/2b
das	Schwein, die Schweine	54/1a
das	Schweinefleisch (Sg.)	54/3
die	Schweiz (Sg.)	10
	schwer	128/1a
die	Schwester, die Schwestern	136
die	Schwimmbrille, die Schwimmbrillen	215
	schwimmen, er schwimmt, er ist geschwommen	179
	sechsmal	181/7b
der	See, die Seen	203
	sehen, er sieht, er hat gesehen	82
die	Sehenswürdigkeit, die Sehenswürdigkeiten	82
	sehr	45/6b
	sein, er ist, er war	11/3
	seit	32/1a
die	Seite, die Seiten	218/4
das	*Sekretariat, die Sekretariate*	96/3
die	Sekunde, die Sekunden	71
das	*Selfie, die Selfies*	82
das	Semester, die Semester	108/1a
die	*Semesterferien (Pl.)*	206/1a
das	*Seminar, die Seminare*	110/2b
der/die	Senior/in, die Senioren / die Seniorinnen	149
das	Seniorenheim, die Seniorenheime	149
der	September (Sg.)	106
der	Sessel, die Sessel	124
	setzen, er setzt, er hat gesetzt	215
	shoppen, er shoppt, er hat geshoppt	160
die	Shorts (Pl.)	190
die	*Show-Küche, die Show-Küchen*	164/1
	sicher	195/3a
	siegen, er siegt, er hat gesiegt	70
der/die	*Sieger/in, die Sieger / die Siegerinnen*	70
die	Situation, die Situationen	207/1a
	sitzen, er sitzt, er hat gesessen	215
das	*Skateboard, die Skateboards*	180/3a
der	Ski, die Ski	106
	Ski fahren, er fährt Ski, er ist Ski gefahren	106
	slacken, er slackt, er hat geslackt	178
die	*Slackline, die Slacklines*	178
der	*Smalltalk, die Smalltalks*	207/1a
der	*Snack, die Snacks*	161
das	Snowboard, die Snowboards	109/3a
	snowboarden, er snowboardet, er ist/hat gesnowboardet	107
	so	28
das	Sofa, die Sofas	124

der Sohn, die Söhne	136	
sollen, er soll, er sollte	181/5a	
der Sommer, die Sommer	17	
die Sommerferien (Pl.)	203	
das Sommerfest, die Sommerfeste	202	
die Sonne, die Sonnen	204/2b	
die Sonnenbrille, die Sonnenbrillen	218/2b	
sonnig	204/2b	
der Sonntag, die Sonntage	70	
die Sorge, die Sorgen	178	
sorry	29	
der Sound, die Sounds	215	
das Souvenir, die Souvenirs	215	
die Spaghetti, die Spaghetti	70	
das Spanisch (Sg.)	17	
der Spargel, die Spargel	202	
der/die Spargelkönig/in, die Spargelkönige / die Spargelköniginnen	202	
die Spargelsaison, die Spargelsaisons	202	
der Spaß (Sg.)	178	
spät	73/4	
später	50	
die Spätschicht, die Spätschichten	150/2a	
spazieren gehen, er geht spazieren, er ist spazieren gegangen	182/1b	
die Speisekarte, die Speisekarten	54/1a	
die Spezialität, die Spezialitäten	57/5a	
die Spiel, die Spiele	66/1	
spielen, er spielt, er hat gespielt	20/2	
der/die Spieler/in, die Spieler / die Spielerinnen	32/1a	
spontan	216/1a	
der Sport (Sg.)	11	
das Sportangebot, die Sportangebote	108/1a	
die Sportart, die Sportarten	183/5a	
der Sportkurs, die Sportkurse	183/5a	
der/die Sportler/in, die Sportler / die Sportlerinnen	178	
sportlich	191	
das Sportprogramm, die Sportprogramme	108/1a	
die Sportsachen (Pl.)	183/5a	
die Sportsalbe, die Sportsalben	181/7b	
der/die Sportstudent/in, die Sportstudenten / die Sportstudentinnen	107	
der/die Sportstudierende, die Sportstudierenden	107	
der Sporttermin, die Sporttermine	183/5a	
der Sportverein, die Sportvereine	207/2a	
die Sportverletzung, die Sportverletzungen	179	
die Sprache, die Sprachen	17	
sprechen, er spricht, er hat gesprochen	13/3	
die Spüle, die Spülen	126/1a	
die Stadt, die Städte	19/5a	
der Stadtpark, die Stadtparks	85/4a	
das Stadtzentrum, Stadtzentren	107	

der Start, die Starts	84/1a
das Start-up die Start-ups	190
stattfinden, es findet statt, es hat stattgefunden	70
das Steak, die Steaks	54/1a
stehen, er steht, er hat gestanden	99/2a
der Stein, die Steine	150/2a
der Steinpilz, die Steinpilze	164/2a
der Stiefel, die Stiefel	193/4a
der Stift, die Stifte	98/1a
stimmen, es stimmt, es hat gestimmt	55/4b
stören, er stört, er hat gestört	215
der Strand, die Strände	215
die Straße, die Straßen	30/1b
die Straßenkarte, die Straßenkarten	214
das Streetfood, die Streetfoods	57/6
der Streit, die Streite	207/1a
der Stress (Sg.)	28
stressig	140/1e
das Stück, die Stücke	160
studieren, er studiert, er hat studiert	41
der/die Student/in, die Studenten / die Studentinnen	107
der/die Studierende, die Studierenden	17
das Studium (Sg.)	107
der Stuhl, die Stühle	14/4a
die Stunde, die Stunden	70
der Sturm, die Stürme	206/2
suchen, er sucht, er hat gesucht	160
südlich	202/2
südwestlich	202
super	44/1a
der Supermarkt, die Supermärkte	86/2b
die Suppe, die Suppen	55/4b
das Sushi, die Sushis	52
süß	54/2

T

das Tablet, die Tablets	98/1a
die Tablette, die Tabletten	181/5c
die Tafel, die Tafeln	13/1a
der Tag, die Tage	70
das Tamil (Sg.)	205/3a
die Tante, die Tanten	136
der Tanz, die Tänze	203
tanzen (gehen), er geht tanzen, er ist tanzen gegangen	106
der Tanzkurs, die Tanzkurse	106
die Tasche, die Taschen	14/4a
das Taschenmesser, die Taschenmesser	10
die Tastatur, die Tastaturen	98/1a
die Technik, die Techniken	11

WORTLISTE

der Tee, die Tees	40
teilen, er teilt, er hat geteilt	125
der/die Teilnehmer/in, die Teilnehmer / die Teilnehmerinnen	203
das Telefon (Tel.), die Telefone	98/1a
telefonieren, er telefoniert, er hat telefoniert	12/3a
die Telefonkonferenz, die Telefonkonferenzen	73/5d
das Tempo, die Tempi	28
das Tennis (Sg.)	107
der Teppich, die Teppiche	124
der Termin, die Termine	72/1b
das Terminal, die Terminals	219/1b
die Test, die Teste	75/3b
teuer	128/1a
der Text, die Texte	13/3
der Textmarker, die Textmarker	14/4a
das Thai (Sg.)	17
das Theater, die Theater	85/4c
die Theater-Bühne, die Theater-Bühnen	203
das Thema, die Themen	53
das Ticket, die Tickets	218/2b
das Tier, die Tiere	52
das Tiny House, die Tiny Houses	129/1a
der Tipp, die Tipps	83
der Tisch, die Tische	14/4a
die Tischdekoration, die Tischdekorationen	164/1
die Tochter, die Töchter	124
das Tofu (Sg.)	54/1a
die Toilette, die Toiletten	96/1b
toll	41
die Tomate, die Tomaten	54/1a
die Tomatensuppe, die Tomatensuppen	54/1a
der/die Torwart/Torwartin, die Torwarte / die Torwartinnen	32/1a
total	52
die Tour, die Touren	82
die Tourismusbranche, die Tourismusbranchen	214
der/die Tourist/in, die Touristen / die Touristinnen	82
tragen, er trägt, er hat getragen	178
der/die Trainer/in, die Trainer / die Trainerinnen	32/1a
trainieren, er trainiert, er hat trainiert	108/1a
das Training (Sg.)	32/1a
die Trainingsmöglichkeit, die Trainingsmöglichkeiten	179
der Transport, die Transporte	10
der Traum, die Träume	216/1a
treffen (sich), er trifft (sich), er hat (sich) getroffen	82
das Treffen, die Treffen	148
der Treffpunkt, die Treffpunkte	83
der Trend, die Trends	129/1c
der Trendsport (Sg.)	178
der Trick, die Tricks	178
trinken, er trinkt, er hat getrunken	42/1b
die Trockenzeit, die Trockenzeiten	206/1a
tschüss	29
das T-Shirt, die T-Shirts	178
tun, er tut, er hat getan	95
die Tür, die Türen	14/4a
türkis	192/1a
das Türkisch (Sg.)	20/2
der Turnschuh, die Turnschuhe	191
typisch	32/1a

U

die U-Bahn, die U-Bahnen	82/2a
üben, er übt, er hat geübt	178
über	70
überall	41
überlegen, er überlegt, er hat überlegt	150/2a
übernachten, er übernachtet, er hat übernachtet	216/1a
die Übung, die Übungen	152/1a
die Uhr, die Uhren	14/4a
um	72/1b
umsteigen, er steigt um, er ist umgestiegen	85/3
und	12/3a
der Unfall, die Unfälle	180/3a
unhöflich	207/1a
die Universität, die Universitäten	82
unmöglich	193/5a
unter	99/2a
untersuchen, er untersucht, er hat untersucht	151/3b
unterwegs	82
der/die Urenkel/in, die Urenkel / die Urenkelinnen	137
der Urlaub, die Urlaube	207/1a
der USB-Stick, die USB-Sticks	87/1b

V

der Vater, die Väter	137
der/die Vegetarier/in, die Vegetarier / die Vegetarierinnen	204/1b
vegetarisch	52
das Verb, die Verben	13/1a
vergessen, er vergisst, er hat vergessen	207/1b
vergleichen, er vergleicht, er hat verglichen	194/1c

WORTLISTE

	verheiratet	137
	verkaufen, er verkauft, er hat verkauft	148
der/die	Verkäufer/in, die Verkäufer / die Verkäuferinnen	163/4b
der	Verkehr (Sg.)	271/1.23
das	Verkehrsmittel, die Verkehrsmittel	84/2a
die	Verletzung, die Verletzungen	179
	verschicken, er verschickt, er hat verschickt	150/2a
der/die	Versicherte, die Versicherten	180/LaKu
die	Versichertenkarte, die Versichertenkarten	180/LaKu
die	Verstauchung, die Verstauchungen	181/5c
	verstehen, er versteht, er hat verstanden	13/2a
	viel	17
	Vielen Dank!	57/6
	vielleicht	55/4b
das	Viertel, die Viertel	72/3a
	viertel	162/1
das	Vietnamesisch (Sg.)	18/2a
das	Vitamin, die Vitamine	182/1b
die	Volkshochschule, die Volkshochschulen	107
das	Volleyball (Sg.)	217/2
das	Vollkornbrot, die Vollkornbrote	160
	von	43/4a
	vor	72/3a
	vorbereiten, er bereitet vor, er hat vorbereitet	97/4b
der	Vormittag, die Vormittage	74/1a
der	Vorname, die Vornamen	19/5a
die	Vorspeise, die Vorspeisen	54/1a
der	Vorteil, die Vorteile	160

W

	wählen, er wählt, er hat gewählt	138/1a
der	Wald, die Wälder	214
die	Wand, die Wände	99/2a
	wandern (gehen), er geht wandern, er ist wandern gegangen	107
	wann	52
	warm	108/1a
	warten, er wartet, er hat gewartet	180/2
das	Wartezimmer, die Wartezimmer	180/2
	warum	41
	was	11/4
	waschen, er wäscht, er hat gewaschen	149
das	Wasser (Sg.)	41
	weggehen, er geht weg, er ist weggegangen	75/3b
	weglegen, er legt weg, er hat weggelegt	183/5a
	wehtun, es tut weh, es hat wehgetan	180/3a
das	Weinfest, die Weinfeste	203
die	Weintraube, die Weintrauben	162/1
	weit	86/2a
	weiß, er weiß, er hat gewusst	178
das	Weißbrot, die Weißbrote	163/5a
die	Weißwurst, die Weißwürste	161
	weiterfahren, er fährt weiter, er ist weitergefahren	85/4a
	weiterreisen, er reist weiter, er ist weitergereist	216/1a
	welcher, welches, welche	18/1a
das	Weltmusikfest, die Weltmusikfeste	203
	wenig	28
	wer	17
	werden, er wird, er ist geworden	204/1b
	werfen, er wirft, er hat geworfen	178
die	Werkstatt, die Werkstätten	148
	westlich	202/2
das	Wetter (Sg.)	203
	wichtig	95
	wie	12/4a
	wie viel	166/3b
	wie viel Uhr	71/1
	wieder	93/1
	wiederholen, er wiederholt, er hat wiederholt	13/1a
	wiederkommen, er kommt wieder, er ist wiedergekommen	181/7b
	willkommen	33/3a
der	Winter, die Winter	107
der	Wintersport (Sg.)	10
der	Wintersportfan, die Wintersportfans	108/1a
	wissen, er weiß, er hat gewusst	55/1a
	wo	11/4
die	Woche, die Wochen	32/1a
das	Wochenende, die Wochenenden	73/5d
	woher	17
	wohin	216/1a
	wohnen, er wohnt, er hat gewohnt	17
die	Wohngemeinschaft/WG, die Wohngemeinschaften / die WGs	125
der	Wohnort, die Wohnorte	21/7
die	Wohnung, die Wohnungen	124
das	Wohnzimmer, die Wohnzimmer	124
die	Wolke, die Wolken	204/2b
	wollen, er will, er wollte	178
das	Wort, die Wörter	13/3

WORTLISTE

das **Wörterbuch**, die Wörterbücher		192/1a
der **Wunsch**, die Wünsche		162/3a
wünschen, er wünscht, er hat gewünscht		163/4b
die **Wurst**, die Würste		160
das **Würstchen**, die Würstchen		204/1b

Y

das **Yoga** (Sg.)		106

Z

die **Zahl**, die Zahlen		31/1
zahlen, er zahlt, er hat gezahlt		45/4b
zählen, er zählt, er hat gezählt		183/5a
zeigen, er zeigt, er hat gezeigt		95
die **Zeit**, die Zeiten		28
die **Zeitung**, die Zeitungen		127/5b
das **Zelt**, die Zelte		204/1b
zelten, er zeltet, er hat gezeltet		214
der **Zeltplatz**, die Zeltplätze		214
der **Zentimeter**, die Zentimeter		178
das **Zentrum**, Zentren		108/1a
die **Ziege**, *die Ziegen*		214
das **Ziel**, die Ziele		178
ziemlich		108/1a
das **Zimmer**, die Zimmer		124
der **Zoo**, die Zoos		82
zu		75/3b
zu F**u**ß		82
zu H**au**se		110/2b
die **Zucchini**, *die Zucchinis*		162/1
der **Zucker**, die Zucker		42/2a
zuerst		164/2c
der **Zug**, die Züge		82
zuhören, er hört zu, er hat zugehört		207/1a
zum B**ei**spiel		57/6
zum Gl**ü**ck!		57/6
zum Schl**u**ss		164/2c
das **Zumba** (Sg.)		179
zuordnen, er ordnet zu, er hat zugeordnet		15/1a
zurück		45/4b
zusammen		108/1a
der/die **Zuschauer/in**, die Zuschauer/die Zuschauerinnen		178
der **Zusteller**, die Zusteller/die Zustellerinnen		28
die **Zutat**, die Zutaten		160
die **Zwiebel**, die Zwiebeln		162/1
zwischen		99/2a

QUELLENVERZEICHNIS

Bildquellen
Cover: Copyright/Rosendahl, Daniel Meyer; U2: Cornelsen/Carlos Borrell Eiköter; U3: Cornelsen/Dieter Seidensticker; U4: Cornelsen/Rosendahl Berlin, Agentur für Markendesign; S.124 (Familie oben): Shutterstock.com/fizkes; (Pärchen unten): Cornelsen/I LIKE VISUALS, Berlin; (Wohnzimmer oben): Shutterstock.com/Photographee.eu; (Wohnzimmer unten): Cornelsen/I LIKE VISUALS, Berlin; S.125 (Icons): Shutterstock.com/Vadim Almiev; (Mitte): stock.adobe.com/contrastwerkstatt; (Wohnzimmer oben): Shutterstock.com/Photographee.eu; (Wohnzimmer unten): Shutterstock.com/ Dr Project; S.126 (oben links): stock.adobe.com/Christian Hillebrand/Christian; (unten rechts): Shutterstock.com/Baloncici; S.128 (alte Lampe): Shutterstock.com/Steinar; (Doppelbett): Shutterstock.com/Dima Moroz; (dunkler Schrank): Shutterstock.com/onsuda; (Einzelbett): Shutterstock.com/Ljupco Smokovski; (großer Tisch): Shutterstock.com/donatas1205; (heller Schrank): Shutterstock.com/onsuda; (kleiner Tisch): Shutterstock.com/kibri_ho; (Mann mit Sessel): Shutterstock.com/New Africa; (Mann mit Sofa): Shutterstock.com/Ljupco Smokovski; (moderne Lampe): Shutterstock.com/ANTHONY PAZ; S.129 (oben): Shutterstock.com/Lowphoto; (unten): stock.adobe.com/ppa5; S.130 (C): Shutterstock.com/fizkes; (H): stock.adobe.com/contrastwerkstatt; (J): Cornelsen/I LIKE VISUALS, Berlin; S.132 (Mitte): Cornelsen/I LIKE VISUALS, Berlin; S.133 (oben links): Shutterstock.com/Elvetica; (oben rechts): Shutterstock.com/Elvetica; S.134 (graue Avatare): Shutterstock.com/Shannon Marie Ferguson; (Mitte links): Shutterstock.com/New Africa; (Sterne): Shutterstock.com/Sergii Baibak; S.136: Shutterstock.com/Anna Violet; S.137 (Icons): Shutterstock.com/zcreamz11; (Mitte): Shutterstock.com/RossHelen; S.138 (Bäckerei): Shutterstock.com/ShutterDivision; (Hintergrund): Shutterstock.com/Picsfive; S.139 (Tina): Cornelsen/I LIKE VISUALS, Berlin; S.140 (Helga): stock.adobe.com/contrastwerkstatt; S.141 (1): Shutterstock.com/fizkes; (2): Shutterstock.com/Iakov Filimonov; (3): Shutterstock.com/Monkey Business Images; S.143 (oben): Shutterstock.com/Monkey Business Images; (unten): Shutterstock.com/Jacob Lund; S.144 (unten): Shutterstock.com/Nejron Photo; S.145 (oben links): Shutterstock.com/stockfour; (oben rechts): Shutterstock.com/imging; S.146 (a): Shutterstock.com/nd3000; (b): Shutterstock.com/oneinchpunch; (c): Shutterstock.com/Liderina; (d): Shutterstock.com/Iakov Filimonov; (e): Shutterstock.com/carballo; (unten): Cornelsen/I LIKE VISUALS, Berlin; S.148 (Automobilkaufmann): Shutterstock.com/Africa Studio; (Icons): Shutterstock.com/zcreamz11; (Mechatronikerin): Shutterstock.com/Ikonoklast Fotografie; (Mitte): stock.adobe.com/Jacob Lund/Jacob; S.149 (Hintergrund): Shutterstock.com/Robert Kneschke; (Zettel-Icon): Shutterstock.com/zcreamz11; S.150 (oben): Shutterstock.com/ maradon 333; (unten): Shutterstock.com/Kzenon; S.152 (links): Shutterstock.com/Africa Studio; (rechts): Shutterstock.com/Africa Studio; S.154 (1): Shutterstock.com/Africa Studio; (2): Shutterstock.com/LightField Studios; (3): Shutterstock.com/Dmitry Kalinovsky; (4): Shutterstock.com/wavebreakmedia; (5): Shutterstock.com/ReeAod; (6): Shutterstock.com/New Africa; S.156 (1): Shutterstock.com/Bannafarsai_Stock; (2): Shutterstock.com/Monkey Business Images; (3): Shutterstock.com/Monkey Business Images; (4): Shutterstock.com/New Africa; (5): Shutterstock.com/Branislav Nenin; (6): Shutterstock.com/Syda Productions; S.158 (oben): Shutterstock.com/LDprod; (unten): Cornelsen/I LIKE VISUALS, Berlin; S.160/161 (Doppelseite Panorama oben): Shutterstock.com/Rawpixel.com; S.160 (Äpfel): Shutterstock.com/Africa Studio; (Butter): stock.adobe.com/Klaus Hoffmann/orinocoArt; (Erdnüsse): stock.adobe.com/M. Schuppich/M.; (Salami): stock.adobe.com/fabiomax; (Schokolade): stock.adobe.com/TETIANA; (Vollkornbrot): Shutterstock.com/Seroff; S.161 (Blatt-Icon): Shutterstock.com/Babka; (Icons fürMonitor, Messer und Gabel): Shutterstock.com/zcreamz11; (Käse): stock.adobe.com/photocrew; (Marmelade): stock.adobe.com/Uros Petrovic/Uros; (Mineralwasser): Shutterstock.com/studiogi; (Paprika): stock.adobe.com/karandaev; (Spaghetti): Shutterstock.com/tsyklon; (Weißwurst): stock.adobe.com/photocrew; S.162 (Einkaufszettel): Cornelsen/Shutterstock.com/Kanate; (Einkaufszettel): Cornelsen/Shutterstock.com/Kanate; (oben): Cornelsen/I LIKE VISUALS, Berlin; S.163 (Mitte links): Shutterstock.com/Food Impressions; (Mitte rechts): Shutterstock.com/Boonchuay1970; S.164 (oben links): Shutterstock.com/Jacob Lund; (oben rechts): Shutterstock.com/Uber Images; (Pilz): Shutterstock.com/bonchan; S.165 (Bigoa): stock.adobe.com/robert6666; (Gado-gado): StockFood/FC/Benjamins, Sven; (Samosa): Shutterstock.com/Faraz Hyder Jafri; S.166 (Mitte): Cornelsen/I LIKE VISUALS, Berlin; S.167 (oben): Shutterstock.com/P Maxwell Photography; (unten): Shutterstock.com/Jasminko Ibrakovic; S.168 (Gabel): Shutterstock.com/Artco; (Mitte): Shutterstock.com/Flamingo Images; (oben): Shutterstock.com/Jacob Lund; (Uhren-Icon): Shutterstock.com/Tzubasa; S.169 (oben): stock.adobe.com/highwaystarz; S.170 (links): stock.adobe.com/conorcrowe; (rechts): stock.adobe.com/jotily; S.172 (Filmstills oben rechts): © DW.com/nico; S.173 (Logo): DW Deutsch lernen. Kostenlos Deutsch lernen mit der DW. Nutzen Sie Texte, Audios, Videos und interaktive Übungen auf dw.com/deutschlernen; (Mappe): stock.adobe.com/Silkstock; S.175 (1): Shutterstock.com/Minerva Studio; (2): Shutterstock.com/Ariwasabi; (3): Shutterstock.com/ntm; (4): Shutterstock.com/Jacob Lund; (5): Shutterstock.com/Bobex-73; (6): Shutterstock.com/Africa Studio; S.178 (Mitte): Shutterstock.com/Peeratouch Vatcharapanon; (oben): Shutterstock.com/Jacob Lund; (unten): Shutterstock.com/Satyrenko; S.179 (Mitte links): Shutterstock.com/Lucky Business; (Mitte rechts): Shutterstock.com/r.classen; (oben): Shutterstock.com/Master1305; (Trophäen-Icon): Shutterstock.com/Palsur; S.180 (Krankenversicherungskarte): BARMER; (Rezeptschein): Kassenärztliche Bundesvereinigung; S.182 (1): Shutterstock.com/Production Perig; (2): stock.adobe.com/contrastwerkstatt; S.183 (Mitte): Cornelsen/I LIKE VISUALS, Berlin; S.184 (oben): Shutterstock.com/marpan; S.185 (Mitte): Cornelsen/I LIKE VISUALS, Berlin; S.186 (oben): Shutterstock.com/Photographee.eu; (unten): Shutterstock.com/Ganna Glushakova; S.187 (Mitte): Shutterstock.com/triocean; (oben): Shutterstock.com/Dmytro Zinkevych; (unten): Shutterstock.com/Prostock-studio; S.188 (Mitte): Shutterstock.com/Stock-Asso; S.190 (Anzug): Shutterstock.com/posteriori; (Hemd): Shutterstock.com/posteriori; (Hemd-Icon): Shutterstock.com/matsabe; (Herr im Anzug): Shutterstock.com/sakkmesterke; (Krawatte): Shutterstock.com/Artem Avetisyan; (Lederschuhe): Shutterstock.com/Elnur; (Pullover): Shutterstock.com/sagir; (Sandalen): Shutterstock.com/gowithstock; (Shorts): Shutterstock.com/gogoiso; S.191 (Blazer): Shutterstock.com/Artem Chernyavskiy; (Bluse): Shutterstock.com/Karkas; (Dame in der Mitte): Shutterstock.com/Dean Drobot; (Hosenanzug): stock.adobe.com/zakaz; (Jeans): Shutterstock.com/Kapitula Olga; (Kleid): Shutterstock.com/Tarzhanova; (Rock): Shutterstock.com/Maffi; (T-Shirt): stock.adobe.com/Evrymmnt; (Turnschuhe): Shutterstock.com/Hong Vo; S.192 (unten links): Shutterstock.com/Drobot Dean/Drobot; (unten rechts): Shutterstock.com/sakkmesterke; S.193 (unten): stock.adobe.com/DisobeyArt; S.194 (unten): Shutterstock.com/Loza-koza; S.195 (Erik): Cornelsen/I LIKE VISUALS, Berlin; (Frieda): Cornelsen/I LIKE VISUALS, Berlin; (Lorenzo): Cornelsen/I LIKE VISUALS, Berlin; (Patrizia): Cornelsen/I LIKE VISUALS, Berlin; S.196 (1): stock.adobe.com/Magdalena; (2): stock.adobe.com/olgaarkhipenko; (3): stock.adobe.com/Dzha; (4): stock.adobe.com/AK-DigiArt; (5): stock.adobe.com/Kayros Studio; (6): stock.adobe.com/mstudio; (7): stock.adobe.com/topntp; (8): stock.adobe.com/Pixel-Shot; (9): stock.adobe.com/Ruslan Kudrin/Ruslan; (10): stock.adobe.com/mstudio; (11): stock.adobe.com/olgaarkhipenko; (12): stock.adobe.com/bigjom; (Mira): Shutterstock.com/Africa Studio; (Patrick): Shutterstock.com/Stuart Jenner; S.197 (Glühlampen-Icon): Shutterstock.com/Titov Nikolai; (Mitte): Shutterstock.com/Pavel L Photo and Video; (oben): Shutterstock.com/Skorik Ekaterina; S.198 (1): Shutterstock.com/Nesolenaya Alexandra; (2): Shutterstock.com/learesphoto; (3): Shutterstock.com/Vlad Teodor; S.199 (a): Cornelsen/I LIKE VISUALS, Berlin; (b): Cornelsen/I Like Visuals, Berlin; (c): Cornelsen/I Like Visuals, Berlin; (d): Cornelsen/I Like Visuals, Berlin; S.200 (Filmstills): Cornelsen/I LIKE VISUALS, Berlin; S.202/203 (Doppelseite Hintergrund): Shutterstock.com/Pla2na; S.202 (Deutschlandkarte): Shutterstock.com/KuKanDo; (Fasching-Icon): Shutterstock.com/Happy Art; (Kompass): stock.adobe.com/Olga; (Rummel): stock.adobe.com/allessuper_1979; (Spargelkönigin): dpa Picture-Alliance/dpa-Zentralbild/Bernd Settnik; S.203 (Fahnen-Icon): Shutterstock.com/Happy Art; (Parade der Kulturen): Imago Stock & People GmbH/Christian Spicker/imago images; (Rhein in Flammen): Shutterstock.com/KH-Pictures; S.204 (Himmel-Hintergrund): Shutterstock.com/chairoij; (Wetter-Icons auf Smartphone): Shutterstock.com/M.Stasy; (Wetter-Icons auf Smartphone): Shutterstock.com/M.Stasy; (Wetter-Icons auf Smartphone): Shutterstock.com/M.Stasy; S.205 (oben links): dpa Picture-Alliance; (oben rechts): stock.adobe.com/piai; (Mitte): Cornelsen/Christoph Grundmann; S.206 (oben links): Shutterstock.com/Gustavo Frazao; (oben Mitte): stock.adobe.com/kharhan; (oben rechts): Shutterstock.com/Anze Furlan; S.207 (Mitte): Shutterstock.com/Monkey Business Images; S.208 (Mitte): Cornelsen/I LIKE VISUALS, Berlin; S.209 (Himmel-Hintergrund): Shutterstock.com/chairoij; (unten, Europakarte): stock.adobe.com/Perth; (Wetter-Icons auf Smartphone): Shutterstock.com/M.Stasy; (Wetter-Icons auf Smartphone): Shutterstock.com/M.Stasy; (Wetter-Icons auf Smartphone): Shutterstock.com/M.Stasy; S.210 (1): Shutterstock.com/Juergen Faelchle; (2): Shutterstock.com/Belozorova Elena; (3): Shutterstock.com/Kireeva Veronika; (4): Shutterstock.com/Patryk Kosmider; (5): Shutterstock.com/Krivosheev Vitaly; (6): Shutterstock.com/Sunny Forest; (unten, Wetter-Icons): Shutterstock.com/M.Stasy; (unten, Wetter-Icons): Shutterstock.com/M.Stasy; (unten, Wetter-Icons): Shutterstock.com/M.Stasy; S.212: Shutterstock.com/WAYHOME studio; S.214 (Bauernhof): Shutterstock.com/LightField Studios; (Campingplatz): stock.adobe.com/Enrico Ferraresi/Enrico; (Erste-Hilfe-Tasche): Shutterstock.com/Vladislav Lyutov; (Schlafsack): Shutterstock/Mark Herreid;

zweihundertdreiundachtzig

QUELLENVERZEICHNIS

(Smiley): Shutterstock.com/olessya.g; (Straßenkarte): Shutterstock.com/HomeStudio; (Wandergruppe): Shutterstock.com/Monkey Business Images; **S. 215** (E-Reader): Shutterstock.com/Tatiana Popova; (Koffer-Icon): Shutterstock.com/Dikas Space; (Kopfhörer): Shutterstock.com/dantess; (Notizbuch): Shutterstock.com/NbStockWonderland; (Peter): Shutterstock.com/Ljupco Smokovski; (Portemonaie): Shutterstock.com/cocoo; (Schwimmbrille): Shutterstock.com/Martina_L; (Theresa): Shutterstock.com/Billion Photos; **S. 216** (links): Shutterstock.com/Carsten Ortlieb; (rechts): stock.adobe.com/bernardbodo; **S. 218** (oben): Shutterstock.com/Ahmed bsr; **S. 219** (Postkarte): Shutterstock.com/Wiktoria Matynia; **S. 220** (A): Shutterstock.com/GaudiLab; (B): Shutterstock.com/Parilov; (C): Shutterstock.com/Soloviova Liudmyla; (D): Shutterstock.com/Ikoimages; (E): stock.adobe.com/Iakov Filimonov/JackF; (F): Shutterstock.com/Sergey Novikov; (unten): stock.adobe.com/sebra; **S. 221** (Notizbuch): Shutterstock.com/iunewind; (Sonne-Icon): Shutterstock.com/Cube29; **S. 222** (Mitte): Cornelsen/I LIKE VISUALS, Berlin; **S. 223** (1): Shutterstock.com/Helga Madajova; (2): Shutterstock.com/TMArt; (3): Shutterstock.com/Corinne Asbell; (4): Shutterstock.com/SOPhoto18; (5): Shutterstock.com/alanisko; (6): Shutterstock.com/Alex Martyn; **S. 224** (a): Shutterstock.com/fizkes; (b): Shutterstock.com/Aleksandrov Ilia; (c): Shutterstock.com/Syda Productions; (d): Shutterstock.com/fizkes; (e): Shutterstock.com/Olena Yakobchuk; (Bauernhof): Shutterstock.com/Piotr Wawrzyniuk; (Eimer mit Händen): Shutterstock.com/Miriam Doerr Martin Frommherz; (Kind im Kohlbeet): Shutterstock.com/Velychko; (Kind mit Hund): Shutterstock.com/Elena Chevalier; (Kinder am See): Shutterstock.com/Brocreative; (Teig kneten): Shutterstock.com/Photo_Vikcherry; (Wanderer): Shutterstock.com/JGA; **S. 226** (Gummibären): Shutterstock.com/Gerisima; **S. 226** (oben): © DW.com/nico; (oben): © DW.com/nico; **S. 227** (Blumen-Icon): Shutterstock.com/Cube29; (Brief-Icon): Shutterstock.com/ksenvitaln; (DW-Logo): DW Deutsch lernen. Kostenlos Deutsch lernen mit der DW. Nutzen Sie Texte, Audios, Videos und interaktive Übungen auf dw.com/deutschlernen; (Katzen-Icon): Shutterstock.com/Sudowoodo; (Kühlschrank-Icon): Shutterstock.com/valeriya kozoriz; (Nico): © DW.com/nico; (Telefon-Icon): Shutterstock.com/Tzubasa; (unten): © DW.com/nico; (Zeitungsicon): Shutterstock.com/icon Stocker; **S. 228** (1): Shutterstock.com/marina_eno1; (2): Shutterstock.com/Arizzona Design; (3): Shutterstock.com/Veles Studio; (Baum-Icon): Shutterstock.com/Vector House; (Hunde-Icon): Shutterstock.com/Arizzona Design; (Schlangen-Icon): Shutterstock.com/Cosmic_Design; **S. 230** (Hintergrund): Shutterstock.com/Matt Gibson; **S. 231** (Weltkarte): Shutterstock.com/SusanBrand; **S. 233** (E-Mail-Fenster): Shutterstock.com/designmaestro; **S. 235** (oben rechts): Shutterstock.com/Christian Draghici; (Waffeln): Shutterstock.com/evrymmnt; **S. 237** (1): stock.adobe.com/piai; (2): Shutterstock.com/Michal Zylinski; (3): Shutterstock.com/nokkaew; (4): Shutterstock.com/Hack_bsh; (5): Shutterstock.com/279photo Studio; (6): Shutterstock.com/Skylines; (7): © OpenStreetMap-Mitwirkende (CC BY-SA) /openstreetmap.org; (8): stock.adobe.com/Björn Wylezich/Bjoern Wylezich/Björn; (9): Shutterstock.com/Tom Gowanlock; (11): Shutterstock.com/Mariyana M; (12): Shutterstock.com/Mitrija; **S. 240** (Mitte): stock.adobe.com/saiko3p; (oben): Cornelsen/Daniel Meyer; **S. 241** (Hund): Shutterstock.com/kukuruxa; (Paket): Shutterstock.com/Christopher Elwell; (Straße): Shutterstock.com/Edgar G Biehle; **S. 242**: Shutterstock.com/Fesus Robert; Shutterstock.com/Sonsedska Yuliia; **S. 243** (oben): Shutterstock.com/Marin04ka; (unten): Shutterstock.com/279photo Studio; **S. 246** (1): Shutterstock.com/Amarita; (2): Shutterstock.com/Olga Nikiforova; (3): Shutterstock.com/Maren Winter; (4): Shutterstock.com/PHILIPIMAGE; (links): Shutterstock.com/Timolina; **S. 247** (rechts): Shutterstock.com/Slawomir Fajer

Textquellen
S. 177: Ernst Jandl, Werke in 6 Bänden (Neuausgabe), hrsg. von Klaus Siblewski © 2016 Luchterhand Literaturverlag, München, in der Verlagsgruppe Random House GmbH; **S. 231:** Edmund Wild, „66-mal selber dichten"; **S. 254:** Cornelsen/Samuel Reißen; **S. 265:** Volksweise (19. Jh.)